Mellem Død og Liv:
Samtaler med en Ånd

ved
Dolores Cannon

Översättning av:
Freja Sørensen

© 1993 ved Dolores Cannon
Første tryk af Ozark Mountain Publishing, Inc. - 1993
Dansk oversættelse – 2025

Alle rettigheder forbeholdes. Ingen del af denne bog, helt eller delvist, må reproduceres, overføres eller anvendes i nogen form eller ved nogen midler, elektronisk, fotografisk eller mekanisk, herunder fotokopiering, optagelse eller ved et informationslagrings- og hentningssystem uden skriftlig tilladelse fra Ozark Mountain Publishers, undtagen for korte citater indarbejdet i litterære artikler og anmeldelser.

For tilladelse eller serialisering, forkortelse, tilpasninger eller for vores katalog over andre publikationer, skriv til Ozark Mountain Publishers, P.O. Box 754, Huntsville, AR 72740-0754, Attn.: Tilladelsesafdelingen.

Library of Congress Cataloging-in-Publication Data
Cannon, Dolores, 1931-2014
Mellem Død og Liv: Samtaler med en Ånd; tidligere titlet: *Samtaler med en Ånd: Mellem Død og Liv af Dolores Cannon.*

 Hvad der sker mellem død og liv, som afsløret af adskillige emner gennem hypnotisk regression til tidligere liv.
 I. Hypnose II. Reinkarnation III. Terapi for tidligere liv
 I. Cannon, Dolores, 1931-2014 II. Reinkarnation III. Titel
 ISBN: 978-1-962858-70-0

Coverdesign: Victoria Cooper Art
Bogens sæt i Times New Roman
Bogsdesign: Nancy Vernon
Udgivet af:

P.O. Box 754
Huntsville, AR 72740-0754
Trykt i USA

Døden, vær ikke stolt, selvom nogle har kaldt dig
Mægtig og frygtindgydende, for du er ikke sådan;
For dem, som du tror, du overgår,
Dør ikke, stakkels Død; ej kan du dræbe mig.

Sonet: Døden
John Donne
[1573-1631].

Denne bog blev oprindeligt skrevet i begyndelsen af 1990'erne og har stået tidens prøve. Dengang blev emnet om livet efter døden ikke diskuteret åbent på grund af den frygt, der var forbundet med det. I dag er folk mere åbne for at tale om det og udforske det usete rige. I 2013 besluttede jeg at opdatere denne bog på grund af de mange spørgsmål, jeg har fået gennem årene, samt de nye informationer, der er kommet frem. Intet af det, jeg har skrevet om, siden jeg første gang opdagede dette emne i 1968, er nogensinde blevet modbevist. I mine 45 år med arbejde inden for dette felt er der kun blevet tilføjet ny viden, efterhånden som jeg fortsætter mit arbejde som reporter på jagt efter tabt kundskab.

Dolores Cannon

Indholdsfortegnelse

Kapitel 1 – Dødsoplevelsen	1
Kapitel 2 – Modtagerne	19
Kapitel 3 - En nærdødsoplevelse	26
Kapitel 4 – Skolerne	35
Kapitel 5 - Den store rundtur	62
Kapitel 6 - De forskellige niveauer eller eksistensplaner	87
Kapitel 7 - Såkaldte "dårlige" liv	108
Kapitel 8 – Guider	129
Kapitel 9 - Gud og Jesus	140
Kapitel 10 - Satan, besættelse og dæmoner	150
Kapitel 11 - Spøgelser og poltergeister	165
Kapitel 12 - Planlægning og forberedelse	175
Kapitel 13 - Det generelle råd	186
Kapitel 14 – Prægning	199
Kapitel 15 - Walk-ins	209
Kapitel 16 - Tilbage-rejsen	224
Om forfatteren	237

Bøger af Dolores Cannon

Samtaler med Nostradamus, Bind I
Samtaler med Nostradamus, Bind II
Samtaler med Nostradamus, Bind III
Jesus og Essenierne
De gik med Jesus
Haverne af Haven
Mellem Død og Liv
(Tidligere titel: Samtaler med en Ånd)
Legenden om Stjerneskud
En Sjæl Husker Hiroshima
Samtaler med Nostradamus er tilgængelig i forkortet form på lydbånd.

Forthcoming bøger af Dolores Cannon
Arv fra Stjernerne
Det Indviklede Univers

For mere information om nogen af de ovenstående titler eller andre titler i vores katalog, skriv til:
Ozark Mountain Publishing, Inc.
P.O. Box 754
Huntsville, AR 72740-0754
Engrosforespørgsler er velkomne

Kapitel 1
Dødsoplevelsen

JEG ER BLEVET ANKLAGET for at tale med og kommunikere med ånderne fra de døde, et bestemt "no-no" i religiøse kredse. Jeg havde aldrig tænkt på det på den måde, men jeg formoder, det er sandt. Med undtagelse af at de døde, jeg taler med, ikke længere er døde, men lever igen i dag og går om deres daglige liv. For som du ser, er jeg en regressionsist. Dette er et populært udtryk for en hypnotisør, der specialiserer sig i tidligere livs regressioner og historisk forskning.

Mange mennesker har stadig svært ved at acceptere tanken om, at jeg kan gå tilbage i tiden og tale med mennesker, når de genlever andre liv gennem historien. Jeg blev hurtigt vant til dette og fandt det fascinerende. Jeg har skrevet bøger, der beskriver nogle af mine oplevelser inden for dette utrolige felt.

For de fleste hypnotisører er arbejde med tidligere liv strengt forbudt. Jeg forstår ikke rigtig hvorfor, medmindre de er bange for, hvad de måtte finde, og hellere vil holde sig til kendte og velkendte situationer, som de er sikre på, de kan håndtere. En sådan terapeut betroede mig, som om han havde gjort et reelt gennembrud: "Jeg har prøvet nogle regressioner. Jeg tog engang nogen tilbage til, da han var baby."

Han var så seriøs, at det næsten var umuligt for mig at undertrykke et grin, da jeg svarede: "Åh? Det er her, jeg begynder."

Selv blandt andre regressionsister, der regelmæssigt arbejder med tidligere livs minder som terapi, har jeg fundet mange, der har deres egne frygt for at tage et hypnotiseret emne gennem dødsoplevelsen eller våge sig ind i perioderne mellem livene, når en person angiveligt er "død." De er bange for, at noget fysisk faktisk kan ske med den levende krop hos emnet under hypnose. At noget kunne skade dem ved at genopleve disse minder, især hvis de er traumatiske. Efter at have gennemgået denne oplevelse med hundreder af emner ved jeg, at der ikke er nogen fysiske problemer, selv hvis den regresserede personlighed døde på en forfærdelig måde. Selvfølgelig tager jeg altid særlige forholdsregler for at sikre, at der ikke vil være fysiske

Mellem Død og Liv

virkninger. Velfærden for mit emne er altid min mest umiddelbare bekymring. Jeg føler, at min teknik fuldstændigt beskytter emnet. Jeg ville ikke forsøge denne type forskning ellers.

For mig er det mellem livsniveau, den såkaldte "døde" tilstand den mest spændende sfære af eksistens, jeg har stødt på, fordi jeg tror, der er meget information at indhente der, som kan være til stor gavn for menneskeheden. Jeg tror, folk kan komme til at indse, at døden ikke er noget at frygte. Når de står over for den tid i deres liv, kan de se, at det ikke er en ny oplevelse, men en, de er godt bekendt med. De har selv allerede udført det mange gange. De vil ikke gå ind i det store skræmmende ukendte, men til et velkendt sted, de allerede har besøgt mange, mange gange. Et sted, som mange kalder "hjem." Jeg håber, folk kan lære at se fødsel og død som evolutionære cyklusser, som hver person går igennem mange gange, og som dermed er en naturlig del af deres sjæls vækst. Efter døden er der liv og eksistens i de andre planer, der er lige så virkelig som den fysiske verden, de ser omkring dem. Det kan endda være mere virkeligt.

Engang, mens jeg talte med en kvinde, der betragtede sig selv som "oplyst," prøvede jeg at forklare nogle af de ting, jeg har fundet. Jeg fortalte hende, at jeg forskede i, hvordan det er at dø, og hvor man går hen bagefter. Hun spurgte ivrigt: "Hvor går du hen ... Himmel, Helvede eller Skærsilden?"

Jeg blev skuffet. Hvis det kun var de valg, hendes sind ville acceptere, var det tydeligt, at kvinden ikke var så oplyst, som hun troede.

Jeg svarede irriteret: "Hverken!"

Hun blev chokeret. "Mener du, at du bliver i jorden?"

SÅ INDSÅ JEG, AT for at kunne skrive denne bog, måtte jeg spore mine skridt tilbage til det sted, hvor døren først åbnede, og forsøge at huske mine overbevisninger og tanker, som de var, før lyset kom ind. Det er ingen nem opgave, men nødvendig, hvis jeg skal kunne forstå og relatere til dem, der stadig søger efter den dør og det lys. Jeg må tale til dem i termer, de kan forstå, og forsøge at lede dem blidt ned ad erkendelsens vej. Så kan de leve deres liv fuldt ud uden frygt for, hvad morgendagen bringer.

For mange mennesker virker ordet "død" så skræmmende, så endeligt, så håbløst. Et sort tomrum af mystik og forvirring, fordi det repræsenterer en afskæring fra den fysiske verden – det eneste sted, man med sikkerhed ved eksisterer. Som så meget andet i livet er døden ukendt, indhyllet i mystik, folketro og overtro, og derfor noget, man frygter. Og alligevel er det noget, som vi alle – på en eller anden måde – uundgåeligt må opleve. Uanset hvor meget vi forsøger at skubbe det væk i vores bevidsthed og ikke tænke på det, så ved vi, at kroppen er dødelig og en dag vil ophøre med at eksistere. Men hvad sker der så? Vil den personlighed, vi anser som os selv, også ophøre sammen med den fysiske krop? Er dette liv alt, hvad der er? Eller er der noget mere, noget sjældent og smukt hinsides det, vi kender som livet? Måske har kirkerne ret, når de prædiker om Himlen for de gode og fromme og Helvede for de onde og fortabte. Med min umættelige nysgerrighed søger jeg altid efter svar, og jeg tror, at der er mange andre som mig, der deler dette behov for at vide. Livet ville være så meget lettere, hvis vi kunne leve det i kærlighed og håb, uden frygt for, hvad der ligger forude.

Da jeg først begyndte min regressionsforskning, havde jeg ingen idé om, at jeg ville finde svar på nogen af disse spørgsmål. Som historieentusiast nød jeg mest at gå tilbage i tiden og tale med mennesker i forskellige epoker. Jeg nød at genopleve historien, mens den blev skabt, og som den blev set gennem deres øjne, mens de huskede deres andre liv. Jeg ønskede at skrive bøger om deres versioner af disse historiske perioder, fordi hver især ubevidst bekræftede de andres historier, mens de var i dyb trance. Der er mønstre, jeg ikke havde forventet at finde. Men så skete der noget uventet, der åbnede en helt ny verden for mig at udforske. Jeg opdagede perioden mellem livene, den såkaldte "døde" tilstand, det sted, hvor folk gik hen, efter de havde forladt et fysisk liv her på Jorden.

Jeg kan stadig huske første gang, jeg stumbled gennem døren og talte med de "døde." Det var under en tidligere livs regression, og da emnet "døde" for mig - det skete så hurtigt og spontant, at jeg blev taget på sengen. Jeg var ikke helt klar over, hvad der var sket. Jeg ved ikke, hvad jeg forventede ville ske, hvis nogen skulle gennemgå en dødsoplevelse. Men som jeg sagde, skete det så hurtigt, at der ikke var tid til at stoppe det. Personen så ned på sin krop og sagde, at de så ud som enhver anden lig. Jcg var forbløffet over, at personligheden bestemt forblev intakt - den var ikke ændret. Dette er vigtigt. Dette er

Mellem Død og Liv

en frygt, som nogle mennesker har: at dødsoplevelsen på en eller anden måde vil forvandle dem eller deres kære til noget andet, mærkeligt eller ukendeligt. Igen er det frygten for det ukendte. Hvorfor er vi ellers så bange for spøgelser og ånder? Vi tror, at processen med at krydse over på en eller anden måde vil ændre dem fra den elskede person, vi kendte, til noget ondt og skræmmende. Men jeg har opdaget, at personligheden forbliver den samme. Selvom den i nogle tilfælde oplever øjeblikkelig forvirring, er det stadig grundlæggende den samme person.

Da jeg overvandt mit chok og undren over at kunne tale med nogen, efter de var døde, tog min nysgerrighed over, og jeg blev fyldt med spørgsmål, jeg altid havde undret mig over. Fra det tidspunkt fremad, hver gang jeg fandt et emne, der kunne gå ind i de dybere tilstande af hypnose, der kræves for denne type forskning, gjorde jeg det til en praksis at stille nogle af de samme spørgsmål. Religiøse overbevisninger synes ikke at have nogen indflydelse på, hvad de rapporterede. Deres svar var stort set identiske hver gang. Selvom de var formuleret forskelligt, sagde de alle det samme – et fænomen i sig selv.

Siden jeg begyndte mit arbejde i 1979, har jeg haft hundreder og hundreder af mennesker, der har gennemgået dødsoplevelsen. De har dødt på enhver tænkelig måde: ulykker, skud, stik, brand, hængning, halshugning, drukning, og endda i et tilfælde ved død i en atomeksplosion, som jeg rapporterede i min bog A Soul Remembers Hiroshima. De har også dødt naturligt af hjerteanfald, sygdom, alderdom og fredeligt i deres søvn. Selvom der har været en stor mangfoldighed, har der også været bestemte mønstre, der er dukket op. Måden at dø på kan være forskellig, men hvad der sker efterfølgende er altid det samme. Dermed er jeg kommet til den konklusion, at der ikke virkelig er nogen grund til at frygte døden. Vi ved underbevidst, hvad der sker, og hvad der ligger derovre. Vi bør; vi har haft så meget praksis med det. Vi er alle gået igennem det utallige gange før. Så i min undersøgelse af døden har jeg fundet fejringen af livet. Det er langt fra et morbidt emne, men en mest fascinerende anden verden.

Med døden kommer også visdom. Noget sker med afskeden fra den fysiske krop, og en helt ny dimension af viden åbner sig. Tilsyneladende er mennesket begrænset og hæmmet af at være i det fysiske. Den personlighed eller ånd, der fortsætter, er ikke hæmmet på denne måde og kan opfatte så meget mere, end vi overhovedet kan forestille os. Derfor, når jeg talte med disse mennesker, efter de "døde," kunne jeg få svarene på mange gådefulde og perplexende spørgsmål – spørgsmål, der har plaget menneskeheden siden tidernes begyndelse. Hvad ånden rapporterede, afhænger af den personlige åndelige vækst for den pågældende ånd. Nogle havde mere viden end andre og kunne udtrykke det klarere i termer, der var lettere for os dødelige at forstå. Jeg vil forsøge at beskrive, hvad de oplevede ved at lade dem tale for sig selv. Denne bog er en sammenstilling af, hvad mange mennesker har rapporteret.

DE MEST ALMINDELIGE beskrivelser, jeg har fundet af det øjeblik, hvor døden indtræffer, er, at der er en følelse af kulde, og så pludselig står ånden ved siden af sengen (eller hvor som helst) og ser på deres krop. De kan normalt ikke forstå, hvorfor de andre mennesker i rummet er så kede af det, fordi de føler sig så vidunderlige. Den samlede fornemmelse er en af opstemthed snarere end rædsel.

Følgende er en beskrivelse af øjeblikket for frigørelse fra en kvinde i hendes 80'ere, der døde af alderdom. Det er et eksempel, der er typisk og konstant gentaget.

D: [Dolores] Du levede længe, gjorde du ikke?
S: [Emne] Øhm, ja. Jeg bevæger mig langsomt, det tager så lang tid. (Stønner) Der er ikke meget glæde længere. Jeg er så træt.

Da hun tydeligt oplevede ubehag, flyttede jeg hende frem i tiden, indtil døden var overstået. Da jeg var færdig med at tælle, rystede hele emnets krop på sengen, og hun smilede pludselig. Hendes stemme var fuld af liv, intet der mindede om de trætte toner fra kun et øjeblik før. "Jeg føler mig fri! Jeg er lys!" Hun lød så glad.

D: Kan du se kroppen!
S: (Afsky) Åh! Den gamle ting? Den er nede der! Åh! Jeg havde ingen idé om, at jeg så så dårlig ud! Jeg var så rynket og skrumpet. Jeg føler mig for godt til at være så skrumpet. Den var helt slidt op. (Hun lavede lyde af glæde.) Åh, åh, jeg er så glad for at være her!

Mellem Død og Liv

Jeg kunne næsten ikke holde op med at grine; hendes udtryk og tone var en helt anden.

D: *Ingen wonder det var skrumpet; den krop levede mange år. Det er nok derfor, den døde. Du sagde, du er "her," hvor er du?*
S: Jeg er i lyset, og åh, det føles godt! Jeg føler mig intelligent ... Jeg føler fred ... Jeg føler ro. Jeg har ikke brug for noget.
D: *Hvad skal du gøre nu?*
S: De siger til mig, at jeg skal gå og hvile. Åh, jeg hader at hvile, når jeg har så meget at gøre.
D: *Skal du hvile, hvis du ikke vil?*
S: Nej, men jeg føler ikke, jeg vil være indelukket igen. Jeg vil vokse og lære.

Efter dette kunne jeg ikke få flere svar fra hende, bortset fra at hun sagde, at hun svævede. Jeg kunne se på hendes ansigtsudtryk og vejrtrækning, at hun var i hvile-stedet. Når en person kommer dertil, er det som om, de er gledet ind i en dyb søvn og ikke ønsker at blive forstyrret. Det er nytteløst at forsøge at stille dem spørgsmål, da deres svar vil være usammenhængende.

Dette særlige sted vil blive forklaret mere detaljeret senere i bogen.

I ET ANDET TILFÆLDE genoplevede en kvinde fødslen af et barn derhjemme. Hendes vejrtrækning og kropslige bevægelser viste, at hun oplevede de fysiske symptomer på en fødsel. Dette sker ofte, når kroppen husker, ligesom sindet gør. For ikke at forårsage hende ubehag, førte jeg hende frem i tiden til efter fødslen skulle have været ovre.

D: *Havde du babyen?*
S: Nej. Jeg havde en svær tid. Den ville bare ikke komme. Jeg var træt, så jeg forlod min krop.
D: *Ved du, hvad babyen var?*
S: Nej. Det gør ikke noget.
D: *Kan du se din krop?*
S: Ja. Alle er kede af det.
D: *Hvad skal du gøre nu?*

Mellem Død og Liv

S: Jeg tror, jeg skal hvile. Jeg skal komme tilbage til sidst, men jeg vil blive her et stykke tid. Jeg er i lyset. Det er afslappende.

D: *Kan du fortælle mig, hvor dette lys er?*

S: Hvor al viden og alt er kendt. Alt er rent og enkelt. Her findes der mere ren sandhed. Du har ikke verdens ting til at forvirre dig. Du har sandheden på Jorden, men du ser den bare ikke.

D: *Men du sagde, du skal tilbage engang. Hvordan ved du det?*

S: Jeg var svag. Jeg burde have været i stand til at tolerere smerten. Jeg skal lære bedre at modstå den. Jeg kunne have blevet, hvis jeg ikke havde været så svag. Jeg er glad for, at jeg ikke kan huske smerten. Jeg ved, jeg skal tilbage, og jeg skal blive hel. Smerte er én ting, jeg skal overvinde. Jeg må overvinde alle verdens smerter.

D: *Men at opleve smerte er meget menneskeligt, og det er altid svært at gøre, når du er i kroppen. Fra den side, du er på nu, er det lettere at se på det på en anden måde. Tror du, det er en lektion, du vil lære?*

S: Det vil jeg, ja. Det tager mig lidt tid nogle gange, men jeg kan gøre alt. Jeg tror, jeg burde have været stærkere. Jeg ville have gjort det bedre, men jeg tror, jeg havde meget frygt fra den sygdom, jeg havde, da jeg var barn. Jeg var bange for, at dette ville være lige så slemt. Og... jeg gav op. Smerte... når du beskæftiger dig med den højere bevidsthedsniveau af dit sind og fjerner dig selv til det rene lys og den rene tanke; så stopper smerten. Smerte er kun en lektion. Når vi lærer om smerte på det menneskelige niveau, bliver vi frantic og viser udadgående bekymring for blot det øjeblik. Ved at fjerne os selv og koncentrere os og nå dybt og have tålmodighed, kan vi hæve os over det.

D: *Har smerte et formål?*

S: Smerte er et undervisningsværktøj. Nogle gange bruges det til at ydmyge bestemte mennesker. Nogle gange kan en hovmodig ånd bringes ned og læres at være mere venlig gennem lidelse. Det kan lære dem, at de til sidst skal lære at hæve sig over smerten, og så kan de håndtere det. Nogle gange, bare ved at forstå smerte og hvorfor vi har den, mindskes smerten.

D: *Men ligesom du sagde, bliver folk frantic, og de tror, de ikke kan håndtere det.*

S: De bliver for selvcentrerede. De skal hæve sig over deres egne interesser og hvad de føler i øjeblikket til et mere åndeligt niveau,

Mellem Død og Liv

og så kan de håndtere det. Nogle mennesker bringer smerten på sig selv, fordi det er et skjul. De kan have smerten som en undskyldning eller som en "udvej," og det er formålet. Det varierer fra individ til individ. Hvad er smerte? Den kan ikke røre dig, hvis du ikke lader den. Hvis du indrømmer, at du vil have ondt, giver du smerte magt. Giv den ikke magt. Det er unødvendigt at føle det. Det er alt sammen forbundet med mennesket. Ræk ind i din ånd, dit højere sind, det har ikke fat i dig.

D: Kan mennesker adskille sig fra smerte?

S: Selvfølgelig, hvis de vil. De ønsker ikke altid det. De vil have sympati og selvbestraffelse og alle mulige ting. Folk er sjove. Alle ved, hvordan de kan gøre disse ting, hvis de tager sig tid. De skal finde en vej for sig selv, fordi de ikke ville tro det, hvis du fortalte dem, at der var en lettere måde. De må finde ud af det selv. Det er en del af de lektioner, der bringer dem dertil.

D: Folk er så bange for at dø. Kan du fortælle mig, hvordan det er, når det sker?

S: Nå, når jeg er i kroppen, føles det tungt. Det trækker i mig. Det er bare ubehageligt. Men når du dør, er det som at løfte en vægt. Det er afslappende. Folk bærer alle de problemer rundt. Og det er som om, de bærer en vægt, fordi de er tunge og belastede med alle de andre ting. Når du dør, er det som at kaste dem ud af vinduet, og det føles godt. Det er en overgang.

D: Jeg gætter på, at folk mest er bange, fordi de ikke ved, hvad de kan forvente.

S: De frygter det ukendte. De må bare have tro og stole på det.

D: Hvad sker der, når nogen dør?

S: Du stiger bare op og forlader det. Du går op her. I lyset.

D: Hvad gør du, når du er der?

S: Perfekte ting.

D: Hvor går du hen, hvis du skal væk fra lyset?

S: Tilbage til Jorden.

D: Er det usædvanligt for os at tale med dig gennem tid som dette?

S: Men tid har ingen betydning. I denne ramme er der ikke tid; al tid er én.

D: Så det generer dig ikke, at vi taler med dig fra en anden tid eller plan?

Mellem Død og Liv

S: Hvorfor skulle det?
D: *Nå, vi troede, det måske kunne, og jeg ville ikke forstyrre dig.*
S: Jeg finder, at det forstyrrer dig mere, end det gør mig.

ET ANDET EKSEMPEL vedrører en lille pige, der døde i en alder af ni. Da jeg først begyndte at tale med hende, var hun ved at tage på en høstakslæde til en skolepicnic i slutningen af 1800-tallet. Der var en bæk i nærheden af, hvor picnicken skulle holdes, og de andre ville gå svømme. Hun kunne ikke svømme særlig godt og var bange for vandet, men hun ville ikke have, at de andre børn vidste det, af frygt for at de ville gøre grin med hende. Da nogle af de andre havde fiskestænger, besluttede hun sig for at lade som om, hun fiskede, så ingen ville vide, at hun ikke kunne svømme. Den lille pige var virkelig bekymret over det og nød slet ikke høstakslæden. Jeg bad hende om at bevæge sig frem til en vigtig dag, da hun var ældre. Da jeg var færdig med at tælle, meddelte hun glad: "Jeg er ikke der længere. Jeg er i lyset." Dette var en overraskelse, så jeg spurgte, hvad der var sket.

S: (Sørgmodigt) Jeg kunne ikke svømme. Det mørke lukkede bare ind over mig. Jeg følte min brystkasse brænde. Og så kom jeg bare ud i lyset, og det betød ikke noget længere.
D: *Tror du, at bækken var dybere, end du troede?*
S: Jeg tror ikke, den var så dyb. Jeg blev meget bange. Jeg tror, mine knæ bare foldede op, og jeg kunne ikke stå op. Jeg var bare bange.
D: *Ved du, hvor du er?*
S: (Hendes stemme var stadig barnlig.) Jeg er i evigheden.
D: *Er der nogen med dig?*
S: De arbejder. De er alle optaget ... overvejer, hvad de skal gøre. Jeg prøver at finde ud af alt.
D: *Tror du, du nogensinde har været i dette sted før?*
S: Ja, det er meget fredeligt her. Men jeg vil tilbage. Jeg skal overvinde frygt. Frygt er noget, du bringer på, og det er lammede. Jeg tror ikke, vandet var dybt. Jeg tror, jeg blev lammet af min frygt. Det værste, der kan ske, er normalt ikke nær så slemt, som vi frygter. (Stemmen var nu mere moden.) Det er et monster i menneskets sind, og frygt påvirker kun dem på Jorden. Det er den karnale sind. Ånden er efterladt uden påvirkning.
D: *Tror du, at når folk er bange for ting, tiltrækker de det til sig?*

Mellem Død og Liv

S: Åh ja! Du bringer de ting over på dig selv. Tanker er energi; de er kreative, og de får ting til at ske. Det er let at se, hvordan en anden persons frygt kan virke dumme og uvigtige, og du tænker: "Hvorfor ville de være bange for det?" Men når det er din frygt, er det så dybt og så personligt og så berørende, at det bare opsluger dig. Så hvis jeg kan se på andres frygt og prøve at hjælpe dem med at forstå deres, tror jeg, et eller andet sted langs de linjer ville det hjælpe mig med at forstå de, jeg har.

D: *Det giver meget mening. Du ved, en af de største frygter, folk har, er, at de er så bange for at dø.*

S: Det er ikke så slemt. Det er den nemmeste ting, jeg nogensinde vil gøre. Det er som slutningen på al forvirring, indtil du starter forfra, og så er der mere forvirring.

D: *Så hvorfor bliver folk ved med at komme tilbage?*

S: Du skal fuldføre cyklussen. Du skal lære alt og overvinde alle verdens ting, så du kan gå ind i perfektion og evigt liv.

D: *Det er en stor ordre, dog, at forsøge at lære alt.*

S: Ja. Nogle gange er det meget trættende.

D: *Det virker som om, det ville tage lang tid.*

S: Nå, fra hvor jeg er, synes det hele så enkelt. Jeg er i kontrol. For eksempel kan jeg forstå frygten, og den måde, jeg føler nu; jeg føler, at jeg ikke kunne blive ramt af det. Men der er noget ved det menneskelige væsen. Når du er der, opsluger det dig. Jeg mener, det bliver en del af dig, og det rører ved dig, og det er ikke så let at stå udenfor og være objektiv.

D: *Nej, det er fordi du er følelsesmæssigt involveret. Det er altid nemt for nogen andre at se på det og sige: "Hvor enkelt."*

S: Det er som at se på andres frygt. Jeg må lære at udholde og blive ved med et liv og ikke forlade det, indtil jeg kan tage så meget som muligt fra det liv. Jeg tror, hvis jeg havde et liv, jeg kunne blive i, for at gennemgå mange oplevelser, ville det være meget lettere end at gennemgå så mange korte liv. Jeg spilder meget tid. Så jeg vil vælge omhyggeligt for at få et, hvor jeg kan opleve mange ting og dermed begrænse mine ture tilbage. Men jeg tror også, det vil være sværere. Der er visse ting, du skal arbejde igennem mellem mennesker, mens du interagerer i et forhold. Hvad du gør, kommer tilbage til dig.

Mellem Død og Liv

Der har længe været et udtryk i vores kultur, at når du dør, "blinker dit liv forbi dine øjne." Dette er sket i nogle af de tilfælde, jeg har undersøgt. Det sker oftere efter døden, når den afdøde ser tilbage over deres liv og analyserer det for at se, hvad de har lært af det. Dette gøres ofte med hjælp fra mestre på den anden side, som er i stand til at se på livet mere objektivt, uden følelser involveret.

Et af mine emner var i stand til at gennemgå sit tidligere liv på en ukonventionel måde. Selvom det er svært at sige, hvad der er konventionelt, og hvad der følger et fast mønster, når du arbejder inden for dette felt af regressiv hypnotisk forskning.

Kvinden havde lige genoplevet et tidligere liv gennem regression og var kommet til døden i det liv. Hun døde fredeligt som en gammel kvinde og så, hvordan hendes krop blev taget til en bakketop nær hendes hjem for at blive begravet i en familiekirkegård. Derefter, i stedet for at gå videre til den anden side, besluttede hun sig for at vende tilbage til sit hjem for at forsøge at afslutte nogle uafsluttede sager. Der blev hun forskrækket over at finde sig selv som et spøgelse og have evnen til at gå gennem vægge. Hun så sig selv som en tåge eller damp i form af en person, men hun blev forbløffet over at opdage, at møbler og genstande kunne ses gennem hende, som om hun var gennemsigtig. Det var meget interessant for hende at finde sig selv i denne mærkelige tilstand, og hun vandrede rundt i huset og opdagede, hvad hun kunne gøre. På et tidspunkt hørte hun, hvordan stuepigerne bemærkede, at den gamle kvinde hjemsøgte huset, fordi de kunne høre hende gå rundt.

Efter et stykke tid blev det at være et spøgelse kedeligt, fordi hun vidste, at ingen kunne se eller høre hende, og hun kunne ikke kommunikere. Hun opdagede hurtigt, at hun ikke ville kunne opnå det, hun var kommet tilbage til huset for at gøre, på grund af sin usynlige tilstand. I det øjeblik hun kom til denne erkendelse, var hun ude af huset og stod på en bakke med udsigt over en dal. Hendes afdøde mand var kommet for at møde hende og stod ved siden af hende. I den dimension var de unge igen og så præcis ud, som de havde gjort på dagen for deres bryllup. Mens de stod arm i arm og så ud over dalen, blev det til en "livsdal." Hun beskrev senere dette som om en farverig palet eller tæppe var blevet kastet over dalen, og det så ud som et kollage af scener og steder fra det liv, hun lige havde forladt. I stedet

Mellem Død og Liv

for at hendes liv passerede forbi hendes øjne i en lineær rækkefølge, blev hele scenen bredt ud foran dem.

Hun sagde: "Vi kan se kirkegården, vi kan se byen, vi kan se huset, vi kan se bjergene. Det er som om, vi kan se alt, hvad vi nogensinde har kendt, alt kombineret sammen. Det er som om, dette var vores liv, og dette er, hvad vi havde sammen. Og vi kan se, at vi delte det, og vi kom igennem det sammen. Vi var glade for, at vi kom igennem det liv, som vi gjorde. Vi havde noget intakt, da det var slut. Det er fredeligt. Det er som om, du står der og ser. Som om du havde nogle store marker, og du havde forskellige ting, der voksede i dem. Eller hvis du havde mange blomster i en have, og du står og ser på dem. Du ville huske, hvad du gjorde for at gøre haven klar. Du ville huske, hvordan tingene voksede og udviklede sig. Og dette var det endelige resultat, der var bredt ud foran dig. Du ser ud over denne livsdal, peger på bestemte områder, og du siger: "Nå, vi havde virkelig en god tid her, og dette var den store ting, vi gjorde sammen her." Du beundrer alle de forskellige dele af haven, og du kan se det hele på én gang. Alle de forskellige scener fra dit liv er lagt ud, og du kan røre dem. Det var bogstaveligt talt, som om vi gik igennem et fotoalbum, der viste vores liv, men det var mere eller mindre som en dal."

Dette var meget tilfredsstillende for hende at se på scenerne, selvom de svære dele af livet var vanskelige at gennemgå. Der var heller ikke nogen dom involveret. Der syntes at være en mental notering for at minde dem om, hvad de ønskede at ændre næste gang. Dette er uden tvivl ikke den eneste metode til at se på det liv, der lige var blevet forladt, men det var en smuk en.

I ET ANDET TILFÆLDE talte jeg med en mand, der lige var død i en lavine. Jeg spurgte ham, hvordan det var at dø.

S: Har du nogensinde dykket ned i et dybt bassin ... til hvor det er mørkt og mudret i bunden? Som du svømmer op mod overfladen af vandet, bliver det lysere og lysere. Så når du bryder igennem overfladen af vandet, er der sollys omkring dig. Døden var sådan.

D: *Tror du, det var sådan, fordi den måde, du døde på, med klipperne, der faldt på dig?*

S: Nej, det var sådan, fordi jeg gik fra den fysiske plan til den åndelige plan. Da jeg forlod min krop, var det som at komme op gennem

Mellem Død og Liv

bassinet. Når jeg nåede den åndelige plan, var det som at bryde overfladen af vandet og komme ud i sollyset. Hvis du dør i en ulykke, er det fysisk smertefuldt lige før du mister bevidstheden om den fysiske plan, fordi din krop er blevet skadet. Men efter du mister bevidstheden, er det meget nemt og naturligt. Det er så naturligt som noget andet i livet: at elske, gå, løbe, svømme. Det er bare en anden del af livet. Der er ikke sådan noget som at dø. Du går bare videre til et andet stadie i dit liv. At dø er behageligt. Hvis folk er bekymrede for det, så fortæl dem at gå til et sted i floden, hvor der er et dybt bassin. Fortæl dem at dykke ned til bunden af bassinet. Og så, ved bunden, skubbe op med deres fødder og komme plaskende op til overfladen. Fortæl dem, at det er sådan.

D: *Jeg tror, mange mennesker er bange for, at døden vil være smertefuld.*

S: Døden er ikke smertefuld, medmindre du har brug for smerte. For det meste er der ikke smerte, medmindre den ønskes. Det kan være ekstremt smertefuldt, hvis du ønsker, at det skal være det, eller hvis du føler, at du har brug for det for at lære en lektion. Men du kan adskille dig selv fra det hele tiden. Og dette er tilgængeligt uanset hvor forbundet du er med, hvad der foregår. Det er tilgængeligt for alle, adskillelsen af krop og sjæl i denne tid med smerte.

D: *Men selve døden, det at forlade kroppen, er det smertefuldt?*

S: Nej. Overgangen er en, der er let snarere end besvær. Smerte kommer fra kroppen. Ånden føler ingen smerte undtagen fortrydelse. Det er virkelig den eneste smerte, en ånd kan føle. En følelse af, at de kunne have gjort noget ... mere. Dette er smertefuldt. Men fysisk smerte har ikke længere betydning, fordi det blev efterladt med kroppen.

D: *Er det muligt at forlade kroppen, før selve døden indtræffer og lade kroppen lide smerte?*

S: Ja. Personen har det valg, om de vil forblive der og gennemgå det, eller om de vil forlade det og bare se på. Det er en mulighed, der er åben for alle.

D: *Jeg personligt tror, det ville være lettere, især hvis det skulle være en traumatisk død.*

S: Dette er strengt op til individet.

Mellem Død og Liv

I mit arbejde er jeg kommet over eksempler på dette. I en regression blev en ung kvinde brændt på bålet for sine overbevisninger, mens hele byen så på. Hun var skræmt, men var også meget vred over de bigotte mennesker, der var ansvarlige for dette. Mens flammerne steg højere, besluttede hun, at hun ikke ville give dem tilfredsstillelsen af at se hende lide. Så hun forlod kroppen og så ned fra en svævende position over scenen. Der, til hendes store fortrydelse og irritation, så hun sin krop skrige, mens den gennemgik torturen ved at brænde ihjel. I dette tilfælde var det meget tydeligt, at kroppen og ånden var to separate ting.

Jeg tror, det ville være meget betryggende og trøstende for mennesker, der har mistet kære på en voldsom, forfærdelig måde, at vide, at de sandsynligvis ikke engang oplevede den mest traumatiske del af døden. Det giver meget mening at indse, at ånden ikke ville ønske at forblive i kroppen og opleve al den smerte. Derfor fjerner ånden sig selv, og kroppen reagerer blot spontant. Meget på samme måde som vi reagerer, når vi skærer os eller brænder os ved et uheld. Vi rå ber og trækker hånden væk. Dette er ikke en bevidst reaktion, men en ufrivillig en. Således synes det, at under en forfærdelig død reagerer kroppen blot, mens den virkelige personlighed har forladt den og ser på fra sidelinjen.

EN ANDEN BESKRIVELSE af døden:

S: Forestil dig selv nøgen, kold og blødende, gående gennem mørke skove fulde af torne og vilde dyr og underlige lyde. Du ved, at bag hver busk gemmer der sig et dyr, der er klar til at springe frem og flå dig i stykker. Og så pludselig går du ind i en lysning, hvor der vokser græs, fugle synger, skyerne er på himlen, og en dejlig plaskende bæk strømmer sin vej mod sin destination. Forestil dig forskellen i disse scenarier, og du kan se min analogi, der viser, hvad du ville kalde liv og død.
D: *Men der er mange mennesker på Jorden, som er bange for det.*
S: Mange mennesker, der er i skoven, er bange, det er korrekt. Når de er ude af skoven, er der ingen frygt. Frygten er i skoven.
D: *Så der er intet at være bange for under overgangen!*

Mellem Død og Liv

S: Der er nogle overgange, der er mere ønskværdige end andre. Jeg vil ikke pille ved ordene her. Dog er en dør blot en dør. Uanset hvor mange gange du åbner den, vil den simpelthen ikke ændre sig fra at være en dør.

EN ANDEN BESKRIVELSE:

S: Folk skal ikke være bange for at dø. Døden er ikke mere at frygte end at trække vejret. At dø er så naturligt og smertefrit som ... at blinke med øjnene. Og det er næsten sådan, det er. På et øjeblik er du i en eksistensplan, og du blinker med øjnene, så at sige, og du er i en anden eksistensplan. Det er omtrent den fysiske fornemmelse, du har, og det er så smertefrit. Enhver smerte, du føler i processen, kommer fra fysisk skade, men åndeligt er der ingen smerte. Dine minder er intakte, og du føler det samme, som om dit liv fortsætter. Nogle gange tager det lidt tid for dig at bemærke, at du ikke længere er forbundet til din fysiske krop, men normalt bliver det bemærket med det samme, fordi dine sanser er udvidet til, at du kan opfatte den åndelige plan uden sløret i vejen. Dette kaldes et tåget spejl, som nogle har beskrevet det. Hvad der sker, er, at der først er en orienteringsperiode. Du er stadig meget bevidst om den fysiske plan, men du udforsker og optager sanserne ved at være opmærksom på den åndelige plan, indtil du vænner dig til det faktum, at du virkelig er på den åndelige plan, og at du er komfortabel med det.

D: *Kan du fortælle mig, inkluderer din ånd din sjæl, når den forlader din krop?*

S: Din ånd er din sjæl. Sjælens koncept omfatter den energi, som du ville kalde din ånd, din identitet, din virkelighed. Det er faktisk dit sande jeg. Du kan kalde det din ånd eller din sjæl, afhængigt af hvilken opfattelse du vælger at integrere i din virkelighed.

D: *Vi har hørt meget om det, der kaldes "sølvtråden." Er der en sådan ting?*

S: Dette er, som du måske opfatter det, en livslinie til din krop, som er meget virkelig i natur. Energetisk set er dette snoren, der opretholder en livslinie med din energi til din krop. Det er faktisk en reel anordning.

D: *Så på døds tidspunktet bliver denne snor afskåret?*

Mellem Død og Liv

S: Det er korrekt.

D: *Nogle mennesker er bange for at have ud-af-kroppen oplevelser af frygt for, at de måske bliver adskilt fra deres krop for tidligt.*

S: Det er muligt at gøre dette. Men det gøres næsten altid med vilje og ikke ved en ulykke.

D: *Du mener, når de går ud af kroppen, forbinder sølvtråden dem, så de ikke kan blive tabt, så at sige?*

S: Det er korrekt. Der bør ikke være nogen frygt i at opleve astral rejse, for hvis det ikke var meningen, at det skulle ske, ville det aldrig ske.

D: *Men i mange tilfælde er det ikke planlagt; det er spontant.*

S: Det er korrekt. Det er "spontant."

D: *Er der nogen fare for, at nogen bliver ude af kroppen for længe på en af disse rejser?*

S: Vi opfatter ikke, at der er nogen fare. For hvis individet ikke skulle vende tilbage, ville det være af hans eller hendes eget valg og ikke fordi en ondskabsfuld energi er kommet ind bagved og afskåret snoren.

D: *De kunne ikke blive tabt, med andre ord, og ikke finde tilbage?*

S: Vi opfatter ikke dette som sandt.

D: *Så de er bestemt forbundet med kroppen, indtil dødsøjeblikket, og så bliver snoren afskåret? Det er som en navlesnor, så at sige.*

S: Det er helt korrekt.

D: *Hvis døden skulle indtræffe under en ud-af-kroppen oplevelse, hvad ville vi så sige, at kroppen døde af? Ville det være et hjerteanfald?*

S: Du spørger, hvad de fysiske symptomer ville være. Pludselig spædbarns syndrom tilskrives ofte dette. Der er også dem, der simpelthen vælger ikke at vende tilbage på grund af alder, og så findes de i deres søvn.

D: *Er det et hjerteanfald?*

S: Det er ikke tilfældet, fordi et hjerteanfald er død induceret af en reel fysisk sygdom, og det er ikke, hvad vi refererer til her. De ville dø i deres søvn, og det ville blive kaldt "af naturlige årsager."

D: *Hvis der blev udført en obduktion, ville de ikke finde nogen årsag overhovedet?*

S: Det er korrekt.

Mellem Død og Liv

D: *Hvad med folk, der ser ud til at dø af spontan forbrænding? Det er et uforklaret mysterium.*
S: Dette skyldes en ubalance i det, du ville kalde "kemikalier" inden for systemet. Det er fordi menneskekroppe forbrænder mad, dog gennem en meget kontrolleret og meget langsom proces. En sådan død er forårsaget af forbrændingen af kropsvæsker. Dette skyldes ofte arvelige faktorer, som forårsager en ubalance i den kemiske sammensætning af kroppen. For eksempel for meget fosfor i kroppen.

D: *Er dette forårsaget af kosten?*
S: Ikke så meget forårsaget af kosten, men fra signalerne givet til kroppen for at producere niveauer af disse kemikalier.

D: *Er dette en tilfældig hændelse, eller er det intentionelt?*
S: Det ville være svært at beskrive, for alle oplevelser er unikke. Det kan være en af begge dele eller begge.

D: *Hvad med folk, der tilsyneladende dør i grupper? Der er mange tilfælde som togulykker, massakrer, jordskælv, hvor flere mennesker dør på samme tid. Valgte de alle at gå på samme tid, eller havde de noget at sige om det?*
S: Du er klar over konceptet om karma på individuel basis. Der er faktisk også det, der kaldes "gruppe" karma. Der har været, gennem mange eoner af tid, tilfælde, hvor sjæle har tendens til at gruppere sig for at udføre visse opgaver eller for at etablere ændringer eller for at opleve livet i gruppe, ligesom du ofte oplever det på individuel basis. Disse "gruppe dødsfald" er ikke mere end individuelle sjæle, der kommer sammen på visse punkter i deres overgang; det vil sige, i deres læringserfaring med at dø. Og i så gør de sig selv til et kryds, hvor det ville være mest passende for dem at forlade samtidig.

D: *Aftalte de dette før deres indtræden i livet?*
S: Det er korrekt. For det er i denne gruppeovergang, at de finder støtte. Der er en deling af oplevelsen i, at de ikke er alene i denne overgang. I mange tilfælde har der været flere fødsler og liv delt, så det er ikke usædvanligt at finde flere eller delte dødsfald.

D: *Var dette tilfældet med astronauterne, der gik bort i Challenger rumskibsulykken?*
S: Ja, dette var en situation, hvor det blev aftalt, at der ville være den deling af dødsoplevelsen.

Mellem Død og Liv

D: *Men der var så meget lidelse for familierne og folk over hele landet, da dette skete. Hvis de var på vej til deres skæbne, hvorfor kan vi så ikke være glade for det?*

S: Måske er der en kortsynethed i at se disse begivenheder. Du tænker kun på de individer, der forlod. Dette er ikke tilfældet. Der er mange andre elementer involveret. I sådanne tilfælde var der en samling af de overlevende, en deling af oplevelsen. Ved at se, at andre deler sorgen, er det meget lettere for et individ at opleve dette, idet de ved, at der er andre, der går igennem det samme. Således var dette en gruppeoplevelse på mange niveauer.

Mange emner beskriver oplevelsen efter at have forladt den fysiske krop som at rejse mod et lyst strålende lys i enden af en tunnel eller lignende. Disse beskrivelser er blevet gentaget i rapporter om NDEs (Near Death Experiences). Et af mine emner sagde, at dette hvide lys var et intenst energifelt, der fungerede som barrieren mellem vores fysiske verden og den åndelige sfære. I NDEs nærmer personen sig lyset, men bliver trukket tilbage ind i deres krop, før de træder ind i det. De har faktisk været i en nær-død situation, men de gennemførte ikke overgangen. De gik ikke langt nok. Når mine emner har genoplevet dødsoplevelsen, passerer de gennem det hvide lys, barrieren. På det tidspunkt er energien så intens, at den afskærer "sølvtråden," den navlesnor, der forbinder ånden til den fysiske krop. Når dette sker, kan ånden ikke krydse tilbage gennem barrieren og gå ind i deres krop igen. De to er blevet for evigt adskilt. Uden denne forbindelse til sin livskraft (sjælen eller ånden) begynder kroppen hurtigt at forfalde.

Kapitel 2
Modtagerne

EFTER DØDEN SER DER ud til at være en periode med forvirring for nogle ånder. Ikke alle oplever dette. Meget afhænger af dødsmetoden, om den var naturlig eller pludselig og uventet. Det vigtigste, jeg har fundet, er forsikringen om, at man aldrig er alene efter at have gennemgået dødsoplevelsen.

S: Der er nogle gange en periode, hvor du ikke rigtig er sikker på, hvor du er, om du er på den fysiske plan eller den spirituelle plan, fordi nogle af sanserne er ligesom, men dog forskellige. Og du prøver at finde ud af, hvad der foregår, og hvor du er. Der er en periode med orientering eller reorientering, som kan være forvirrende for nogle, når de finder ud af, hvor de skal gå herfra. Men de behøver ikke bekymre sig, for hjælp sendes straks. Normalt vil en håndfuld sjæle komme, som du har haft tætte karmiske forbindelser med i tidligere liv. Der er altid en eller to eller endda flere til stede, der er i melleminkarnationer selv. De vil være der for at byde dig velkommen. Og personen vil genkende dem på grund af sin forbindelse til dem i det umiddelbare forgangne liv. En anden ting, der forårsager forvirring, når du krydser over til de spirituelle planer, er, at din hukommelse begynder at åbne sig for dine tidligere inkarnationer og dit samlede karmiske billede. Så du vil genkende de sjæle. Først, i den relation, du kendte dem i det liv, du netop har forladt. Så vil du begynde at huske andre relationer, hvor du har kendt dem. Det er en del af processen med at huske al din karma, mens du er på den plan, så du kan forstå, hvad du lige har afsluttet, og hvad du stadig skal arbejde på, når du vender tilbage til Jorden igen.

D: *Så det er sandt, at nogen altid kommer, når folk dør?*
S: Ja. Hvis det er muligt, er det normalt nogen, der var speciel for dem i deres liv, hvis de ikke har reinkarneret. Nogen, som de kan identificere sig med, og tiltrækningens kraft er der for at hjælpe dem gennem overgangen.

Mellem Død og Liv

D: *Men mange gange dør folk voldsomt eller pludseligt. Hvis de ikke ved, at de er døde, er de så mere tilbøjelige til at være forvirrede?*

S: Ja, det er rigtigt. Og hjælperen, der er der, skal forklare dem, hvad der foregår, og hjælpe dem gennem det.

D: *Når ånden mødes af andre sjæle, efter den er død, hvor går den så typisk hen?*

S: Den går til den plan, hvor læringen finder sted. Der er ikke nogen central placering for det; det er bare en tilstand af væren. Og normalt interagerer ånden med mange andre sjæle, mens den gør dette. Efter at have lært, hvad den har brug for til sit næste liv, rådfører den sig med de spirituelle mestre og begynder at forberede sig til sin næste inkarnation. Den rådfører sig med de spirituelle mestre for at se, hvilken slags situation der ville være bedst for ånden at vende tilbage til. Der er også konsultation om, hvilke sjæle der ville være bedst for den at interagere med til alles fordel.

D: *Har du nogensinde hørt om hvilestedet?*

S: Ja, hvis du refererer til, hvad jeg forestiller mig, er det et særligt sted for beskadigede sjæle at gå hen for at hvile og genoprette sig, før de kan træde ind i selskabet af andre sjæle eller komme ind i inkarnationsplanet igen.

D: *Nogle mennesker tror, at Jesu ånds form vil kontakte dig for at vejlede dig på det tidspunkt, hvor din ånd forlader din krop.*

S: Det er helt muligt; dog ikke obligatorisk eller i alle tilfælde. Det gøres nogle gange, hvis den person, der krydser over, beder om eller ønsker at se denne Jesus-energi, og så er det faktisk Jesus-energien, der manifesterer sig. For Han har sagt, at Hans hjælp skal være en del af denne proces, og den er der for alle, der vælger at åbne sig for denne energi, uanset om de er inkarnate eller ej. Dette gælder også for folk med andre overbevisninger eller religioner. Hvis de har en dyb, vedholdende tro på en bestemt enhed, vil den spirituelle energi være der for dem til at hjælpe dem med at lette overgangen, hvis det er, hvad de ønsker.

D: *Der er også en tro på, at der er et sted i åndeverdenen, hvor ånder sover, fordi de dør med troen på, at de skal hvile, indtil Jesus kommer den anden gang og genopstår dem.*

S: Det, som du forventer at finde, eller den virkelighed, du skaber, finder du faktisk. Hvis de forventede at vågne op til måske et

Mellem Død og Liv

karneval, så ville det være det, de ville finde. Alt er muligt, hvis de tror på det. Der kan ske så mange forskellige ting efter døden af det, du ville betegne som "den fysiske krop." Når en krop udløber - sjælen gør aldrig - hvis det er en blid død, så er der en følelse af lettelse, undren, frihed. For det meste vil det, personen forventer at finde, også være der. Hvis de forventer at møde guider eller venner på vejen mod lyset, så vil dette være, hvad de ser. Hvis de var dybt forankret i troen på fordømmelse og helvede, og hvis de mener, at de fortjener dette, vil de også opfatte det. Meget af dette er baseret på forberedelsen af den individuelle sjæl før døden. Men normalt er der de, der var tætte på dem, før de gik over til den anden side. Ofte vil en anden sjæl komme og lede dem til et sted med helbredelse, så de vil miste deres forvirring og forstå, hvad der er sket. Måske er ånden forvirret, fordi det har været længe siden, de har været på denne side. Hilsnerne vil hjælpe dem med at blive ukonfunderet og finde ud af, hvor de ønsker at gå hen og har brug for at gå hen. På denne måde, hvis det er nogen, de har kendt, så har de ikke frygt, for frygt er det, der får folk til at være i chok. Nogle mennesker, hvis det er en traumatisk død, går ind i en periode med dyb, dyb hvile, indtil de kan håndtere oplevelsen af at vide, at deres krop er ophørt med at eksistere. Og opvågningen vil være meget langsom. Vi har ikke brug for folk, der vandrer rundt i en døs. De kan skade sig selv og andre.

D: *Gør de det nogle gange?*
S: Det er ikke ukendt, at det sker, ja. De ved ikke, hvor de er. I deres panik kan de skade sig selv ved at føle, "Jeg må tilbage, jeg må tilbage." Og de binder sig til, hvor de døde, ved følelsen af, at dette ikke kan ske.

D: *Det er bedre, hvis de går hen og hviler?*
S: Ja, for så kan de langsomt vækkes, idet de ved, at hvad der er sket er godt, rigtigt og naturligt. Chokket og traumat er så tabt.

D: *Kommer deres kære også, når der er en traumatisk død?*
S: Ja, nogle gange tager de dem bare til et sted, hvor de kan hvile. Men noget, du ville opfatte som en traumatisk død, bliver ikke altid betragtet som traumatisk på denne side. Du ville måske anse mange soldaters død for at være traumatisk. Alligevel er de nogle

Mellem Død og Liv

gange blandt dem, der accepterer det skete mest – måske endda mere end en person, der døde under fødslen.

D: Jeg formoder, at det bare afhænger af omstændighederne og den individuelle sjæl.

S: Ja, i meget høj grad.

DET SÅ UD TIL AT VÆRE en etableret cyklus med konstant tilbagevenden til Jorden efter at have været på den anden side. Det syntes for mig, at hvis nogen var i et sted, hvor de ikke kunne dø, ville de naturligt ønske at blive der for evigt. Jeg tænkte på den måde, folk på Jorden altid søger efter udødelighed.

S: Nej, du ville hurtigt blive kede dig. Hvis din lektion i tredje klasse er overstået, hvorfor skulle du så ønske at forblive i tredje klasse resten af dit liv? Det kunne være behageligt, men der ville ikke være nogen læring.

D: Der ville ikke være nogen udfordringer.

S: Det er sandt. Død er nødvendig for at kunne udvikle sig. Stagnation ville opstå, hvis der ikke var nogen død for at flytte én til den spirituelle side. Dette er en løbende proces, som er bedst egnet til at lære meget information. Alt er som det skal være i denne henseende. Hvis de lektioner, du lærte, var færdige, ville der blive en frigiv else af oplevelser, der lærte de lektioner, og en påtagelse af nye oplevelser for at lære de mere avancerede lektioner. Det er simpelthen som at klatre op ad stiger, hvor hvert niveau af erfaring er en vækst i bevidsthed fra det, der er under det. Så de omgivelser, som vil være katalysatoren for disse oplevelser, vil blive kasseret, når de nye oplevelser er nødvendige. Vil du gerne forblive i dit tredje klasselokale og tage fjerde- eller sjetteklassens timer? Eller ville det være bedre at være i et nyt miljø og starte med et nyt sindelag? Hvis du blev tilbage i det samme klasselokale, ville du have tendens til at tænke i de samme termer. Sindelaget er også meget vigtigt.

D: Jeg mener, det er sandt for mange mennesker på Jorden. Nogle gange, hvis de forbliver i det samme miljø, vokser de ikke. Er det, hvad du mener?

S: Det er helt korrekt.

Mellem Død og Liv

D: *De har brug for udfordringen ved noget nyt, et nyt sted, nye omgivelser.*

S: Nye omgivelser er meget vigtige for progression. Påmindelser om fortiden hæmmer udsigten til fremtiden.

S: Nogle mennesker tror, at der ikke er noget liv efter døden. (Hun grinede kort.) Men når noget eksisterer, kan energien, der er den eksistens, ikke ødelægges. Hvorfor er det så svært at tro, at der er eksistens efter døden af en fysisk krop? Du kan ikke ødelægge noget som elektricitet, fordi energien altid er der, selvom den er i en anden form. Hvorfor mener de, at en menneskelig ånd og sjæl kan blive ødelagt, når energi ikke kan? Det, som menneskesjælen er, er ikke andet end energi. For sjælen er ikke blot en ting, der bor i den fysiske krop. Det er en energi. Og som en energi kan den udbrede sig, som energier plejer at gøre. Den korrekte opfattelse af din personlighed ville være som energi, for det er essensen af sandheden om skabelsen - at alt er energi. Nogle former er på lavere niveauer, såsom den fysiske verden omkring dig; men de er energi og kan demonstreres som sådan gennem enkle konverteringsprocesser som ild. Alt stof er i virkeligheden energi. Det er simpelthen manifesteret i en lavere, mere grundlæggende form. Og så kan du se dig selv som rene væsener af energi, ikke mere, ikke mindre. Der findes ikke noget sådant som stof. Dette er blot en betegnelse, der er givet til at beskrive det, der er åbenlyst omkring den "fysiske" verden.

S: Død holder mange frygt. Men død er den store benægter, den store usandhed. Det er det mest usagte, men alligevel mest tænkte på. Der er ikke behov for at frygte døden, for med dens frigivelse er der endnu liv, der langt overgår det, der er her på denne planet. Men for dem, der vil benægte dette liv, vil vi advare om, at ved forkert brug, det vil sige, ved selvmord eller af den art, genererer man den energi, der følger med til den anden side. Og det er så nødvendigt at tage sig af det på den anden side. Det er og vil aldrig være passende at kaste en levende krop væk, før det er tid. Det er en spild, som ikke må tolereres.

D: *Jeg prøver at gøre alt dette klart, så folk ikke vil være så bange for disse ting.*

Mellem Død og Liv

S: Ja. Det hovedproblem, du vil have, er ikke frygt, men filosofisk dogme i vejen.

D: Mener du i vejen for at forklare det?

S: Filosofisk dogme er den måde, folk har på at lukke deres sind for, hvad der er. For eksempel vil folk, der følger forskellige trosretninger, finde det svært at forstå nogle af de ting, jeg har forklaret.

D: *Mener du dem, der er opvokset med troen på ting som Himmel og Helvede?*

S: For eksempel, ja. Og dem, der er opvokset med troen på, at hver sjæl kun har én inkarnation. Det er tåbeligt, men det er, hvad de tror.

D: *Ja, de mener, at livet kun er én gang rundt, og så er det det. Der er dem, der ikke kan acceptere tanken om, at de har levet mere end én gang.*

S: Er det hårdere at tro, at du kan blive født én gang ind i en krop end at tro, at du kan blive født to gange eller flere?

D: *Nogle mennesker har svært ved at acceptere konceptet.*

S: Kun dem på din side. Det er en af grundene til, at så mange af dem har problemer med depression og sådan. Fordi de føler, at de ødelægger deres eneste chance. Hvis de indså, at de har en række muligheder, kunne de gøre deres bedste hver gang og ikke føle sig dårlige for de fejl, de laver. De kan arbejde det ud næste gang.

D: *De burde bare prøve at gøre det bedste, de kan denne gang. Det giver mening for mig, men der er mange mennesker, der ikke forstår det.*

S: Der er mange, der ikke ønsker at. Mange har frygt for at tænke på en anden eksistens efter den, de lever, fordi måske er den, de lever, så smertefuld, at de tror, det ville være kontinuerlig tortur at have et liv efter et andet. Mange af kirkerne ønsker ikke, at folk skal tro på tidligere eller efterfølgende eksistenser, fordi det fjerner deres greb om frygt, og de ikke længere har kontrol. Lederne af alle de store tankeskoler vidste om tidligere eksistens og efterfølgende eksistens, men det blev lukket for den generelle viden på grund af kontrol. Selv den hinduistiske tankegang bruger denne kontrol på en anden måde, fordi de siger, "Denne mand har gjort noget i sin tidligere eksistens for at få ham til at lide nu. Derfor, hvorfor skulle jeg hjælpe ham? Han har gjort noget for at fortjene dette."

24

Mellem Død og Liv

På denne måde bruger de de samme taktikker som kristendommen eller nogen af de andre. Du skal huske, at ikke alle, der siger, at de står på religionens side, gør det. De bliver måske krummet af den mørkere side af tingene uden selv at vide det. Mænd har fjernet mange ting fra Bibelen og tilføjet, hvad de ønskede. De har ikke omsorg, de tænker, "Dette er, hvad jeg ønsker, det skal sige, og derfor er det, hvad det siger."

D: *Folk ser ud til at have frygt, når noget som dette bringes op. Når du prøver at fortælle dem, at Bibelen er blevet ændret mange gange gennem historien.*

S: Disse ting får dem til at tænke, og mange mennesker er bange for fri tænkning. Når du fjerner det, som folk har troet på hele deres liv, og siger, at det er anderledes, eller at måske deres forældre uvidende løj for dem, fjerner du deres fundamenter af, hvad de tror på. Og mennesket kan ikke overleve uden noget at tro på, selvom det er troen på, at der ikke er noget. Han må tro på noget.

D: *Med andre ord, de er bange for en anden tankegang.*

S: Folk sagde de samme ting om Jesus, da han sagde, at han kom for at opfylde profetierne. De sagde, at han havde fejl, at han var skør, at han ikke vidste, hvad han talte om. Hver gang nogen kommer med noget, der er lidt anderledes eller lidt usædvanligt, vil det skræmme folk, og de vil sige dårlige ting om det. Denne viden er noget, der skal undervises, fordi mennesket skal lære at være uden frygt for at blive, hvad det kan være. Der er mennesker, der har brug for at vide disse ting, og det vil tænde en gnist i dem, og de vil genkende det som sandheden. Det vil måske hjælpe dem med at finde deres vej til at blive det, de ønsker at blive, og hvad de har brug for at blive. De er dem, der er vigtige, fordi de til sidst vil bringe nok mennesker over til deres side. Husk, der var kun få, en håndfuld mennesker, der troede på Jesu budskab. Og nu ser verden ud. Meget af verden bekender sig, i det mindste udadtil, til kristendommen. Sandheden er blevet undertrykt i mange århundreder, og det er tid til, at den kommer frem.

Kapitel 3
En nærdødsoplevelse

IKKE AL MIN INFORMATION om dødsoplevelsen er kommet fra hypnose. Af og til fortæller folk mig om nær-døden oplevelser (NDE'er), som de har haft. Denne betegnelse blev populær gennem arbejdet af Dr. Raymond Moody og Dr. Elizabeth Kübler-Ross. Det refererer til begivenheder, som folk husker, når de bogstaveligt talt er døde og krydset tærsklen til den anden side, og er blevet bragt tilbage til vores verden af de levende ved videnskabens fremskridt. De historier, som folk har fortalt mig, følger traditionelt det mønster, som andre forskere har opdaget. De parallelle også den information, jeg har fundet i mit arbejde, med den undtagelse, at disse mennesker er kommet tilbage for at rapportere deres oplevelse, mens mine forblev på åndernes plan, indtil de blev genfødt i deres nuværende liv. Mine emner bærer hukommelsen, men den er begravet dybt i deres underbevidsthed og kan kun frigives ved hjælp af regressiv hypnose.

Den sag, jeg vil rapportere, bærer mange af de klassiske dele. En ven introducerede mig for Meg ved at sige, at hun havde en bemærkelsesværdig historie at fortælle mig. Meg havde ikke betroet denne oplevelse til mange mennesker, fordi hun var bange for at blive latterliggjort. Det var for personligt og privat, og hun følte, at der var mange, som aldrig ville forstå den betydning, hun tillagde det. Hun mente, at det havde ændret hendes liv for altid. Meg var ikke den samme efter det, og hun ville aldrig være det. Hun troede, at dette var grunden til, at hun blev tilladt at bevare hukommelsen. Det var en gave, hun kunne trække på i tider med usikkerhed og stress. Hun forklarede, at hypnose ikke ville være nødvendig for at genvinde hukommelsen fra sin underbevidsthed, fordi den var for evigt indprentet i hendes sind. Meg var måske uklar om nogle af detaljerne, men hun vidste, at hun aldrig ville glemme det, og ingen ville nogensinde kunne overbevise hende om, at det ikke var sket. Det var et vendepunkt i hendes liv. Meg var en moden kvinde i sin sene 40'ere, gift med flere børn. Hun havde ikke læst noget om NDE'er, og hun havde bestemt ikke været udsat for mit materiale. Hun levede et aktivt

Mellem Død og Liv

liv med mange interesser, men alt, hvad der var sket siden hændelsen, havde hængt sammen med dens betydning. Det fortsatte med at farve alt i hendes liv.

Vi mødtes hos en ven, hvor vi kunne få privatliv, og Meg satte sig ned i en komfortabel stol for at fortælle sin historie til båndoptageren. Jeg blev imponeret over hendes behov for nøjagtighed og den omhyggelige måde, hun undgik pynt. Hun følte behovet for at gengive det korrekt, og hun huskede det i bemærkelsesværdig detalje. Meg indvilligede i at lade mig trykke historien under forudsætning af, at jeg holdt hende anonym.

Dette er, hvad der skete, med hendes egne ord:

"DET HAPPENDE, da jeg havde kirurgi for omkring 10 år siden, i 1978. Jeg skulle åbne en boghandel i juni, men ved en rutinemæssig undersøgelse fandt de en læsion på min lunge. De kunne ikke beslutte, om det var kræftfremkaldende eller godartet, så jeg måtte have lungesurgery. Jeg må sige, at før jeg gik ind, følte jeg intuitivt, at jeg ikke havde kræft, men jeg følte mig ikke godt tilpas med denne operation. Jeg havde ikke gode vibrationer omkring det. Det er den eneste måde, jeg kan beskrive det på.

Jeg havde haft en ret konventionel barndom. Jeg gik i flere forskellige kirker og så ingen kirker overhovedet. De var alle slags: kongregational, luthersk osv. Da vi flyttede ud på landet, gik jeg med min nabo til baptistkirken. Men jeg blev ikke opdraget med en fundamentalistisk baggrund. Faktisk var det en meget løs kristen baggrund – løs i den forstand, at jeg ikke var vant til at gå i kirke meget. Da jeg giftede mig med min mand, meldte jeg mig ind i hans kirke, som var en episkopal kirke. Atter var det et meget løst forhold, og det forbliver sådan den dag i dag. Et eller andet sted undervejs var jeg kommet til den konklusion, at jeg bestemt var på grænsen til at være agnostiker, måske endda atheist. Men jeg tror, at på grund af mine barndomsvaner turde jeg ikke helt blive en total atheist. Bare i tilfælde. (Hun grinede.)

Jeg vil gerne have, at du ved, hvor jeg kom fra, da jeg lå på hospitalet natten før operationen. Jeg var virkelig overbevist om, at jeg måske ikke ville komme ud af dette. Jeg sagde, hvad jeg troede kunne være min sidste bøn. Jeg hviskede ind i det, jeg ville kalde mørket: "Jeg ved ikke, om du er der, men hvis du er, er dette det bedste, jeg kan gøre." Og jeg prøvede at gennemgå alt og se, om jeg åndeligt havde efterladt noget uafsluttet. Så sagde jeg, "Jeg tror ikke rigtig, du er der, men hvis du er, har jeg virkelig brug for lidt hjælp." Jeg gik lige hen til væggen. "Jeg er ked af, at jeg ikke kan have mere tro, men helt ærligt er dette det bedste, jeg kan gøre i den endelige analyse."

Så kom jeg igennem operationen fint, men jeg følte mig elendig, fordi jeg gjorde ondt. Jeg havde så ondt, at alt, jeg kunne tænke på, var, hvornår var det næste skud? Jeg inkluderer alt dette, fordi jeg synes, jeg må være ærlig. Jeg svømmede ind og ud, og jeg fik Demerol. Så til skeptikerne kan de sige: "Nå, hun var på smertestillende." Det betyder ikke noget. Skeptikerne vil altid sige, hvad de vil sige. Omkring den tredje dag i intensiv pleje faldt jeg i søvn. Og pludselig var jeg på vej ned ad en meget lang, mørk kløft. Jeg følte mig meget, meget varm og meget, meget sikker, men det var den sorteste kløft, jeg nogensinde har set. De var som bjergvægge, der så ud til at være meget langt væk, og så pludselig så de tættere ud. På et tidspunkt kiggede jeg på disse bjergvægge, og i stedet for at være helt sorte så de næsten orange ud med mørke, flimrende lys imod dem. Det havde noget at gøre med sjæle, men jeg husker ikke, hvad det var. Men det var en meget varm, sikker følelse.

Mens jeg bevægede mig ned ad kløften, så jeg et meget tåget sted lige foran mig. Og da jeg kom hen til det, kunne jeg se, at der var en form for klippebarriere, der blokerede hele indgangen til denne kløft. Man kunne ikke komme videre, men der var lige nok plads til at klemme sig forbi den. Der var tåge overalt.

Og så så jeg folkene stå der. Der var to mænd og en anden skyggefuld skikkelse. Pludselig genkendte jeg, hvem den person var, og så var han ikke længere en skyggefuld skikkelse. Dette er sjovt, men han lignede Gene Wilder, som han så ud i Willy Wonka. Han havde det vidunderlige krøllede hår og havde en dragt med hvid piping på. Min første tanke var: "Hvad er dette?" Og så indså jeg pludselig, at jeg var ved at dø. Jeg oplevede et øjeblik af frygt der.

Så sagde denne mand i dragten: "Du er ved døden." Det var de ord: "Du er ved døden." Så indså jeg, at han var "dødsenglen." Han sagde det ikke, men jeg vidste det. Og jeg tænkte, at han var lidt skræmmende. Men da han sagde: "Du er ved døden," var det så

Mellem Død og Liv

venligt, at jeg ikke var bange. Jeg var bare slet ikke bange. Han var så venlig. Og han var så effektiv. Det var utrolig.

Og jeg husker, at jeg overvejede det; så nikkede jeg med hovedet og sagde: "Jeg ved det." Nu vil jeg sige alt det andet i en sammenblanding, fordi jeg fik informationer samtidig. Det kom bare ind fra indtryk. Hvor nogen sagde noget, vil jeg citere præcist, hvad de sagde. Min første tanke var: "Der er virkelig noget efter døden! Der er virkelig!" Jeg var absolut forbløffet. Jeg blev ved med at sige: "Men døden er så let. Det er så let. Det er som at rejse sig op fra denne stol og sætte sig ned i den stol."

Disse mænd nikkede med hovedet. Og en af dem sagde: "Ja, men det er svært at komme dertil." Jeg forstod det ikke, men det var det, han sagde. Så sagde manden i dragten: "Og du får et valg." Nu tænkte jeg på flere ting. En tanke var: "Døden er en danser." Det er en mærkelig tanke, men jeg prøver at relaterer, hvad jeg fik på det tidspunkt i sin reneste form. Jeg fik indtrykket på det tidspunkt, at jeg ikke altid ville få et valg. Jeg fik også indtrykket, at ikke alle fik et valg. At dette kun var i dette særlige øjeblik, på dette punkt. Så fik jeg også indtrykket, at denne "dødsengel" ikke var denne væsens permanente position. Jeg følte, at han kun var på en opgave, og at han ikke altid ville have denne opgave.

Der var nogle andre skyggefulde figurer der, og jeg opfattede, at de var der for at hjælpe mig. Fordi han sagde: "Ønsker du at blive, eller ønsker du at gå?" Nu betød "blive" at blive hos dem; "gå" betød at gå tilbage. Det er ikke, hvad du normalt ville tænke. "Ønsker du at blive, eller ønsker du at gå?" Og jeg vidste, at det var vidunderligt der, og jeg ville gerne blive. [Begejstret] Og så sagde jeg: "Jeg vil gerne blive."

Jeg kan ikke huske hans præcise ord, men han sagde: "Der er nogle ting, du skal vide, før du træffer din beslutning." Så blev jeg vist min mor, og hun græd og hulkede. Og han sagde: "NU vil din mor blive ødelagt. Og hun, i sin ødelæggelse, vil ødelægge dem omkring hende." Og jeg er sikker på, at han talte om min far. Jeg opfattede, at hendes liv ville være slut på det punkt. Og i sin kærlighed til hende ville hans liv også være slut. Men jeg sagde: "Åh, jeg vil gerne blive." Fordi jeg opfattede, at tiden der var så hurtig, at det ikke var noget. De ville være der så hurtigt, og de ville forstå, når de kom derhen. Jeg opfattede også en anden ting, at uanset hvilken vej jeg valgte, var det

Mellem Død og Liv

helt rigtigt. Der var absolut ingen dom eller kritik, men hvad jeg valgte at gøre, var det rigtige at gøre. Så blev jeg vist min mand. Han græd, og han sagde: "Jeg vidste aldrig, at jeg elskede hende," hvilket passer ind med, hvordan ægteskabet var på det tidspunkt. Jeg så, at det ville være meget hårdt for ham, men jeg sagde: "Jeg vil gerne blive." Fordi jeg vidste, at om lidt ville alle være der, og de ville alle forstå. Så sagde han: "Nu, dine børn vil have det godt, men de vil ikke komme så langt, som de kunne." Men jeg sagde stadig: "Jeg vil gerne blive." Jeg vidste, at mine børn ville have det godt. Måske ikke gøre det så godt som hvis jeg var der; men de ville stadig ikke gå under. At blive der var stadig det mest attraktive valg. Og så sagde Døden: "Nu, du skal blive tæt på dine børn." Med andre ord, blive tæt på kanten. Og jeg blev fortalt, at jeg skulle guide mine børn. Jeg var bare forbløffet, for det var ikke, hvad jeg ønskede. Jeg ville gerne gå videre til dette glade sted og lære. Jeg ved ikke, hvordan jeg vidste, at jeg kunne lære der. Det kom bare ind i mit sind, og jeg vidste. Jeg havde ikke set det, men jeg vidste, at så snart disse mennesker åbnede munden, var dette et sted, hvor jeg gerne ville være. Jeg vidste bare, at der var svar der. Svarene, tror jeg. Der var studier; svar; vækst. Dette var bare instinktivt, men jeg vidste, at det var et sted, jeg gerne ville blive. Jeg ville ikke forlade det og gå tilbage til disse problemer. Jeg ville være der. Men jeg sagde modvilligt på det tidspunkt: "Nå, hvis jeg skal blive tæt på kanten, kan jeg lige så godt gå tilbage. Jeg har disse ansvar. Og jeg kan håndtere det bedre fra den side end bare at forsøge at blive tæt på mine børn og påvirke dem." Så sagde jeg: "Okay, jeg går." Og de så alle ud til at være ganske tilfredse med, at jeg havde besluttet det, selvom der ikke ville have været nogen kritik eller dom.

Jeg følte, som om jeg begyndte at trække tilbage. Og jeg så de andre mindre figurer hviske: "Hun skal gå. Hun skal gå." Jeg kan ikke huske, om de forsvandt, eller om de gik rundt om barrieren. Jeg tror, de gik rundt om barrieren. Og jeg opfattede, at de havde været der for at hjælpe mig med at krydse over. Men de var ikke nødvendige, så de forsvandt. Så begyndte jeg at trække mig tilbage, som om jeg var ved at forlade. Og en af disse mænd sagde: "Før du går, er der nogle ting, vi vil have dig til at vide."

Øjeblikkeligt var jeg i et andet sted. Jeg var ikke længere i tunnelen. Det var ligesom en baghave, og der var en cirkel af

Mellem Død og Liv

mennesker. Jeg har siden forsøgt at gætte, hvor mange der var i den cirkel af mennesker, der sad rundt om i stole. Jeg ville gætte måske otte, ti mænd og kvinder. Jeg opfattede, at de var mit råd. Og jeg vidste, at hver eneste person har et råd, der har ansvaret for hver sjæl hernede. De mindede mig lidt om en søndags skolegruppe, der mødtes udendørs i kirken, måske om eftermiddagen eller sådan noget. Jeg kunne virkelig ikke se ansigtet, men denne ene person guidede mig. Jeg huskede hans bare arme og hans opkrøllede hvide skjorteærmer, meget ligesom mænd ville gøre en varm søndag, en sommer, Bibelklasse-lignende ting. Han tog mig over til en pige, der sad under et træ, og hun havde sort hud, farvet hud. Og han plukkede ligesom på hendes hud. [Hun lavede bevægelserne af at klemme huden på sin underarm mellem tommelfinger og pegefinger.] Og han sagde: "Dette er så uvigtigt – denne hud. Dette er så uvigtigt. Det er bare et lille dæksel. Det er så uvigtigt, det er latterligt," og så lo de begge lidt. Og jeg tænkte: "Hvorfor fortæller han mig dette? Jeg ved det."

Så var det næste billede... vi stod på en vej, og der var mindst en af mine rådgivere med mig. Disse to unge mænd af østindisk udseende gik op ad vejen. Og de var der for at vise mig mig selv. Nu stod jeg der, og pludselig var jeg ved siden af mig selv. Jeg så en smuk, meget stor, strålende, opak, glitrende kugle, som jeg vidste var mig selv. Og jeg gik rundt, og jeg trådte ind i mig selv, denne lys kugle. (Hun illustrerede med håndbevægelser handlingen med at træde ind i toppen af denne kugle og fortsætte nedad gennem den for at komme ud af bunden.) Og jeg vidste, at når jeg kom ud, ville jeg have alle mine svar. Jeg ville kende mig selv. Og jeg gjorde. Men da jeg gik ind i kuglen, steg jeg ned. Det var som at blive badet i mælkehvidt, meget behageligt. Og jeg tænkte: "Hvert øjeblik nu vil jeg nå midten." Og snart nåede jeg igennem og kom ud på den anden side, som var i en nedadgående vinkel. Jeg vidste, da jeg var i midten, men midten var præcist ligesom periferien. Med andre ord var midten præcist ligesom kanterne. Alligevel opfattede jeg, hvornår jeg var i kanterne og gik igennem og ind i midten og kom ud igen. Men midten var præcist ligesom periferien. De var bare den samme sammensætning. Da jeg kom ud, kendte jeg mig selv. Og jeg stod der, og jeg følte mig flov. Jeg følte mig nøgen, fordi jeg kendte mig selv, og jeg opfattede mit gode og mit dårlige, og jeg dømte mig ikke. Og jeg sagde: "Jeg skal arbejde på det." Og de kendte mig også. De kendte mig helt. Og de

Mellem Død og Liv

smilede og nikkede. Og det gode var, at der ikke var nogen kritik overhovedet. Absolut ingen dom.

Dette er, hvor jeg bliver uklar. Jeg kan ikke huske, hvad der kom først. Jeg kiggede op, og himlen blev pludselig mørk, og den var fyldt med stjerner. Nogle var store, nogle var mellemstore, og nogle var små, og de havde varierende klarhed, men ikke én skinnede mere end de andre. Selv hvis der var en meget lille en ved siden af en stor, strålende, kunne man stadig se hver med ligestilling. Og jeg vidste, at stjernerne var sjæle. Jeg sagde: "Nå, hvor er min?" Og nogen sagde: "Der er den." Jeg kiggede bag mig, og der var min stjerne. Den var lige steget op over horisonten. Og pludselig var jeg der, i stedet hvor min stjerne var. Og jeg følte, at jeg var indvævet i et stof. I det øjeblik vidste jeg, at vi alle var totalt forbundne, og at uanset hvad der skete, kunne vi ikke blive ødelagt. Selv hvis noget kom og rev stoffet, ville stoffet holde. Jeg vidste, at jeg ikke kunne blive ødelagt, og at ingen andre kunne. At jeg var, som jeg var, som jeg er.

Så var jeg tilbage i engen, stående ved den vejkant. Og jeg kiggede ud over denne smukke, solbelyste eng, og der var en skov af træer. Det var symbolsk for mig, at der var en grove, men jeg opfattede, at i den var livets træ. Og pludselig, ud af denne grove af træer, kom denne enorme lynbold. Jeg så bare på den, mens den fløj over engen. Og den ramte mig lige her. (Hun lagde sin hånd på brystet over hjertet.) Det var, som om jeg havde fået ånden taget fra mig. Det var som om, at hver ounce af alt blev suget ud af mig, og jeg blev opslugt. Og hvad der kom ind i mig, var total, ren, ubetinget kærlighed. Det var så fantastisk. Det gik ind i hver celle, og jeg kunne næppe få vejret. Der var ikke noget, jeg kunne give, bortset fra kærlighed, fordi det var alt, jeg var sammensat af. Det havde taget over hver atom. Og så begyndte jeg at komme tilbage. Og nogen råbte til mig, og det kunne have været min rådgiver: "Bliv gift. Du er bestemt til at være gift." (Resignende) Hvilket jeg har gjort.

Jeg kom tilbage. Og jeg vågnede, og jeg så sygeplejersken i intensivafdelingen læne sig over mig med det mest bekymrede udtryk i ansigtet. Hun kiggede på mig. Og jeg tænkte: "Bare rolig, jeg har det godt. Jeg vil ikke dø. Og jeg vil ikke forlade igen." Jeg tænkte også: "Åh, du ved ikke, hvor jeg har været." Jeg fortalte ikke nogen det i flere dage.

Mellem Død og Liv

Senere diskuterede vi muligheden for, at Meg var ved at dø, og måske havde sygeplejersken set noget på maskinerne eller i måden, hun opførte sig på. Da Meg blev ramt af lynet, kunne det have været et faktisk stød til kroppen for at genoprette livet. Hun vendte tilbage til sin krop straks efter at være blevet ramt. Det kunne have påvirket hende ligesom de elektriske stød, der gives til en patient, efter deres hjerte stopper.

Der vil uden tvivl være debat om, hvorvidt denne hændelse virkelig fandt sted, eller om det var en fantasifuld oplevelse relateret til stoffer. Men Meg har ingen sådan diskussion i sit sind. Hun ved, det var ægte. Der er ingen tvivl i hendes stemme, når hun beretter om hændelsen. Hun ved, fordi det for altid har ændret hendes liv.

Som Meg sagde: "Måske skal nogen næsten miste deres liv for at finde det."

Resten af Megs historie:

Meg blev en god ven, og vi holdt kontakten i mere end femogtyve år efter, at hun fortalte mig denne historie. Den nærdødsoplevelse, hun havde haft, havde haft en så dybtgående indvirkning på hendes liv, at hun altid sagde til sin mand, at hvis hun en dag var ved at dø, skulle han lade hende gå. Hun ønskede ikke at blive bragt tilbage. Det samme sker for mange mennesker, der har oplevet dette fænomen. De er ikke længere bange for døden. De har set den anden side og længes efter at komme tilbage dertil, når tiden er inde.

År senere fik hun kræft og lå døende på hospitalet. Da hendes vitale tegn forsvandt, gik hendes mand i panik og bad det medicinske personale om at genoplive Meg. Det lykkedes dem at bringe hende tilbage, men hun blev meget vred. Hun havde endnu en gang krydset over til den anden side og ønskede ikke at vende tilbage. Hun insisterede på, at det ikke måtte ske igen.

Mens hun lå på hospitalet, blev hendes smerter værre, og der var ikke længere adgang til hendes vener for at give hende smertestillende medicin. Så en nat kom en ung mandlig sygeplejerske ind på hendes værelse og indsatte nænsomt et drop med smertestillende i en lille vene mellem hendes ringfinger og lillefinger. Min datter Julia, som

Mellem Død og Liv

selv var sygeplejerske i tyve år, sagde, at det er et meget usædvanligt sted at lægge et drop. Meg havde det mere behageligt i nogle dage, indtil droppet skulle skiftes. Hun insisterede på, at den unge mandlige sygeplejerske skulle komme og gøre det igen, fordi han havde gjort det så smukt. Lægerne fastholdt, at der ikke var nogen mandlige sygeplejersker ansat på hospitalet. Så hvem var den unge mand, der så nænsomt havde lindret hendes smerte? En ånd fra den anden side? Hendes skytsengel? Hvem han end var, så var han helt klart ikke fra denne fysiske jord. Han havde hjulpet med at gøre hendes overgang mere behagelig, for hun døde nogle få dage senere i søvne, før nogen kunne bringe hende tilbage til denne verden igen.

Jeg sørger ikke over Meg, for jeg ved, at hun er lykkelig. Hun var en af de få, der fik et glimt af den anden side. Selv om det kun var for nogle øjeblikke, var det, hun så, så smukt, at hun vidste, hun aldrig igen ville frygte at vende tilbage.

Kapitel 4
Skolerne

JEG SKULLE MANGE GANGE træde ind i den fascinerende åndeverden. Dette er det område, der holder den største frygt for mennesker, og det rejser det evige spørgsmål: "Hvor vil jeg gå hen, når jeg dør?" Alle undrer sig over, hvad der vil ske med dem, om der vil være total glemsel eller fortsættelse af personligheden. Selv de mest religiøse har stadig deres usikkerheder. Jeg har ikke alle svarene, men jeg tror, jeg kan hjælpe gennem den information, jeg har modtaget i min regressionsforskning. Selv regressionsspecialister kan ikke fortælle dig, hvad de ikke ved. Men når du får de samme beskrivelser fra mange forskellige mennesker, må du antage, at det har gyldighed. Måske virker det sandt, fordi flertallet virkelig gerne vil tro, at livet efter døden er et sted med fred og tilfredshed.

Personligt finder jeg ideen om at blive i jorden indtil opstandelsens dag eller dommedag helt frastødende. Også ideen om at svæve rundt på en sky og spille harp for evigt er ikke min vision for himlen. Jeg tror, det ville blive kedeligt hurtigt. Måske finder jeg denne idé om skolerne attraktiv, fordi af min umættelige nysgerrighed og min konstante søgen efter viden.

Uanset hvad, tror jeg, dette giver os den bedste beskrivelse og måske, bare måske, svarene på nogle af de hjemsøgte spørgsmål, der plager os alle.

Mange gange, når jeg regressede forskellige emner, ville de ikke være involveret i et liv. Deres svar ville afsløre, at de var i en mellemtilstand, på forskellige åndelige niveauer eller planer og i forskellige steder. Det mest almindelige af disse var skolen. Jeg bad om en beskrivelse.

S: Det er vidensskolen. Jeg ser hallen. Den har høje søjler, og det hele er hvidt. Rigtig lys - hvordan skal jeg forklare det? Lyset kommer indefra og udefra, fra alt, og stråler bare.
D: *Mener du som sollys?*

Mellem Død og Liv

S: Ikke så klart, men mere ... vedholdende. Det er meget fredeligt, meget afslappende, meget roligt. Det er et meget rart sted at være.

D: *Hvor er denne vidensskole?*

S: Den er lige her. Den er på en anden vibration end den eksistens, der er kendt som Jorden. Den er på en separat eksistensplan.

D: *Den har ingen forbindelse til Jorden?*

S: Vi lærer om, hvad vi har gjort, og på denne måde har den en forbindelse til Jorden, men ingen anden end det.

D: *Du sagde, at dette er som en stor hal. Afholdes alle klasserne i hallen?*

S: Nej, de har klasseværelser udenfor. Dette er en slags hovedgang, vil jeg sige. Du kan se alt, hvad du ønsker at se her. Bare ved at visualisere det, sker det. Du kan gøre det så rart eller så dårligt, som du ønsker. Hvis du har en skyldfølelse og ønsker at lide, kan du også få dig selv til at gøre det. Du kan få omgivelserne til at se ud, som du vil have dem, eller på den måde, du har visualiseret dem. På nogle planer, inklusive det plan, jeg er på nu, er det som at være på et højere plan af Jorden, så topografien her ligner, men den har et finere energiniveau. Jeg mener, der er bakker og bjerge og dale, men de kan ikke være placeret præcis som bakkerne der på Jorden. Der er grønt og sådan, men farverne er mere intense og renere. Man kan også have bygninger og sådan her, men normalt er deres konstruktioner af energi påvirket på en måde, så de giver et bestemt billede.

D: *Ville de andre mennesker der se de samme ting, som du ser?*

S: Ja, bjergene og grøntområdet er generelle træk ved dette plan, som alle ser. Det er Jorden, men det er på et andet energiniveau. Og da det er et andet energiniveau, er lovene, der styrer energien, forskellige. Jorden er solid, og bakkerne er solide, og træerne og dyrene eksisterer virkelig; de er virkelig der. Det er som inkarnationsplanen, som jeg vil komme til igen. Men da energilovene er forskellige, kan andre ting gøres med kunstige konstruktioner.

D: *Skal alle manifestere det, eller er det bare der hele tiden?*

S: Det er der hele tiden. Det er bare et spørgsmål om personlig perception, om du opfatter det eller ej.

D: *Mener du, at der er mennesker, der måske kommer der og ikke ser de samme ting, som du ser?*

Mellem Død og Liv

S: Nej, jeg taler om folk på inkarnationsplanen. De ville ikke opfatte det, fordi de opfatter ting på et lavere niveau eller en lavere plan.

D: *Ville dette sted svare til, hvad nogle mennesker kalder "Himlen"?*

S: Nej. Det er sandsynligvis, hvad de ville henvise til som "paradis". Jeg laver en skelnen mellem himmel og paradis, fordi paradis betyder en perfektet Jord. Nogle gange jordisk, men uden den ødelæggelse og forfald, der eksisterer på inkarnationsplanen. Og himlen refererer til de højere eksistensplaner, som ånden instinktivt kender til, selvom den ikke kan formidle et klart billede af det med det utilstrækkelige ordforråd og de begreber, der er tilgængelige på inkarnationsplanen. Himlen refererer til de højere planer, hvor alt er energi. Og paradis refererer til disse såkaldte "lavere" planer, hvor det stadig er lignende Jorden, fordi du er på et højere plan af Jorden.

D: *Så hver gang nogen taler om at gå til Himlen, går de til et højere plan, hvor der ikke er ... billeder, så at sige. Det er alt energi, eller er der scener omkring dem?*

S: Nå, det er for det meste energi og energimanipulation. Men når folk taler om at dø og gå til himlen, hvad de faktisk gør, er at gå til paradis, fordi alt skal tages i rækkefølge, og ting skal opfattes og forstås for at kunne assimilere dem bedre.

D: *Men i området kendt som himlen, ville det bare være alt blankt, eller ville der være scener, bygninger eller hvad som helst?*

S: Nej, ikke bygninger. Din opfattelse er anderledes, og du kan se energierne. Det ville være som fantastiske udstillinger af nordlys. Du ville være energi selv, og du kunne manipulere energierne for at opnå forskellige ting og få forskellige ting til at ske. Når du er i de højere planer, der kaldes himlen, kan du meget let se ind i de lavere planer og se de fysiske planer og se, hvad der foregår. Det er ikke et problem at se ting: det er bare et spørgsmål om, hvilket niveau du ser på, hvad du ser. Men der ville ikke være nogen omgivelser, fordi der ikke er nogen horisonter.

D: *Men du sagde, at folk ikke ville komme dertil med det samme.*

S: Det er sandt. Normalt, når man dør, er der en overgangsperiode, hvor man kan tilpasse sig det faktum, at man ikke længere er på inkarnationsplanen. Når man tilpasser sig det faktum, så har man friheden til at bevæge sig mellem de planer, man har adgang til, afhængig af hvor avanceret ens ånd er.

Mellem Død og Liv

D: Er der nogen andre sammen med dig på skolen?

S: Der er omkring 50 mennesker bare i min ... klasse. Der er andre her, men vi har ikke meget med dem at gøre. De arbejder på andre problemer. De har forskellige lektioner, som de skal lære, og de skal komme til enighed med det inden for sig selv. Jeg betragter bare, at jeg venter. Jeg ved, jeg skal tilbage. Jeg lærer her, og jeg kan se på og evaluere de ting, der skete, mens jeg var på Jorden, fordi jeg ikke er hæmmet af verdslige påvirkninger.

D: Når du lærer, gør du det så helt selv, eller får du hjælp?

S: Nej. Jeg får hjælp, hvis jeg har brug for det. Hvis jeg søger, eller hvis jeg spørger, eller hvis jeg stiller spørgsmål, kommer alle ting, og det er der.

D: Hvem underviser dig?

S: Mesterne. Hver klasse har flere. De lærer dig at studere dig selv.

D: Hvordan ser folkene ud? Jeg mener, har de tøj på?

S: Her bærer de kapper, men ikke altid. Grundlæggende ser vi sådan ud herover i ectoplasma i forskellige former. Nogle gange vil du se nogen med en form for krop, og de vil synes at have tøj på, men de vil være ret hvide og gennemsigtige. Eller nogle gange, hvis de ønsker at se mere solide ud, gør de det. Og hvilken type tøj de ønsker at projicere, vil de gøre det som en del af den type billede, de ønsker at vise på det bestemte tidspunkt.

D: Så de ser ikke ens ud?

S: Nej. Og selv én bestemt vil ikke nødvendigvis se ens ud fra gang til gang. Det afhænger af, hvad de ønsker at opnå. Men på dette tidspunkt, på dette sted, har de kapper på.

D: Hvad lærer du i skolen?

S: Jeg studerer livserfaringer og deres virkninger. Jeg studerer længe og hårdt for at lære og for at vide. Jeg samler stykkerne af mine erfaringer sammen og samler dem for at give mening til min eksistens. Jeg spørger mig selv: Hvordan har disse ting påvirket mig? Hvordan har jeg håndteret dem? Det er meget fredeligt og stille her, så jeg har meget tid til mig selv - ensomhed. Jeg tænker og arbejder mig gennem disse ting. Nogle gange går jeg tilbage gennem oplevelser og prøver at forstå. Du ser, i livet har jeg ofte justeret min vurdering for at passe, af en eller anden grund - normalt for at gøre mig selv retfærdiggjort i mine handlinger. Og her kan jeg analysere, så jeg går gennem situationen igen for at få

Mellem Død og Liv

et mere sandfærdigt perspektiv på, hvad der virkelig skete. Jeg prøver at forstå, hvorfor jeg handlede og reagerede på en bestemt måde for ikke at gentage tidligere fejl. Vi samler stor viden her om lektioner, der skal læres, karma der skal behandles. Vi lærer mange ting om at håndtere menneskelig natur og de problemer, jeg måtte stå overfor. Også de problemer, jeg vil stå over for, og de beslutninger, der skal træffes om det. Og gennem dette vil jeg lære at vokse og udvide.

D: *Vil du stå over for disse problemer, mens du er der?*

S: Nej, næste gang jeg bliver født. Jeg forbereder mig på at nedstige igen.

D: *Har de fortalt dig, hvilken slags problemer du vil stå over for?*

S: Nogle, men ikke mange. Vi går bare igennem, hvad jeg skal beslutte, og taler om det arbejde, jeg vil håndtere, og hvilke problemer jeg ønsker at håndtere.

D: *Mener du, at du prøver at finde ud af, hvilke du vil håndtere, eller er der nogle, du må?*

S: Nogle, som du skal. Men lige nu er det virkelig en læringssituation.

D: *Tror du, du vil have mange problemer at stå over for næste gang?*

S: Afhængig af hvad du kalder problemer. Mange af dem er blot beslutninger og hvordan jeg vil håndtere mig selv og mine relationer til andre mennesker. Når du går igennem noget på Jorden, uanset om det er godt eller skidt, er det vigtige din attitude, måden du accepterer det på. Hvordan håndterer du nederlag? Hvordan håndterer du dine sejre? Hvordan håndterer du situationer og problemer? Hvordan accepterer du fiaskoer? Er du nådig? Du ved, dine livssituationer. Alle disse ting er summen af, hvem og hvad du er. Og selvbedrag, det er stort. Folk kan ikke være ærlige og kan ikke se på tingene. De finder på undskyldninger for, hvorfor de gør tingene og retfærdiggør det og vrider det, indtil de har mistet al sandhed.

D: *Er der nogle specifikke lektioner, du har problemer med?*

S: Jeg skal lære at tale for mig selv. Jeg skal lære at være mere krævende og ikke lade folk manipulere mig så meget. En del af mit problem er, at jeg har været rundt i lang tid, og jeg er altid så opmærksom på, at det ikke er så stort et problem, at jeg flyder gennem situationerne. Jeg har ladet folk manipulere mig, fordi det virkelig ikke gjorde så meget for mig. Så jeg skal være mere beslutsom og lære at træffe beslutninger. Jeg kan ikke rigtig lide at gøre det.

D: *Trækker du disse situationer til dig, så du kan arbejde dem ud? Eller planlægger du så langt frem?*

S: Jeg tror, du skaber mange af situationerne. Hvad end der er i dit sind, kommer nogle gange til at ske. Din ånd ved, hvilke ting du har brug for at lære, og så skaber den situationer uden at du virkelig er opmærksom på, hvad der sker. Men alt sker af årsager. Når jeg er der på Jorden, ved jeg ikke rigtig, jeg beslutter ikke rigtig. Jeg tænker bare, at de sker tilfældigt. Men de er alle blevet tænkt på og planlagt til formål.

D: *Hjælper nogen dig med at lave disse planer?*

S: Ja, nogle gange lader jeg andre mennesker her hjælpe mig. Der er en kvinde, der har hjulpet mig meget. Hun passer på mig. Nogle gange bliver jeg endda mere opmærksom på hendes eksistens i et liv, for eksempel når jeg vokser ud af at være barn. Nogle gange, når jeg er meget involveret i alt, er jeg ikke så opmærksom på hendes tilstedeværelse. Her viser hun mig nogle gange, hvordan visse handlinger vil påvirke mig i et liv. Hun vil vise dem som på en filmskærm på en væg. Og hun vil sige ting som: "Dette er, hvad der vil ske, hvis du gør dette; og dette er det problem, du vil stå over for." Du ved, hun forklarer det, hvor jeg ikke var klar over det. I livet var der vanskeligheder, når jeg vidste, at noget var galt, men jeg kunne ikke se det. Nogle gange har hun gjort de ting, jeg havde brug for at vide, kendte for mig.

D: *Ved du, hvor længe du skal være her?*

S: Ikke længe. Jeg ved, jeg skal videre. Jeg vil lære så meget, som jeg kan. Jeg prøver at fortsætte al min læring så meget som muligt. Nogle gange tænker jeg, at jeg har fået det godt, og så kommer der altid ting op, noget, som jeg aldrig helt har tænkt på. (Tankeful) Du får aldrig det helt, vil jeg gætte. Men du kan perfektionere det og prøve det. Det er som at lægge noget i en smeltedigel og forfine det.

D: *Kan du lide at opleve Jorden?*

S: Nå, selvom jeg tror, der ikke er noget mere, jeg kan lære, lærer jeg hver gang noget andet. Jeg har en tendens til at være en smule rebellisk. Jeg ved, at jeg ikke har overvundet det endnu, selvom jeg kan lide at tro, at jeg har.

Mellem Død og Liv

D: *Er det obligatorisk, at du vender tilbage til Jorden og bebor en krop igen, eller har du et valg?*

S: Nej, for der er ingen "skal". Hvis det er mest passende, ja; så kunne det være den bedste ting at gøre. Men der er ingen regel, der siger, at man skal inkarnere, for hvem kan sige, at man måske vælger ikke at genfødes for evigt? Det afhænger af livskraften involveret. Jeg kan blive her og lære, eller jeg kan tage tilbage. Jeg vil sandsynligvis tage tilbage. Jeg ser på freden, og jeg tænker, at jeg er klar til udfordringerne.

D: *Træffer du nogen beslutning om, hvornår du kommer tilbage?*

S: Når jeg finder nogen, som jeg føler vil passe til mine behov, så har jeg et valg. Du bliver involveret med andre mennesker. Du bygger bånd og følelser. Du er åben, du føler, du sanser, og deres liv påvirker dig.

D: *Er det hele planlagt på forhånd?*

S: Det må være, fordi der er så mange, der ønsker at vende tilbage, og så få kroppe at vende ind i.

D: *Træffer du alle disse beslutninger selv?*

S: Nej, vores er de mindre beslutninger at træffe. Lærerne og mesterne hjælper os med at beslutte de store beslutninger og de store hændelser.

D: *Det lyder som om, det ville være kompliceret.*

S: Ja, men det fungerer. Det ville være for kompliceret for dig at finde ud af på egen hånd. Plus det faktum, at alle ville ønske at gøre tingene ekstremt lette for sig selv og ikke have nogen problemer. Du ville ikke vokse på den måde.

D: *Kan du vælge, hvilken type person du vil være?*

S: Du har visse karakteristika. Du er summen af alt, hvad du nogensinde har været eller gjort. Du er en person. Du kan være lidt prægede gennem din barndom af de mennesker, du er omkring, men det er mere et tillægselement. Det ændrer dig ikke virkelig. Du er, hvad du er, hvad du har gjort, hvad du har sagt, hvad du har tænkt, hvordan du har levet og håndteret enhver situation. Du er summen af alle disse ting.

D: *Hvad med fri vilje?*

S: En del af det er ... hver sjæl har en personlighed. På grund af det er der fri vilje i den forstand, at vi ved, hvordan den person vil beslutte i enhver given situation, fordi de er den person. Baseret på hvad de har gjort i deres tidligere liv, er personligheden meget forudsigelig. De kan forhindre visse ting i at ske blot ved at ændre sig eller gå imod karakteren, men det er usædvanligt for en person at ændre sig så drastisk.

D: *Jeg troede, du mente, at disse ting var fastlagt, og at det var sådan, de skulle være. At du ikke havde noget at skulle have sagt om det.*

S: Du ville ikke lære, medmindre du træffer dine egne beslutninger. Du er nødt til at håndtere dine egne fejl.

D: *Så er vores teori om forudbestemmelse korrekt?*

S: I den forstand, at den forudbestemmelse, du ser, er din egen, og ikke bestemt af en Gud i himlen, der siger: "Du skal gøre dette, og du skal gøre hint. Og du skal, og du skal, og du skal gøre noget andet." Den forudbestemmelse, du måske ser i din fremtid, er helt og holdent din egen, fordi du selv vælger, hvilken vej du vil tage. Det kunne være relevant at sige, at det "du," jeg taler om her, har et meget større omfang end det, du selv har adgang til. Der er i hver af os en meget større del, end vi er klar over. Hver af os er spidserne af vores eget isbjerg, og det er dette isbjerg, der vælger vores skæbne. Derfor er det så let at tilskrive de oplevelser, som du måske kalder "ubehagelige," til en eller anden gud, en uset guddom i skyerne. Nogen, der siger: "Du skal krumme dig sammen, jamre og bide tænderne sammen, mens den ved siden af dig kører i pragt og nyder et liv i luksus." Dette er slet ikke tilfældet. Det er, at hver af os taler fra vores egen meget begrænsede perspektiv.

D: *Så tingene er ikke alle "forudbestemt"?*

S: Kun til en vis grad. De er forudbestemt i den forstand, at, som jeg sagde, du kender personligheden, og at den person til sidst vil komme til den beslutning. Personligheden forbliver grundlæggende den samme. Den ændrer sig kun, når du vokser.

D: *Så har du en idé om, hvilken slags situation de vil fungere i. Nogle mennesker siger, at du ikke har noget valg omkring tingene.*

S: Det er bare folks måde at sige på: "Da vi ikke har noget valg i sagen, hvorfor skulle jeg så bekymre mig om, hvad der foregår, for det vil ske for mig alligevel." Og det er bare en persons måde at være meget doven omkring det og ikke ville vokse.

Mellem Død og Liv

D: Så synes de tilsyneladende at have meget at sige om det. Tror du, det allerede er planlagt, hvem du skal møde, og de mennesker, du vil have forbindelse til?

S: Til en vis grad, fordi du har en slags tidligere bånd med de fleste af de mennesker, du møder i dit liv. Du vil have ting at arbejde ud mellem to eller måske flere individer. Nogle gange samles du i en trio, nogle gange samles du i en hel gruppe, med de ting, du skal arbejde ud med disse mennesker. Nogle gange bliver du født blandt dem, hvilket gør det lettere. Dette forklarer også, hvorfor nogle forældre og børn ikke kan udstå hinanden, fordi de hadede hinanden tidligere. De besluttede, at de ville forsøge at løse noget, men de håndterer det bare ikke særlig godt.

D: Men når du vender tilbage til den fysiske krop, kan du ikke huske disse ting.

S: I høj grad er det sandt. Men der er altid måder at få adgang til deres bevidsthed. Det tager bare tid og studier.

D: Mange mennesker spørger mig, hvorfor vi ikke husker vores tidligere liv. De mener, det ville hjælpe meget, hvis vi bevidst vidste om disse karmiske forbindelser.

S: Det ville det ikke; det ville gøre tingene for komplicerede. Kan du forestille dig, hvor svært det ville være at fungere i den daglige verden, hvis du havde minderne fra utallige tidligere liv konstant bombarderende dig? Du ville aldrig kunne koncentrere dig om de lektioner, du skal arbejde ud i denne livstid. Nogle gange, når du er et lille barn, husker du dine tidligere forbindelser, fordi du stadig er tæt på det. Men derefter begraver de minder, du får i fremtidige år, disse minder, og du glemmer dem, selvom de stadig er der i dit underbevidste. Som følge heraf, når du har en følelse af, at du bør gøre det ene frem for det andet, og du følger den følelse, er det generelt, fordi dit underbevidste subtilt minder dig om en bestemt del af karma.

D: Noget, du ikke gjorde rigtigt før.

S: Ja. Det er grunden til, at du generelt har fået lov til at udvikle denne teknik til hypnose og andre medicinske teknikker som en måde at finde ud af noget af denne tidligere karma, så de involverede kan komme videre endnu hurtigere. Det har delvist at gøre med at træde ind i Vandmandens tidsalder.

Mellem Død og Liv

D: Det er nogle små genveje. Men mange mennesker tror, de bør kunne huske disse ting på egen hånd. De mener, det ville hjælpe dem med at løse deres problemer.
S: De forventer for meget af sig selv. Det sker ikke normalt på den måde.
D: Det virker som om, det ville være lettere, hvis du huskede problemerne, du havde med disse mennesker.
S: Men igen ville det være sværere, fordi du ville bringe fordommene fra fortiden frem med erindringen. Det er det, vi forsøger at undgå. I nogle tilfælde hjælper det. Nogle mennesker kan håndtere det lidt bedre end andre. Men i de fleste tilfælde fungerer det ikke. Hvis du stadig er vred over de fortidige følelser, bringer det kun vreden frem, med ikke meget logik i det. Så det hjælper ikke altid.
D: Men folk siger: "Hvis jeg huskede, hvad der skete med dem før, kunne jeg forstå det og håndtere det bedre."
S: Det er ikke altid sandt. For hvis de var modne nok til at håndtere deres klager nu, ville jeg sige, at de sandsynligvis var modne nok til at håndtere dem i det tidligere engagement. Men hvis de har problemer med at håndtere det nu, med tillid, så at sige - bare acceptere dem - kan de ikke acceptere problemet fra før, der skal følge med.
D: Så du mener, det er bedre, at nogle mennesker ikke husker!
S: Ja, generelt. Der er undtagelser for hver regel.
D: Nogle mennesker, deres personligheder er ikke avancerede nok til at forstå disse ting alligevel.
S: Det er sandt.
D: Ved du, hvad karma er?

(En generel definition af karma er: den universelle lov om balance, årsag og virkning, hvor alt både godt og dårligt skal tilbagebetales eller balanceres.)

S: Jeg tror, at ordet i sig selv ... forskellige mennesker har tilføjet deres egen betydning. Det er svært virkelig at sige, men som et meget generelt ord betyder det kærlighed. Som eksempel, du ved, at hvis du dræber, skal du stå over for det igen. For eksempel, lad os sige, du dræbte for penge. Så må du komme tilbage til den samme

Mellem Død og Liv

situation, indtil du kan overvinde det. Situationer vendes ofte om, og du kan blive lokket til at dræbe for penge.

D: Åh, en fuldstændig reversal.

S: Ja, eller du kan være nødt til at forlade et meget dejligt liv, hvor alt er behageligt og godt. Du afbryder det. Derfor skal du opleve tabet af noget. Det hele kommer tilbage.

D: Jeg har også hørt, at der er andre måder at betale tilbage på. Det ville ikke nødvendigvis skulle være et liv for et liv.

S: Nej, lad os sige, at du gør en person en stor uretfærdighed. Du gør noget forkert mod dem. Så skal du måske komme tilbage i et andet liv og tjene dem. Måske skal du tage dig af dem og beskytte dem for at gøre op for en fejl, du måske har gjort mod dem før. Så nogle gange er det dedikationen af et liv. At give af sig selv for den anden person. Hvad du gør, er altid retfærdiggjort på en eller anden måde.

D: Hvad med dig? Er du en ung sjæl eller en gammel sjæl? Med andre ord, har du været her i lang tid eller kort tid?

S: Alle sjæle har været her i samme grad. Nogle af os har valgt, af vores egne personlige grunde, at inkarnere i kroppen oftere end andre. Det er der, de får betegnelsen "gammel eller ung sjæl." Nogle er unge i forhold til jordisk erfaring. Jeg har fundet ud af, at jeg kan lide at gøre, hvad jeg kan på en håndgribelig måde for ikke kun at hjælpe mig selv, men også andre. Derfor har jeg en tendens til at komme tilbage igen og igen.

D: Så en ung sjæl ville være en, der ikke har haft meget jordisk erfaring?

S: Ja, eller bare erfaring i de andre riger, fordi Jorden ikke er det eneste bevidsthedsrige.

D: Du sagde, du gik til skolerne; at du lærte lektioner der. Nå, hvis du er i stand til at lære lektioner, mens du er i åndeverdenen, hvorfor er det så nødvendigt at inkarnere i den fysiske form overhovedet?

S: Der er stort behov for dette, fordi - det er ligesom at læse en bog. Når du har læst en bog, er viden inde i dig, men du har ikke anvendt den. Og hvis du ikke bruger denne viden, har den ingen værdi. Du kan ikke ændre dig selv uden at opleve de områder, du skal ændre. Det er stærkere, mere personligt, hvis du oplever eller lever problemerne. Det føles ikke så stærkt, når du kun har læst om noget. Du kan lære alt om, hvordan du gør noget ved at læse

Mellem Død og Liv

bogen, men medmindre du har den "hands-on" erfaring, hjælper det dig ikke en smule.

D: De siger, det er svært at opleve på Jorden i kroppen. At dette er en hård måde at lære lektioner på. Tror du, det er sandt?

S: Det er en hård måde at lære lektioner på, men de er mere varige. Hvis du kan lære en lektion gennem alle de kampe, du går igennem, vil det forblive hos dig.

Jeg tænker, vi kunne bruge en analogi og sammenligne dette med et collegekursus i kemi. Du kan lære, hvordan man udfører mange eksperimenter ved at læse bogen, men indtil du faktisk har blandet kemikalierne og fulgt instruktionerne selv og set resultaterne, forbliver eksperimenterne kun ord i en bog. Gennem praksis forstår du proceduren og resultaterne mere fuldt. Mange mennesker med collegegrader har kun bogviden, som de ikke kan anvende i deres eget liv. Dette er, hvor "hands-on" erfaringen kommer ind. Dette eksempel kan også anvendes på mekanikere og andre lignende erhverv, hvor der er boglæring versus den faktiske håndtering af materialer.

D: Ved du, hvor mange liv du har levet?
S: Jeg har ikke nogen idé. Måske hundrede, måske flere. Jeg har mistet tællingen.
D: Det er svært at holde styr på?
S: Efter de første halvtreds eller deromkring, ja.

Jeg kunne se, hvordan dette kunne ske, for da jeg arbejdede med én kvinde i et år over næsten 30 liv, begyndte de at blande sig sammen, og jeg begyndte at have svært ved at skelne dem fra hinanden. Jeg kunne se, hvordan de hver især påvirkede den anden, og hvordan de var komponenter i den samlede integrerede personlighed, ligesom brikker i et puslespil.

D: Holder de nogen optegnelser noget sted?
S: Det gør de, men det er ikke vigtigt. Det er bare oplevelsen, der er vigtig.
D: Har du nogensinde hørt om noget, der kaldes de Akashiske optegnelser?

Mellem Død og Liv

S: Ja, livets optegnelser. Der er de entiteter, der er vogtere af optegnelserne, og de får lov til at læse dem. Nogle, der har studeret og har praktiseret i årevis, har lille adgang til dem. Men der er meget få, og ingen, som jeg kender, der er inkarnate, har fuld adgang til disse optegnelser.

En anden ånd så disse optegnelser som meget mere tilgængelige.

D: Har du nogensinde hørt om de Akashiske optegnelser? (Hun tøvede.) Måske kalder du det noget andet. Tror du, der er en optegnelse et eller andet sted over alle de gange, du nogensinde har levet?

S: Åh, ja. Jeg gætter på, at hvis jeg skulle kalde det noget, ville jeg kalde det Livets Bog - en optegnelse over, hvad du har gjort. Det står derovre. Det er meget stort.

D: Er det kun din optegnelse, eller alles?

S: Nå, alle kan gå til det og referere til det. Du bladrer i siderne, og hvis jeg ser i det, så afspejler det det, jeg leder efter. Hvis en anden ser i det, så afspejler det, hvad de leder efter. Det er en magisk type bog.

D: Jeg spekulerede på, hvordan alles optegnelser kunne være i én bog. Det måtte være en stor bog.

S: Hvad du tænker, du vil finde, hvad du leder efter, er bare der.

En anden entitet forsøgte at forklare de Akashiske optegnelser på et mere personligt niveau.

S: Sandt for dit trossystem, er der de Akashiske optegnelser, som kan tilgås for at trække personlige oplysninger, som du måtte søge. Dette koncept med de Akashiske optegnelser forstås måske ikke helt. Vi ønsker at definere dette nu. Måske kunne du bruge en analogi af sikkerhedsbokse i din bank. De individuelle bokse opbevarer dine personlige ejendele. Konceptet med banken selv er et lager; dog indeholder hver enkelt boks kun det, der er relevant for dig selv. Og så kan du se, at du selv opbevarer eller faktisk er sikkerhedsboksen for din egen energi. Det er simpelthen, at vi kan gå til din særlige bankboks og trække de

Mellem Død og Liv

oplysninger, som du søger. Du, selv, er dog modtageren af disse oplysninger.

D: Indeholder disse sikkerhedsbokse alle optegnelser over vores fremtid såvel som vores tidligere liv?

S: De indeholder kun det, der er passende for dig på dette tidspunkt. Der er naturligvis de områder af spørgsmål, som ikke ville være passende for dig at modtage information fra, og derfor ville du ikke finde noget af den art i din særlige boks.

D: Hvordan er informationen deponeret i boksen? Er det gennem det liv, vi lever, de tanker, vi tænker, eller hvad?

S: Alt, hvad du oplever, hver enkelt erfaring, som du relaterer til i dit liv, bliver automatisk ført ind i dette, når du oplever det. Det er som om en båndoptager bliver lavet af dit liv, og derefter er det tilgængeligt til reference når som helst.

D: Er det muligt for andre mennesker at få adgang til det bånd?

S: Selvfølgelig kan det, som du allerede ved gennem dit arbejde.

D: Er det det, der sker i det, vi kalder en parallel livssituation?

S: Det er i sandhed muligt at krydsreferere andres Akashiske optegnelser samtidigt og modtage indtryk af de oplevelser, som en anden person har levet. Dette er ikke så usædvanligt, som det måske synes. En empatisk reaktion er netop denne mekanisme i effekt.

D: Med andre ord, når vi udforsker, hvad der ser ud til at være en tidligere livserfaring, kunne vi være ved at undersøge en andens Akashiske optegnelser?

S: Eller måske, dine egne.

D: Er der nogen måde, vi kan afgøre forskellen?

S: Er det relevant at vide? Det faktum, at det bliver genafspillet, er, ved den natur, at det bliver givet til dig, bevis på, at det er relevant. Derfor bør ingen skelnen være nødvendig, hvad angår hvis optegnelsen tilhører. Det faktum, at det bliver genafspillet, er en indikation på, at det er den passende genafspilning for dig på det bestemte tidspunkt.

Jeg har også fået at vide, at der er nogle ting, som ikke er passende for os at vide om, og de spørgsmål ville ikke blive besvaret. At nogle oplysninger er som gift i stedet for medicin, og det er bedre ikke at

Mellem Død og Liv

lade os vide om nogle ting - en form for censur til vores egen
beskyttelse.

*D: Der er teorien om, at hele en persons liv er optaget som energi.
Du bruger analogien af en båndoptager. Men der er ideen om, at alle
ting, selv tanker og handlinger og alt, producerer energi, og at
denne energi forbliver intakt. Er dette en god analogi til en
sikkerhedsboks?*
S: Det er korrekt. Det er også muligt at slette dette, hvis det var
nødvendigt. At fjerne måske et bestemt segment af en oplevelse
fra optegnelserne, der ikke ville tjene noget nyttigt formål, for
eksempel ovnene i Auschwitz, oplevelsen af at brænde jø der.
D: Kan vi bevidst gøre dette, hvis vi er fast besluttet på det?
S: Det er ikke op til dig at sige, for du er blot en meget lille del af dit
samlede selv. Det er dit hele selv, som i samarbejde med vogterne
af informationen, vil træffe den beslutning. Det gøres ikke på et
bevidst niveau. For du har ikke adgang til de oplysninger, der ville
gøre det muligt at bestemme, om et bestemt segment af din
oplevelse er egnet til sletning. Denne beslutning involverer
vogterne af optegnelserne i samarbejde med de højere former eller
niveauer af din bevidsthed.
*D: Du nævnte sletningen af begivenheder såsom ovnene i Auschwitz.
Bliver de slettet på grund af deres negativitet?*
S: Vi ville sige, at for de individer, der oplevede ovnene, var dette for
det meste ikke en tilsigtet oplevelse. Så for deres karmiske
beskyttelse, det vil sige for at dette ikke skulle skabe problemer i
deres efterfølgende liv, kunne denne oplevelse slettes. På den
måde kunne deres underbevidste ikke få adgang til tragedien af en
sådan hændelse, hvilket ville medføre problemer i fremtidige liv.
*D: Er dette en del af den proces, der finder sted, når de går ind i
hvilepladsen?*
S: Det er korrekt. Det er en helingsproces, hvor disse traumatiske
oplevelser bliver neutraliseret af helende energier.
*D: Kan du så forklare, hvordan den proces fungerer for dem, der var
gerningsmænd i disse forbrydelser?*
S: Deres karmiske optegnelser ville afspejle den straf, der ville være
passende for de grusomheder, der blev begået. For ved at opbevare
disse grusomheder gives der også det, der er passende bod, for at

Mellem Død og Liv

bruge den religiøse terminologi. Tilbagebetalingen ville være åbenlys ved genafspilning. Og så under forberedelsen til den næste inkarnation, ved at vurdere, hvad der skal heles, gives der det, der er den helende oplevelse.

D: *Jeg undrede mig over genafspilningen. Bliver hele hændelsen genafspillet, før du bliver genfødt?*

S: Måske er dette helt en individuel erklæring. For nogle ville hele hændelsen måske blive gennemgået. Men for andre ville der måske kun blive givet en kort oversigt. Det afhænger helt af den enkelte og de specifikke mål, der planlægges for det kommende liv. Det er ikke muligt at lave en generel erklæring, der dækker alle muligheder.

D: *Vil du nogensinde skulle se alle de liv, du har levet, eller håndterer du kun de umiddelbare?*

S: Du håndterer ikke nødvendigvis de umiddelbare, men de, som du føler, du er langt nok fjernet fra nu til at kunne arbejde med den pågældende karma. Når en person dør, kan deres næste tanker måske ikke nødvendigvis dreje sig om karma, der er pådraget i det sidste liv, men måske dreje sig om livene, der følger efter og forud for det, hvis du føler, du er i stand til at konfrontere det, der er blevet pådraget.

D: *Mener du, at du ikke holder et "scorecard," så at sige, over alle de liv, du har levet, og går tilbage over det?*

S: Ikke på én gang, nej. Optegnelserne er der. Det ville være for meget karma at håndtere på én gang.

D: *Så du går ikke over det hele og siger: "Nu skal jeg gøre dette og hint for at rette karma fra de liv, der ligger langt tilbage."*

S: Hvis de er så langt tilbage i eksistensen, er problemerne normalt blevet håndteret.

D: *Kan du huske, hvad dit første liv var?*

S: Hvis lektionerne er blevet lært, har jeg en tendens til at glemme dem.

D: *Jeg tror altid, den første gang, du gør noget, husker du det mere end de andre gange.*

S: Dette er ikke altid nødvendigvis sandt.

D: *Er der nogle regler eller reguleringer omkring, hvor mange liv du skal leve i alt?*

Mellem Død og Liv

S: Nogle kan være i stand til at fuldføre deres karma i ét liv, hvis de lever et meget eksemplarisk liv, og det er slutningen på det. Andre må fortsætte i mange, mange liv for at arbejde ud de ting, de har pådraget sig, og for at lære, hvad de har brug for at lære. Der er nogle, der er meget nye i erfaring, fordi de måske lige for nylig har besluttet sig for at prøve jordiske inkarnationer. Andre har været her siden begyndelsen og arbejdet på det, de har brug for at arbejde på. Andre, som måske startede i begyndelsen sammen med de andre, men gennem lange perioder af hvile mellem livene eller læring gennem andre midler, har måske kun haft få liv.

D: *Begyndte du at inkarnere med det samme?*

S: Inden for en meget kort tid, som er en meget lang tid fra dengang til nu. Jeg har hørt, at der er meget information at lære og samle. Hvis jeg kan fortælle noget af dette, der vil hjælpe andre, så vil det også hjælpe med den karma, jeg har pådraget mig ved at gøre ting imod andre.

Jeg havde arbejdet med denne kvinde i et år og gennemgået næsten 30 liv, og jeg følte, jeg kun havde skrabet overfladen.

S: Det vil ikke være nødvendigt at relatere alle mine liv, fordi nogle måske var hvilende liv og ikke betyder noget for nogen anden end denne entitet. Men der er mange liv, hvor mange lektioner kunne læres.

D: *Jeg studerer hver enkelt for at se et mønster, en grund til, at karma bliver arbejdet ud på forskellige måder.*

S: Ja. Men forvent ikke altid at finde svar i det, du modtager. Selv på vores niveau ser vi kun på det fra et synspunkt, og vores synspunkt er stadig meget lille sammenlignet med helheden.

D: *Jeg har bemærket, at nogle af dem er, hvad jeg kalder enkle liv, hvilende liv.*

S: Ja, hvor der ikke er nogen yderligere indtrængen af karma, hverken god eller dårlig.

D: *Mange af disse liv var ikke mentale, intelligente liv. De var mere eller mindre fysiske.*

S: Men de er vigtige for entiteten og for den samlede afslutning.

Mellem Død og Liv

Et hvilende liv kan defineres som et ubetydeligt liv, selvom jeg ikke mener, at noget liv er virkelig ubetydeligt. Hvert liv er den unikke historie om et menneske, og som sådan har alle værdi. Et hvilende liv kan være langt eller kort. Det er et, hvor entiteten ser ud til at glide gennem et kedeligt, tilsyneladende meningsløst liv, hvor der ikke rigtig sker noget ekstraordinært.

Vi kender alle mennesker som dette, der ser ud til at glide gennem livet uden noget, der generer dem. De laver ikke bølger. Karma kan blive betalt og arbejdet ud i et sådant liv; tilsyneladende uden at skabe ny karma. Jeg forestiller mig, at alle har brug for et liv som dette engang imellem, da vi ikke kunne gå fra et traumatisk liv til et andet uden at bremse ned og slappe af.

Det hvilende liv er perfekt til dette og har derfor værdi, selvom personligheden måske virker kedelig og uvigtig. Dette kan også hjælpe os med at forstå mennesker i vores egne oplevelser, der lever denne type liv nu. Vi bør indse, at vi ikke kan dømme. Vi kan ikke vide, hvilken type liv personen hviler fra eller forbereder sig på; hvad deres præstationer kan have været i andre tider, og hvad de måske vil opnå næste gang.

D: *Er denne skole det eneste sted, du kan lære?*
S: Nej, der er andre typer skoler i andre eksistensplaner. Alt skal opleves til en vis grad, i det mindste én gang.
D: *Går du til skolen hver gang, du afslutter et liv?*
S: Ikke altid. Nogle gange vælger du at hvile.

Jeg havde ofte mødt mennesker i hvilepladsen. Når de er der, ønsker de ikke at tale. De lyder meget søvnige og vil ikke frivilligt give nogen information, ligesom et menneske ville gøre, hvis de blev vækket midt om natten. De kan heller ikke give nogen beskrivelse, som om der ikke er nogen at give. Det virker til at være et stille, fredeligt sted at komme væk fra alt, og i et stykke tid (måske et år eller måske hundrede) at have ingenting at tænke på og ingen problemer, indtil de igen er klar til at slutte sig til det aldrig afsluttede livshjul.

D: *Er hvilepladsen et andet sted end hvor du er?*
S: Nej, der er ikke nogen forskel. Nogle mennesker kommer til skolen og tilbringer så en vis tid med at hvile, før de går ind på nogen

læringsveje overhovedet. Andre går til et sted, der kun er til hvile, hvor der er total stilhed og essensen af intethed.

D: *Det er det sted, jeg spurgte om. Går de normalt derhen efter et meget traumatisk liv?*

S: Eller når de ikke ønsker at glemme og ønsker at tage det med sig, ja.

Jeg tænkte på historien om Gretchen i min bog "Five Lives Remembered." Hun forsøgte konstant at vende tilbage til sit liv i Tyskland, selvom det var umuligt. Hun blev konstant sendt til hvilepladsen, indtil al hukommelse om det vedholdende liv var slettet. Derefter kunne hun geninkarnere og fungere normalt.

D: *Ja, jeg stødte på en person, der ønskede at tage det med sig. Hun ville ikke give slip, og hun blev sendt til et sted, der lyder som det, du taler om. Mange ånder fortæller mig forskellige ting, men de beskriver lignende steder.*

S: Alle har en essens af sandheden. Vi må samle de ting, vi hører, og lære af alt, i stedet for at lukke vores ører for nogle ting, vi måske ikke ønsker at høre.

D: *Måske kan du hjælpe med at klarlægge nogle af disse ting. Det kan være meget forvirrende.*

S: Forvirring fører til uvidenhed.

D: *Tjener et hvilende liv det samme formål som at gå til hvilepladsen?*

S: I en mindre grad. Hvilepladsen er for fuldstændigt at slette alt op til det punkt. Og hvilende liv er bare - måske de lige er kommet fra et stressende liv, og de har brug for hvile, men ikke nødvendigvis for at glemme personligheden, fordi det er let gjort. Hvilepladsen er for dem, der har problemer med at glemme den personlighed, de var, eller de problemer, de havde, og som fortsætter med at identificere sig med den del af den entitet. Den personlighed ville være en for stærk indflydelse på de følgende liv. Dette er den type, du går til hvilepladsen for at glemme.

D: *Så et hvilende liv ville tjene et andet formål?*

S: Ikke helt anderledes. Måske bare en anden vinkel på det samme formål.

Mellem Død og Liv

Mens man lever et hvilende liv, lægges der ikke meget pres på personligheden. Efter et simpelt liv kunne du så gå ind i et, der ville være mere meningsfuldt, og igen arbejde ud med svær karma. Jeg tror, det ville være svært at gå fra et stressende liv til et andet hele tiden. Du kunne have brug for at bremse ned og glide igennem et stykke tid, og et hvilende liv ville perfekt tjene dette formål.

D: Jeg gætte på, de alle har en grund, ikke?
S: Alt har grunde.
D: Du er den, der går i skole, men det ser ud til, at du også underviser mig. Vi har alle plads til at vokse, ikke?
S: Og jeg har stadig en lang vej at gå.

Jeg bad hende om at fortsætte med at beskrive de forskellige læringssteder.

S: Der er et uendeligt antal skoler og hvilepladser, afhængigt af behovet. Nogle gange har du brug for at gå tilbage og tænke over de lektioner, du havde brug for at lære i det liv, og udforske dem for at se, hvad du faktisk opnåede. Nogle gange er det, hvad du ønsker at opnå, der får dig til at gå i skole. Nogle gange går du direkte ind i et andet liv.
D: Er der nogen regler eller reguleringer omkring disse ting?
S: Ikke, hvis valget er ens eget. Umm, medmindre i særlige tilfælde. Hvis det vurderes, at der vil være for meget overførsel, så ville du enten komme her til skole og forsøge at arbejde det ud, eller du ville gå til hvilepladsen.
D: Men du kan gå direkte tilbage til et andet liv?
S: Ja, hvis sjælen ønsker det.
D: Jeg troede måske, du måtte vente så mange år eller noget.
S: Ikke altid, nej. Det afhænger af den pågældende sjæls kapacitet til at håndtere de ting, der vil blive kastet på dem - de problemer, de vil stå over for. Nogle har brug for mere tid mellem eksistenser for at være i stand til at klare overgangen fra den ene til den anden, eller for blot at glemme.
D: Er det bedre at glemme, før du kommer tilbage igen?
S: I mange tilfælde, ja. Hvis der ikke er behov for lektioner, der skal overføres, som du har brug for i den næste eksistens, så er der

mange gode grunde til at glemme. Ellers ville personen konstant forsøge at komme tilbage til det liv, de havde forladt, hvilket ikke er muligt.

Dette var, hvad der skete med Gretchen i det tyske liv i "Five Lives Remembered." Det tog hende 200 år på hvilepladsen endelig at forlige sig med ikke at kunne vende tilbage til det liv, hun havde forladt. Det var et så stærkt, voldsomt liv, at da hun endelig kunne vende tilbage til Jorden, måtte det være som en fuldstændig reversal i personlighed. Det var den eneste måde, hun kunne klare det på og fortsætte med sine jordiske lektioner.

D: Er der tilfælde, hvor det ville være bedre, hvis de ikke glemte?
S: I de tilfælde er der noget at lære fra den tidligere eksistens, der har direkte indflydelse på, hvad de skal gå igennem og opleve i dette liv.
D: I de tilfælde er det bedre at komme tilbage med det samme?
S: Nogle gange. Men nogle gange skal du forberede dig længere for at kunne håndtere kendskabet til en tidligere eksistens.
D: Ville karma spille ind i beslutningen om at komme tilbage hurtigt?
S: Ja. Det afhænger også af, om du prøver at arbejde visse ting ud. Nogle gange skal du vente på andre, som ikke er gået ind i de forskellige riger. Ikke altid er det tidspunkt, du bliver født, af din egen valg. Nogle mestre og lærere ville hjælpe dig med at komme til denne ultimative beslutning. Også personen, som karmaen skal arbejdes ud med.
D: Skal den anden person være enig?
S: Det afhænger af visse omstændigheder. Ikke altid er deres enighed nødvendig.
D: Så de kan arbejde med karma uden at vide det?
S: Uden deres godkendelse, ja.
D: I så fald ville det være din egen karma, du skulle arbejde ud, er det korrekt?
S: Det er mest din, ja. Der er visse retningslinjer, man skal følge.
D: De lærere og mestre, der hjælper dig med at finde ud af alt dette, er deres beslutning vigtigere end din egen?
S: Det er ikke, at det er vigtigere. Mange gange ser de det fra en anden vinkel. De ser det ud fra deres erfaring, og de deler deres visdom.

Mellem Død og Liv

Oftest er deres vurdering sund, og du vil betale for at se det fra det perspektiv også, og på den måde lærer du.

D: Med andre ord, de ser ting, du ikke gør.

S: Ja, fordi de står lidt tilbage fra situationen, så at sige.

D: Det giver mening; du er ofte for tæt på det til at være en god upartisk dommer selv. Er der nogensinde tidspunkter, hvor en sjæl bliver tvunget til at komme tilbage, når den ikke ønsker det?

S: I nogle tilfælde, ja, men måske ikke fordi den ikke ønsker det. Antag, at den sidste liv, de nød så meget, var som en mand, og de bliver tvunget til at komme tilbage som kvinde. Hvis de havde valget, ville de vælge at være mand igen. Der sker tidspunkter som dette, ja. Det afhænger af den givne situation. Det er en meget lettere eksistens på denne side, men sjælen lærer ikke så meget, fordi hverdagens oplevelser giver dig mere visdom. Visdommen i at håndtere mennesker, der har laster og problemer. Det får dig til at vokse meget mere end dem, der har adgang til stor visdom. En sjæl kan være nødt til at komme tilbage, hvis de ikke ser på noget fra den rette vinkel. De vil blive vist, hvilken vinkel de skal se på det fra, ved at leve igennem det. Før nogen kommer ind i et liv observerer de balancen af karma, og de observerer, hvordan det er. Og de ser, hvilke aspekter af deres karma der bedst kunne arbejdes ud i denne særlige situation og denne specifikke balance af karma. Deres åndelige mestre kan give nogle forslag til at hjælpe dem med at finde ud af, hvad de ønsker at opnå i dette liv. Men ingen bliver nogensinde tvunget til at gå ind i en situation, de absolut hader. Det sker generelt ved enighed mellem personen og deres åndelige mestre. De vil måske ikke kunne lide mange aspekter af livet i særdeleshed, men størstedelen af livet vil være noget, de kan håndtere. Og disse ekstra ting, de ikke bryder sig om, betragtes som åndelige udfordringer, noget de skal opnå og arbejde for. Hvor godt de håndterer disse ting, de ikke bryder sig om, er en af de ting, der hjælper dem med at arbejde noget af deres karma af. På det åndelige plan, når de vender tilbage, og det ses, at de håndterede det godt, reflekterer det positivt på deres karma.

D: Jeg tænkte på et enkelt tilfælde. Denne pige havde begået selvmord i et andet liv og blev tvunget til at komme tilbage i dette liv. Situationerne og alt syntes at være rigtigt, men hun ønskede ikke virkelig at komme tilbage.

S: Nogle gange sker dette, når sjælen har været i den åndelige hospital, og mestrene siger: "Nå, det er tid for dig at komme tilbage, for du kan ikke blive her for evigt." Og sjælen viser modstand mod at gøre det, fordi de grundlæggende er bange. Men indeni ved de, at de må gøre det, hvis de nogensinde ønsker at komme ud af den situation og forbedre sig. Selvom de vil give indtryk af at være uvillige, ved de, at de skal. Så i den henseende ønsker de at komme forbi denne del af deres karma og gå videre til større og bedre ting.

D: *Men i dette tilfælde bliver de tvunget til at gå tilbage?*

S: Stærkt opfordret, lad os sige, fordi de ikke kan blive i den åndelige hospital for evigt, så de skal komme tilbage. De sjæle, der er syge og beskadigede, har brug for stærkere vejledning end dem, der er sunde. Til en vis grad har de mistet deres ansvar for at træffe disse beslutninger. På den anden side, sjæle som dette køretøj (emnet) og dig selv måtte holdes tilbage og blive fortalt: "Vent lidt. Du kan ikke gå tilbage endnu; du har mere at lære." Du var utålmodig efter at komme tilbage og blive involveret igen.

D: *Mener du, at vi var for ivrige? [Ler] Men denne pige, jeg tænkte på, er meget ulykkelig her i dette liv. Hun arbejder bestemt ikke det godt ud.*

S: Nå, det tager et par liv at finde ud af, hvordan man arbejder det ud og være lykkelig i processen. Så længe hun ikke afslutter dette liv med selvmord, ville det være fremskridt i sig selv.

D: *Hun måtte komme tilbage til en situation med de samme mennesker igen.*

S: Nå, utvivlsomt er den største udfordring, hun har for dette liv, at hun ikke skal afslutte det med selvmord, da hun er i denne situation igen med de samme involverede mennesker. Den største udfordring er at kunne håndtere disse mennesker i en normal livstid og ikke afkorte det. Hvis hun er succesfuld i det, så vil det arbejde sig bedre ud med næste liv og efterfølgende liv. Eventuelt i efterfølgende liv kan det blive ændret, så hun kun skal håndtere en eller to af de involverede i stedet for hele gruppen. Og hun vil også lære at være glad igen.

D: *Jeg har hørt, at du er den, der træffer de endelige beslutninger, og dette var et tilfælde, hvor nogen anden snarere tvang hende til at komme tilbage. Jeg undrede mig over, om det var en modstrid.*

Mellem Død og Liv

S: Nej. De mennesker, der tilsyneladende tvinges til at komme tilbage, ved, det er for deres eget gode. Efter at de er givet tid til at tænke over det, indser de, at de virkelig har brug for at komme tilbage, eller de vil forblive i den ene position for evigt, og de ville aldrig gøre fremskridt. At forblive uden fremskridt er det, der er tættest på det kristne koncept om helvede.

D: *Bare at forblive i den samme situation og lave de samme fejl?*

S: Ja.

D: *Må du tage til andre steder, eller skal du blive i skolen?*

S: Nogle gange får vi mulighed for at besøge andre eksistensplaner for at vise os, hvordan ånden skal håndtere disse. Hvert niveau har på sin egen måde lektioner at lære os.

D: *Når jeg taler med andre ånder, beskriver de nogle gange deres omgivelser anderledes.*

S: Meget af det er, hvad den enkelte visualiserer, fordi de fleste skoler er, hvad som helst du visualiserer dem til at være. Fra dit sæt erfaringer kan du se det på en måde, mens en anden kan se det som noget helt andet, og det vil stadig være i grundlæggende samme sted.

D: *Jeg tænkte måske, det var sådan et stort sted, at det kunne være mange ting.*

S: Der er også det. Der er et uendeligt antal planer.

D: *En ånd fortalte mig om en gylden båd, der ville sejle frem og tilbage mellem jordens plan og transportere sjæle. Har du nogensinde set noget lignende?*

S: Muligvis er det hendes egen visualisering af, hvad hun troede, der skete. Der er nogle, der siger, de ser gyldne trapper eller en bro, de går over. Andre ser bare en stor lys hal, og de kommer mod lyset. Meget af det er individuel erfaring, der farver, hvad de tror, de ser, og så det, der sker. Alt, hvad du kan visualisere, kan være virkelig. For du er mesteren over din egen skæbne, over dit eget hus, over din egen beholder eller på enhver anden måde, du ønsker at opfatte konceptet om en ånd, der er i en fysisk krop. Du er mesteren over din krop, og du er mesteren over din skæbne. Du skaber det, som manifesterer sig foran dig. Du er medskaber her. Det, du finder foran dig, er af din egen skabelse, hvad enten det er på fysiske eller åndelige planer. Alle må tilpasse sig dette ansvar, for alle er medskabere af deres manifesterede skæbne.

Mellem Død og Liv

D: Hvad med et liv, hvor nogen er handicappet? Tjener det et formål?
S: Åh, ja! Det er en ydmygende oplevelse. Du tvinges virkelig til at komme til termer med, hvem og hvad du er, og til at se ind i dig selv og ikke på, hvad folk i verden tænker om dig. Det er så let for folk at have en tendens til at tænke på sig selv, som andre ser dem, hvilket ikke er tilfældet. Du er forskellige ting. Du er, hvad du virkelig er, så er du, hvad du tænker, du er, så er du, hvad andre ser dig som ... og så ændrer du dig. Men når du er handicappet, får du noget, du må overvinde. Og en af de ting, du skal lære, er ikke at blive påvirket af latterliggørelsen. Du kan ikke tage andres grusomheder personligt. Det er noget, de selv skal håndtere. De forstår ikke, eller måske er de bange. Hvad folk ikke forstår, skræmmer dem ofte.
D: Men de mennesker, de skader, indser ikke det.
S: Nej, de græder bare i øjeblikket.
D: Har du nogensinde haft et liv, hvor du var handicappet?
S: (Pause som om jeg tænker.) Jeg tror, jeg var helt - nej, jeg blev ikke født sådan - men jeg mistede min syn.
D: Tror du, du lærte noget fra det liv?
S: Jeg lærte vedholdenhed. Jeg lærte ikke at tage de ting, vi ser, for givet. At have en større værdsættelse. Jeg lærte en type følelse, og jeg lærte ... (overrasket) at stole på.
D: Så det var værd at det, jeg tror, alt er værd, hvis du lærer noget fra det. Er du ikke enig?
S: Ja.
D: Hvis andre mennesker prøver at hjælpe med at helbrede dig, og det er noget karmisk, som du skal håndtere, vil helingen så fungere?
S: Nej. Hvis det er noget, der er planlagt for at bringe en person til et bestemt punkt, så vil helingen ikke fungere.
D: Men er der nogen skade i at prøve?
S: Åh, nej. Der er en vis kærlighed og en bestemt velsignelse, som Gud giver til dem, der trækker på deres indre ressourcer for at hjælpe andre. Der er en giveproces, når de giver af sig selv, og det er sin egen belønning.

Det følgende er fra en regression, hvor en ung pige havde et liv, hvor hun ikke kunne høre eller tale. Jeg talte med hende umiddelbart efter hendes død.

Mellem Død og Liv

D: Det var ikke et dårligt liv, var det?
S: Der blev ikke pådraget yderligere karma, nej.
D: Nå, du kunne ikke pådrage nogen karma i et liv som det, kunne du?
S: Ja. Hvis man kæmper imod det og bare mere eller mindre giver op. Faktisk, hvis du var handicappet og ikke forsøgte at opnå noget, så ville du pådrage dig mere karma.
D: Mener du, at hvis nogen er handicappet, og de bare "giver op" eller ønsker, at andre skal tage sig af dem og gøre ting for dem, for eksempel! Dette ville være den forkerte måde at håndtere et handicap på?
S: Ja, og de prøver aldrig noget. For at få fordele fra liv af denne type skal du altid stræbe efter større højder og ikke lade det trække dig ned.
D: På trods af at være handicappet, skal du altid forsøge at gøre det bedre. På denne måde betaler du tilbage karma eller gæld? Men hvis nogen bare giver op og ikke prøver at gøre noget, så laver de mere karma til næste gang. Er det ikke rigtigt?
S: Ja.
D: Men hvad med dem, der er udviklingshæmmede? Det ville være en anden slags handicap, ikke? (Hun rynkede panden.) Ved du, hvad udviklingshæmmet betyder?
S: Jeg er ikke sikker på, at jeg forstår dit synspunkt.
D: Nogle børn bliver født, og de vokser aldrig rigtig op i deres sind. Deres krop vokser, men sindet forbliver som et barns. Det er et handicap af en anden slags. Ved du, hvad jeg mener?
S: Ja. Men igen er der altid evnen til at forsøge at gøre sig selv lidt bedre hver gang. At stræbe efter at overvinde eventuelle mangler i sig selv.
D: Tror du, at enhver gang en person er født med et handicap eller udvikler et handicap, så gør de det af en grund?
S: Ja, hvad enten det er for at betale tilbage for noget, de har gjort tidligere, eller bare for at forsøge at videreføre sig selv langs vejen.
D: Så nogle mennesker vil have et handicap, selvom det ikke er for at betale tilbage en gæld?
S: Ja, fordi meget godt kan opnås derfra. De kan lære forståelse. De vil ikke være så hurtige til at dømme som andre.
D: Så det er ikke altid en dårlig ting, de prøver at betale tilbage.

Mellem Død og Liv

Vi må heller ikke glemme den indflydelse, som handicappede mennesker har på andre. Hvilke lektioner læres der af dem, der har daglig kontakt med dem? Hvilke lektioner læres der af forbipasserende? Hvilke følelser, positive eller negative, bliver vakt? Og hvilke slags lektioner bliver også afvist? Det understreger igen, at uanset om vi ønsker det eller ej, påvirker alle konstant andre på mange måder hver dag. Lektionerne opnås i, hvordan vi accepterer og håndterer disse ting, eller i hvordan vi afviser og benægter dem.

Kapitel 5
Den Store Rundtur

VI OPDAGEDE TEMPLET FOR Visdom på åndeverdenen helt ved et tilfælde. Jeg arbejdede med en ung mand ved navn John, der havde nogle fysiske problemer. Han spekulerede på, om der kunne være et sted i åndeverdenen, hvor han kunne få noget helbredelse. Jeg var ikke klar over noget sådant sted, men jeg er altid villig til at prøve et eksperiment for at finde ud af det. De andre oplysninger i denne bog blev indhentet af emner i trance, der befandt sig i åndelig form, når de var i den såkaldte "døde" tilstand mellem livene. Denne gang ville det blive anderledes. Efter at John var kommet ind i den dybe somnambulistiske tilstand, dirigerede jeg ham bevidst til at tage til åndeverdenen og se, om han kunne finde et sted, der beskæftigede sig med helbredelse, hvis sådan et sted overhovedet eksisterede.

Da jeg var færdig med at tælle, fandt John sig selv i smukke eteriske omgivelser. Han blev informeret om, at dette var en del af Templet for Helbredelse, som var et stort kompleks indeholdende flere forskellige afdelinger: Helbredelsestemplet, Tæppeværelset og Biblioteket. Jeg er ofte skuffet, fordi jeg ikke også kan nyde de visuelle vidundere, som mine emner ser. Som en blind person må jeg stole på de verbale beskrivelser fra andre, og ofte er ord alene utilstrækkelige til virkelig at fremstille de vidundere, de finder i disse andre dimensioner.

J: Jeg er i Helbredelsestemplet nu. Det er et smukt sted. Det er en rund kuppel, og alle disse strålende lys strømmer gennem ædelstensvinduer, der er placeret højt oppe i loftet. Der er blå, røde, grønne, gule, orange, turkise, alle farver, man kan tænke på, undtagen sort og hvid. De er ikke repræsenteret her, men alle andre farver er, og de kaster disse smukke lysstråler ned på gulvet i kuplen. Her kommer vogteren af Helbredelsestemplet. Han går hen til mig og smiler, og han tager nu min hånd. Han siger: "Du er kommet for at få noget behandling, ikke? Din sjæl har

Mellem Død og Liv

gennemgået meget, ikke? Stå her i centrum af alt dette lys, og lad denne lysenergi være med dig."

D: Er det, hvad dette sted bruges til?

Der var intet svar. Han var åbenbart i en meget dyb oplevelse, som indikeret af hans kropsbevægelser og ansigtstræk. Jeg var ikke bekymret, fordi det så ud til at være en behagelig oplevelse.

D: Kan du fortælle mig, hvad der sker på nuværende tidspunkt?

Ingen svar. Han var tilsyneladende meget involveret i oplevelsen. Hele hans krop rystede voldsomt flere gange. Dette fortsatte i et par sekunder.

D: Hvordan føles det?

De forskellige lys svømmer rundt om mig og føler og renser mig. Det er derfor, jeg ikke kan tale i øjeblikket.

D: Jeg ville bare sikre mig, at alt er i orden. Føles det godt?
J: Det er euforisk. (Flere sekunder med stilhed fulgte, mens hans krop fortsatte med lejlighedsvis at ryste.) Åh, det er en vidunderlig følelse. Jeg føler mig så fornyet. (En pause på flere sekunder.) Ahh! Det er bare vidunderligt. Åh! Det er bare bølger af farve og energi rundt om mig, der tager alt min smerte og ømhed væk. Og nu tager han min hånd og fører mig væk fra dette. Han siger: "Din sjæl er renset for meget negativ energi, der har været omkring dig. Føl den fred, der kommer. Du skal koncentrere dig om at lære at helbrede dig selv." (Et stort dybt åndedrag.) Åh, det var en vidunderlig følelse. Dette er et smukt sted for mennesker, der har været meget syge i den fysiske krop. Når de passerer over, bliver de taget herhen, så deres astrale og åndelige kroppe kan blive fornyet og helbredt i denne kuppel. Derefter mødes disse sjæle, der ikke længere er bundet til legemer, med deres åndeguider og ledes ind i de forskellige områder, hvor de skal hen for at lære mere om deres sjæls evolution. Der er en lang række af dem. Men fordi jeg bad om at blive helbredt, og jeg stadig er i menneskekroppen, sagde de, at det var okay for mig at komme

Mellem Død og Liv

først og blive tilladt at gå gennem kammeret. De kalder det "Kammeret af Farver og Lys."

D: Er dette usædvanligt for nogen, der stadig er i den fysiske krop, at komme til dette sted?

J: Ja. Vogteren siger, at ikke mange mennesker giver sig selv denne mulighed, mens de er i den astrale rejsetilstand. "Men de burde," siger han. "Vi er også her for at være til tjeneste for sjæle, der stadig er inkarnaterede. Hvis de gerne vil komme, vil vi være glade for at byde dem velkommen. For altid er der en kærlig energi, der følger med al denne helbredelse." Dette er et vidunderligt, kærligt sted. Det ligner ikke et hospital eller noget i den stil. Det er som et smukt tempel, og over denne runde kuppel er der disse ædelstensvinduer. Jeg ville sige, at de er omkring fem, seks fod høje, og de er lavet af forskellige farvede ædelstene. Lyset strømmer gennem dem og hopper ind i centrum af kuplen og svømmer rundt om dig med energi. Det var der, jeg var. Åh, det er bare en vidunderlig, vidunderlig følelse. Nu siger vogteren: "Vi vil tale med dig om dit helbred. Det er meget vigtigt at opretholde en positiv følelse. Og at være opmærksom på, at din åndelige mission er at hjælpe og tjene andre mennesker, John. Bekymr dig ikke om dine helbredsproblemer. De vil blive manifesteret ud af din krop ved din positive energi. Hvis du ønsker at tabe den vægt, du har på denne krop, skal du koncentrere dig om den form, du gerne vil manifestere, og du vil være den manifestation. Men det er vigtigt for dig at koncentrere dig. Brugen af alkohol og tobaksprodukter er ikke gavnlig for din åndelige vækst, så disse ting skal til sidst skæres ud af dit liv. Du vil ikke vokse med disse energier, der påfører din krop, for de er smertefulde for din krop og dine åndelige kroppe. I tid vil du, hvis du ønsker det, manifestere alle de naturlige og smukke ting, som din sjæl har. Du vil tiltrække de rigtige energier, så vær ikke bekymret for dit helbred, fordi vi helbreder, og du vil blive helbredt. Hvis du har brug for at komme til dette tempel igen, så ønsk at være her, og du vil være her." Han er virkelig kærlig. Han har bare givet mig et stort kram, og han siger: "Nu er det tid for dig at forlade dette område."

D: Inden vi går, ville jeg spørge ham om disse mennesker, der står i kø. Er de mennesker, der er døde af sygdomme?

J: Ja, disse er mennesker, der er døde af meget langvarige sygdomme, samt mennesker, der har lidt meget, før de krydser over. De er mennesker, der er døde af forskellige sygdomme som kræft, fra bilulykker og sådant. De står ikke rigtig i en kø. Jeg mener, der er en følelse af orden, ja, men det er ikke sådan, at de står en bag den anden. Hver enkelt er i tur for at gå gennem dette lysenergikammer.

D: Fører deres guider dem igennem dette?

J: Nå, der er vogtere, der går blandt dem. Faktisk har nogle af dem kommet med deres familiemedlemmer.

D: Er disse de, der kom for at møde dem, da de døde?

J: Ja, deres familier har ført dem til dette sted.

D: Vil de blive renset, så at sige, eller helbredt af dette, før de får lov til at gå videre til noget andet?

J: Ja. De har brug for denne helbredelsesproces, fordi det, de har været igennem, har været meget smertefuldt.

D: Og dette ville være første prioritet efter de passerer over?

J: Ja, denne helbredelsesenergi er en af de første ting, som folk oplever, hvis de har lidt meget i den fysiske krop gennem en sygdom eller en ulykke. Dette har forårsaget sygdom eller negativitet i deres eteriske kroppe. Så disse eteriske kroppe skal heles, før de kan udvikle sig til det astrale og arbejde på dette niveau. Dette er et meget vigtigt sted for disse mennesker. De føres til midten af dette centrum. Og det er her, alle lysstrålerne falder ned og omgiver dem og svømmer omkring dem og fjerner al negativitet, som deres eteriske krop måtte have. Derefter bliver de genforenet med deres familie og guider, som fører dem ind i forskellige områder i den astrale verden.

D: Jeg har aldrig hørt om dette helbredelsestempel før. Jeg takker ham for informationen.

J: Han smiler og siger: "Jeg er altid her for at være til tjeneste. Dette er min mission, mit liv, min væren." Han er bare en varm, strålende, kærlig energi. Hans berøring er magisk. Det er som en mors kærlighed, du ved, den måde en mor krammer sit barn. Det er den type kærlighed, du føler. Han siger, at dette er et gunstigt sted for alle sjæle at samles, uanset om de er inkarnerede eller diskarnerede. Han siger, at denne service og dette område for helbredelse er åbne for alle. Mange mennesker, der bruger de

Mellem Død og Liv

psykologiske helbredelseskræfter, bør projicere dette billede, for de kan blive helbredt i dette område. Han siger: "Nu, da du har været vidne til det og deltaget i det, John, er det vigtigt, at du beskriver dette sted for andre mennesker, der kunne have brug for det. Dette ville være et vidunderligt redskab for Dolores at bruge til at hjælpe med at helbrede andre mennesker. Hun kunne guide dem gennem hypnose ind i dette helbredelsestempel, hvor vi vil tage over og hjælpe. Så dette ville være en vidunderlig tjeneste, som Dolores kunne bruge. Og ved at give og dele i dette område vil hun også vokse." Dette er budskabet, han har til dig, Dolores.

D: *Jeg er meget taknemmelig for det. Er der nogen regler om, hvem der kan eller ikke kan komme her?*

J: Han siger: "Alle sjæle er velkomne til at komme her, hvis de er villige til at tage transporten og rejsen. Ikke alle er villige eller udviklede nok til at gøre det. Men hvis de er villige og længes efter at blive helbredt, er vi her for at være til tjeneste." I tid må de måske komme tilbage, afhængigt af deres negativitet. Men når de har fået en behandling, siger han, at de fleste sjæle vil gå videre. De hænger ikke som regel her. De ønsker normalt ikke at komme tilbage her, medmindre det er vigtigt for dem at komme tilbage. Dette er loven. Det var alt, han sagde, "Det er loven. Sjælen ved bedst. Vi arbejder med ens sjælelegemer, ikke så meget med ens bevidste legeme. Når sjælen er mesteren, eller den forstår, hvad der sker, ved den loven. Ingen bliver afhængige af denne energi. (Griner) De bliver ikke helbredende 'narkomaner.' Det fungerer ikke på den måde!"

D: *Så hvis jeg førte nogen til dette sted i trance-tilstanden, ville de modtage helbredelse gennem denne proces, hvis de var villige.*

J: Ja, hvis de er villige, er vi her for at hjælpe. Hvis du tuner ind på os gennem en meditativ eller hypnotisk tilstand, er vi her for at være til tjeneste, for det er, hvad vores energi er. Det ville være meget let for dig at kanalisere dette." Han siger, at Dolores skal bruge det til at være til tjeneste. Han siger: "Når vi er til tjeneste, bliver alle ting manifesteret for os. Hver af os har et spirituelt talent. Og for dig, Dolores, er dette en vidunderlig måde at udtrykke en del af dine spirituelle talenter."

D: *Det lyder som en meget god idé, fordi mange gange spørger folk mig om råd angående deres helbred.*

Mellem Død og Liv

J: Han siger, at dette ville være en vidunderlig måde. At sætte dem i trance og lade dem rejse til dette tempel af lys. Dette ville være en vidunderlig tjeneste, for det helbreder ikke den fysiske krop så meget som det helbreder de eteriske kroppe. De er de kroppe, der ligger inden i mennesket, når de inkarnerer.

D: Men jeg ville tro, at enhver helbredelse ville blive spejlet i den fysiske krop også.

J: Det gør det. Men personen skal også bruge en positiv følelse. Det er vigtigt. - Der er et gyldent sted her, der er virkelig vidunderligt. Det stråler med smukke guldmønstre over væggene.

D: Er dette et separat sted fra helbredelsestemplet?

J: Vi er stadig i helbredelsestemplet. Jeg går rundt og taler med guiden. Han viser mig de forskellige stråleenergier og hvordan de kommer igennem. Det er som at være inde i en juvelæske. Det er så vidunderligt. Det meste af hele tempelstrukturen stråler en elektrisk guldfarve, jeg mener, det ligner en guldbrun, men det er en rigtig helbredende farve, og det ser ud til at have filigran indgraveret i det. Der er opaler og alle forskellige typer semi- og ædelsten sat ind i væggene. Men de vigtigste er de juveler, der er i vinduerne, hvor lyset kommer ind.

D: Nå, jeg takker ham for at have tilladt os at komme ind der og for at give dig den behandling. Vil du gerne forlade dette sted nu?

J: Ja. Han krammede mig og sagde farvel.

D: Vi bør forlade, fordi andre mennesker venter på samme behandling.

J: Der er mennesker, ja. Hver enkelt træder op i lyset.

D: Det er et meget vigtigt sted for os at kende til. Der må være mange steder derovre, som vi ikke kender til. Du sagde, at alle disse bygninger er en del af et kompleks! Jeg spekulerer på, om du måske kunne tage mig på en tur, så at sige, og vi kunne finde ud af, hvad der ellers er der.

J: Okay. Vogteren siger, at tæppeværelset er vigtigt, så jeg går ned ad denne smukke korridor med vægge, der ligner lapis lazuli og marmor. I enden er der denne store døråbning. Jeg åbner døren, og der er et blændende lys.

D: Hvad forårsager det stærke lys?

J: Det er en mand, eller en åndelig form. Han siger, at han er vogteren af Tæppeværelset og giver mig lov til at komme ind. (Dette

Mellem Død og Liv

samme Tæppeværelse blev nævnt i Conversations with Nostradamus, Volume II [revideret udgave].) Dette er et meget ærværdigt sted. Der er en vidunderlig aroma i luften. Det lugter som en kombination af en frisk brise med et strejf af salt og dufte fra en have. Det er næsten som røgelse. Det er et smukt rum, og det er meget, meget højt. Det går op for måske to eller tre hundrede fod. Nej, måske ville hundrede fod være mere præcist. Loftet har en rundet spids som et kirkenav. Der er vinduer øverst og på begge sider af væggene. De er højt oppe og lyser rummet op. Og der er lysekroner, der hænger ned fra loftet, der ligner Aladdin-lamper. Men der er mange af dem, måske omkring 15 eller 20. Væggene og gulvet ser ud til at være lavet af marmor. Og der er noget tungt møblement på forskellige intervaller, som grupper af stole og borde overfor tæppet. De er ikke moderne, og de er ikke antikke, men de er meget funktionelle, komfortable og indbydende. Vogteren siger, at nogle gange tager lærere deres elever herhen for at forklare vidundere og detaljer i tæppet til dem. Det føles som at være i et specielt museum, hvor folk kan komme for at undersøge og studere dette. Jeg går nu hen for at se på tæppet. Det er så smukt. Det er metallisk; lavet af metaltråde, og de er bare vidunderlige. De glimter og skinner. (En pludselig indånding.) Og det ser ud til at ånde. Jeg mener, det bevæger sig og funkler. Nogle af trådene glitrer, og andre er lidt matte. Det er virkelig svært at beskrive. Det er faktisk som en levende ting, men det er ikke skræmmende; det er smukt. Der er alle mulige typer tråde. Og åh! Det er bare vidunderligt. Intet på Jorden kan nogensinde sammenlignes med det. Der er bare ingen måde at beskrive, hvor strålende dette er, fordi det er så levende, at det næsten er elektrisk. Og vogteren siger, at hver tråd repræsenterer et liv.

D: *Det lyder meget kompliceret.*

J: Åh, noget af det er kompliceret, men det danner et smukt design. Et evigt design. Og ... jeg kan se verden derudover. Ved at se på dette tæppe kan jeg se enhver begivenhed, der har fundet sted.

D: *Hvad mener du?*

J: Det er som at kigge gennem tæppet, og jeg kan se menneskers dagligliv, og de er forbundet som en tråd i dette tæppe. Nu forklarer vogteren, at hvert liv, der nogensinde er blevet levet, er

Mellem Død og Liv

repræsenteret som en tråd i dette tæppe. Dette er, hvor alle tråde af menneskeliv, sjælene, der inkarnerer, er forbundet. Det illustrerer perfekt, hvordan hvert liv er indviklet, krydser og rører ved alle disse andre liv, indtil alle menneskeheden til sidst påvirkes. Den absolutte enhed af menneskeheden er repræsenteret af tæppet. Det er én, men sammensat af alle disse mange dele. Hverken kan eksistere uden den anden, og de alle sammenfletter og påvirker hinanden.

D: Nå, hvis det er sammensat af alles liv, så ville det være levende. Tager vogteren sig ikke af, om vi ser på det?

J: Åh, han bekymrer sig ikke, han ved, at vi har et formål. Han siger: "Gå videre, se venligst på det, men kig ikke for dybt. Jeg vil ikke have, at du kigger på andres liv, fordi at sprede den viden kan være skadelig for deres udvikling." [John vendte tilbage til beskrivelsen.] Tæppet er enormt. Det ser ud til at være omkring, oh, jeg vil sige mindst 20 til 25 fod højt. Og det ser ud til at fortsætte i evigheder. Det ville tage mig timer bare at gå længden af det. Det må strække sig over en mile eller mere. Det løber langs venstre væg, og lyset fra vinduerne skinner på det. Men der er et punkt, jeg ikke kan gå forbi.

D: Ved du hvorfor?

J: Værgen for gobelinen siger, at det er en del af den spirituelle udvikling for alle sjæle. Kun åndeligt udviklede mennesker har adgang til den del af gobelinen. Det er som et lille skilt, hvor der står: "Gå ikke længere." (griner) Men det er ikke så meget et skilt som en følelse af, at "her kan jeg ikke gå længere." Det er som at se på det smukkeste kunstværk. Det er sammensat af tråde, der spænder fra en lille snor helt op til kabler så tykke som dit håndled.

D: Jeg havde forestillet mig dem som tråde.

J: Nej, de er ikke så små som tråde. Jeg kaldte dem det, fordi de er sammenflettet, men de varierer fra en lille snor nogle steder til større størrelser. De fleste af dem er omtrent rebtykkelse, og så bliver de tykkere og tykkere, som de går fremad. Der er grønne, blå, røde, gule, orange og sorte. Ja, der er endda nogle sorte imellem. De sorte står ud, fordi de ikke ser ud til at strække sig så langt som de andre farver. Hmmm. Det er mærkeligt.

D: Har disse farver nogen betydning?

Mellem Død og Liv

J: Jeg spørger vogteren. Han siger: "Ja, de repræsenterer den spirituelle energi af alle sjæle."

D: Nå, hvad ville betydningen af de mørkere farver være i forhold til de lysere?

J: "De mørkere farver," siger han, "har faktisk ikke nogen betydning. De sorte er specielle, fordi de har valgt en meget usædvanlig vej."

D: Jeg troede, de mørkere farver måske kunne betyde, at de var mere ... nå, jeg tænker på negative liv.

J: Nej. Han siger, der ikke er nogen negativitet i dette tæppe. De sorte har blot valgt en usædvanlig måde at manifestere på. Men han siger: "Spørg ikke om det. Det er ikke for dig at vide på nuværende tidspunkt."

D: Ja. Jeg ville gerne stille nogle spørgsmål. Du sagde, at der er lærere, der underviser deres elever om dette tæppe. Er der en måde, de kan se mønsteret af deres tidligere liv?

J: Ja. Jeg ser en gruppe lige nu. Læreren er klædt i fine klæder, og han har et meget velvilligt udtryk i ansigtet. Han peger på forskellige sjæle og forklarer, hvad der sker, og hvad der er sket. Han underviser dem om dette tæppe og hvad de forskellige detaljer i mønstrene betyder. Han har noget, der ligner en glitrende pointer. Det er gyldent med noget på spidsen, der ligner en krystal, men det er faktisk en diamant, der lyser med sit eget lys. Han peger på en tråd i tæppet, og den tråd, kabel, reb eller hvad du vil kalde det, ser ud til at lyse op af sig selv. Han påpeger forskellige karakteristika ved livstider, om hvordan folk har udviklet sig og hvor de skal vokse. De tager alle noter, ikke så meget med pen og papir, men med deres egne sind.

D: Forklarer han disse elever om deres egne liv, så de kan træffe beslutninger i fremtidige liv?

J: Ja, jeg får indtrykket af, at de er der for at studere deres tidligere liv og hvordan deres tråd er vævet ind i dette livs tæppe. Dette er, hvad de gamle kalder de "Akashiske optegnelser." [Jeg blev overrasket.] Dette er de Akashiske optegnelser, som avancerede sjæle forstår. Han siger, at nogle af optegnelserne opbevares i bogform, men de er for sjæle, der ikke er så højt udviklede.

D: (Jeg forstod ikke.) Så alle ville ikke have en tråd i dette tæppe?

J: Nej, alt liv har en tråd i dette tæppe, men kun avancerede sjæle er i stand til at forstå konceptet med tæppet og have adgang til det.

Mellem Død og Liv

Mindre udviklede sjæle har Akashiske optegnelsesbøger, de kan kigge i. Det ville være som et barn, der går ind i et universitetets bibliotek. De burde gå til børneafdelingen i et lokalt bibliotek i stedet.

D: Så de ville ikke forstå, hvad de så, selvom de kom her?

J: Rigtigt. De ville ikke forstå dette, fordi tæppet har et formål. Det går ind i de højere dimensioner, endda over dette, og dette er et meget komplekst sted. Dette tæppe ender til sidst i Guddommelighed, hvor det hele er lys. Det fører alt til dette smukke lys.

D: Kan du spørge vogteren, om mange mennesker, der er i live, nogensinde kommer for at se dette tæppe? Eller er det usædvanligt for os at være her?

J: Han siger, du ville blive overrasket over, hvor mange mennesker der har været i dette rum, som stadig er i kroppen. Mange kommer for at se det som et kunstværk. Han siger, at dette sommetider har været en inspiration for kunstnere, der er dygtige i maleri, skulptur og tekstilkunst. De kommer nogle gange herhen, fordi dette er et af de mest vidunderlige kunstværker i hele skabelsen. Det har mange forskellige designs, såsom vilde, nutidige mønstre, orientalske designs eller indianske arrangementer.

D: Hvordan kommer de derhen?

J: Han siger, at nogle kommer i den astrale tilstand, når de drømmer. Andre kommer, mens de rejser indenfor sjæleverdenerne, når de bruger meditation, astralprojektion eller hypnose, som du bruger nu.

D: Jeg spekulerede på, om det var usædvanligt at komme, mens man stadig er i kroppen.

J: Han siger: "NEJ, ikke så usædvanligt, som du måske tror. Du ville blive overrasket over antallet, der kommer her, men ikke hele menneskeheden er klar til at komme til dette sted endnu."

D: Kan han fortælle, at vi ikke er døde?

J: Ja, han går sammen med mig, og han siger, at han ved, jeg stadig er i kroppen. Han ser den sølvtråd, der ligger bag mig.

D: Åh, han ved, at du stadig er forbundet til en krop. Og at vi gør dette som en slags eksperiment.

J: Ja, han forstår det. De fleste af de andre mennesker har ikke sølvtråde, der kommer ud af deres kroppe.

Mellem Død og Liv

D: Nå, er der nogensinde nogen, der er kommet hertil, mens de stadig var i kroppen, som er blevet nægtet adgang til det rum?

J: Han sagde: "Du ville blive overrasket. Vi har været nødt til at bede folk om at forlade dette område. En sjæl kom og forsøgte at rive sin tråd ud af tæppet. Han troede, at dette ville være den bedste måde at afslutte sin eksistens på. Manden led af en form for demens i den fysiske verden, og han indså ikke, at han faktisk var i den åndelige verden. Han var meget forvirret. Vi måtte guide ham tilbage. Han er nu i en institution og bliver stærkt beroliget, så han ikke går ind i disse trance-tilstande, som han var i stand til så let. Men han kom for at forsøge at ødelægge tæppet eller ødelægge, hvad han troede var hans tråd. I virkeligheden var det ikke engang hans tråd."

D: Men der er ikke mange, der prøver at gøre sådanne ting, er der?

J: Nej, det var et meget sjældent tilfælde. Den mand blev givet stor spirituel styrke i sin fysiske inkarnation, men han troede, det var en illusion, og det har efterladt ham ubalanceret i den mentale krop. Som følge heraf bliver han fysisk tilbageholdt samt givet kemikalier for at forhindre ham i at astralrejse. Han kunne have været en stor verdensserver, hvis han havde tilladt sig selv at finde sit mønster. Men han lod sin intellektuelle side tage overhånd.

D: Jeg antager, at det er en af grundene til, at de har en vogter der.

J: Nå, du skal have en vogter. Nogle gange sker der underlige ting her, fordi dette er et portræt af tid, og tingene skal holdes i balance. Der er kontrolsystemer langs dette tæppe.

D: Du sagde, at nogle gange bliver der andre, der bliver bedt om at forlade? Forsøger de at se ting, de ikke bør, eller hvad?

J: Han siger, "Du kan se ting, for bag gobelinen findes din tidsfornemmelse, og du kan finde en tråd og rejse gennem tiden. De fleste mennesker behøver ikke at kende deres fremtid, mens de stadig er i kroppen, medmindre de skal bruge den viden til en spirituel vej."

D: Nå, er det denne type mennesker, der bliver bedt om at gå?

J: Han siger: "Nej, dette er et sted af kærlighed, og ingen bliver nogensinde bedt om at forlade her, medmindre han forsøger at beskadige tæppet eller er overgrebsagtig. Vi skal bare passe på tæppet, fordi nogle gange i sjældne tilfælde sker der ting. Tidligere er store kræfter kommet gennem selve tæppet. En gang var der atomexplosioner, og der var mange mennesker, der forlod planeten så hurtigt, at de kom gennem tæppet. Så vi skal være her for at være til tjeneste for dem."

D: Jeg gætter på, at alle mulige mærkelige ting sker her. Jeg sætter pris på, at du fortæller mig disse ting. Vi var nysgerrige.

J: Ja, han siger: "Det er forståeligt. Bekymr dig ikke. Vi er godt klar over din mission og din sjæls vækst. Jeg er her for at være til tjeneste for jer alle."

D: Vi prøver meget hårdt at bruge disse oplysninger på en meget positiv måde, hvis vi kan. Ville jeg få lov til at komme, hvis jeg havde tænkt mig at bruge det på en negativ måde?

J: Nej. Intet kan være forklædt eller skjult her. Vi kender dine motiver bedre, end du kender dem selv.

D: Jeg prøver meget hårdt at være positiv. Er der noget andet, du gerne vil se i det tæppe, før vi forlader det?

J: Jeg ser nu min egen tråd. Den er sølv- og kobberfarvet, mens den væver sig gennem tæppet. Vogteren af tæppet siger, at det er tid for mig at forlade. Han siger: "Du har ikke brug for denne viden. Med tiden kan du se, men ikke på dette tidspunkt." (Pause) Han diskuterer min sjæls vækst. Og han kalder mig lidt til opgave. [John grinede.] Han siger, at jeg var sådan en lysstråle, og at jeg havde ladet mig selv blive svag. Det er derfor, jeg måtte vende tilbage til jordskolen.

D: Så du kan rette op på det?

J: Nå, ved at forstå universelle love og kærlighed kan jeg genvinde mit lys. Det er lettere at gå gennem jordskolen end at inkarneres på andre dimensioner. Det går hurtigere.

D: Hvordan har du det med, at han fortæller dig det?

J: Nå, jeg kan ikke lide det. Jeg er faktisk flov. Jeg føler mig meget irettesat. Jeg mener, han har fuldstændig ret; det er min skyld. Jeg har undgået mit ansvar, så jeg måtte inkarneres. Men det er ikke som om, han peger fingre ad mig og siger: "NEJ, NEJ, NEJ, NEJ, NEJ." Han gør det kærligt. Han har nu omfavnet mig, og han siger: "Held og lykke med din mission."

Jeg kunne ikke modstå fristelsen, så jeg spurgte: "Jeg spekulerer på, om min tråd er derinde et eller andet sted?"

Mellem Død og Liv

J: Ja, din tråd er der. Din tråd er en lysende kobberfarve, der bliver stærkere. Den begynder med en lille størrelse, og så bliver den større og større, mens den påvirker mange andre tråde. Dette tæppe er meget magisk. (Pludselig) Han beder os om at forlade. "Du kiggede på dit eget liv, og det er ikke godt at gøre på dette tidspunkt."

D: *Nej, men det er bare menneskelig nysgerrighed.*

J: Men nu viser han mig trinnene. (Griner) Og han siger: "Hvorfor tager du ikke en gåtur derned og ser, hvad der er der."

D: *Som om vi ikke skulle være for nysgerrige, antar jeg.*

J: Ja. Han siger: "Du har haft nok at se på for nu." Jeg tror, at vogteren af tæppet antydede, at vi ikke skulle kigge for meget ind i vores egen fremtid.

D: *Det giver mening. Fordi hvis vi vidste, hvad der ville ske for os, ville vi stadig gøre de ting, vi planlagde at gøre? Okay, så tror du, vi skal forlade her?*

J: Ja, jeg går ned ad trappen fra Tæppeværelset nu. Jeg er inde i Templet for Visdom, går ned ad gangen. Det ser ud til, at der er ædelsten i væggene, som smaragder, rubiner, peridot og krystal. Det er så smukt. Det stråler meget og føles ... det er en meget stille følelse. Foran mig er Biblioteket. Jeg går ind i det nu. Det ser ud til, at ædelstenene er på alle hylder og døre, og de stråler med deres eget lys. Jeg er i et stort studie. Der er bøger og ruller overalt, og alle typer manuskripter på hylderne. Der strømmer et smukt lys ind og oplyser hele stedet. Det er lavet af guld, sølv og ædelsten, men de reflekterer alt lys, så du kan læse. Hele bygningen synes at være lavet af dette vidunderlige materiale.

Dette bibliotek i åndeverdenen var ikke et fremmed sted for mig. Jeg har rejst dertil mange gange med hjælp fra mine subjekter. Flere har nævnt det, og deres beskrivelser varierer kun en smule. Bibliotekets vogter har altid været ivrig efter at hjælpe mig i min søgen efter viden, og jeg har brugt vores adgang til dette sted til at opnå information om mange forskellige emner.

D: *Dette er et af mine yndlingssteder. Jeg kan lide ethvert sted, der har bøger og manuskripter. Er der andre mennesker der?*

Mellem Død og Liv

J: Åh, der er mennesker i den anden del. Det er et stort område; næsten katedralstørrelse. Der er en mand der - han er åndelig, og han er bare lysende. Han taler om at forberede sig til jordskolen, og der er kun et par mennesker, der lytter til ham lige nu. Andre mennesker er i grupper eller går rundt stille med manuskripter og bøger til forskellige steder. Det er en atmosfære af … [han havde svært ved at finde ordet] som lærde. De studerer. Alle har et klart formål, og der er en følelse af ro. Der er musik, der ser ud til at fylde hele stedet. Den er næsten ikke hørbar, men den tinkler. Det er smuk musik.

D: Det lyder som et meget smukt sted.

J: Ja, det er virkelig dejligt. Alt glitrer, og alle er i smukke klæder. Tøjet ser ud til at være gennemsigtigt, men elektriske farver stråler igennem dem. Det er folks auraer.

D: Er der nogen, der er ansvarlige? Hvordan finder man noget?

J: Ja, der er en åndelig guide, som er vogteren af biblioteket. Han sidder ved et skrivebord og skriver på nuværende tidspunkt. Og jeg bliver bedt om: "Hvad er din anmodning?"

D: Er han meget travlt optaget i dette øjeblik?

J: Åh, nej. Han siger: "Nej, nej, nej, nej. Dette er vidunderligt. At være til tjeneste er meget vigtigt."

D: Okay. Kan han se information for os?

J: Han siger, at der er nogle begrænsninger.

D: Kan han fortælle os, hvad de er? Jeg kan godt lide at vide, når jeg bryder nogen regler.

J: Han siger: "Det er ikke godt at dykke for meget ind i jeres personlige fremtider. Det er en 'nej-nej'-regel. Det er ikke godt; det skaber disharmoni."

D: Okay. Vi vil ikke gøre det. Er der nogen andre restriktioner?

J: Han siger, at det er den vigtigste restriktion.

D: Er der nogen, der stadig er i den fysiske verden, som får lov til at komme til biblioteket?

J: Han siger: "Ja, de kommer gennem deres astrale rejser, deres drømme. Faktisk er drømning astralrejse. De kommer, og ikke altid er de opmærksomme på, hvad de gør, fordi det er lidt som at være i en tåge for dem. Det er ret sjældent, at vi har folk, der er inkarnerede, som søger os. Der er nogle få, men ikke mange." Han viser mig rundt. Der er biblioteket med den enorme kuppel,

Mellem Død og Liv

hvor folk er samlet i grupper, studerer og diskuterer emner. De kan gå ind i visningsrum rundt om denne store sal for at se ting, hvis de ønsker det. Al viden opbevares her, men det er ikke som en computer. Folk har ikke brug for computere her. Oplysninger formidles simpelthen ved intelligent tanke. Og han siger, at vi kan gå ind i scriptoriet. Dette er, hvor ting bliver læst. Det er her, folk, der kan relatere til skrivning og læsning, kan lide at gå. Det er en del af biblioteksområdet.

D: *Er scriptoriet en anden del af biblioteket?*

J: Ja. Det er for folk, der ikke er meget avancerede sjæle. De er mellemstore udviklede sjæle, der stadig har brug for de skrevne ord for at forstå deres bevidsthed.

D: *De ville ikke forstå visningsrummene?*

J: Nå, de ville forstå dem, men dette er, hvordan de vælger at lære, ved at læse fra bogen.

D: *I så fald kan de tage bøgerne og sidde der og læse dem og også skrive?*

J: Rigtigt. Skrive i dem også. Nogle af dem gør det.

D: *Er det tilladt? Ville det ikke være at ændre dem?*

J: Han siger: "Ja, det er tilladt. Alt, hvad der er nødvendigt for sjælens vækst, er tilladt. Det er derfor, at nogle gange ser du børn, der bliver født med frygteligt deformiteter. Alt er tilladt. Det er alt sammen for det samme formål at nå åndelig perfektion."

D: *Men jeg troede, at de ikke fik lov til at skrive i disse bøger, fordi de var evige optegnelser og ikke skulle blive beskadiget eller ændret.*

J: Tæppet er den evige ting. Det er den eneste ting, der ikke er rørbar. Men han siger, at hvad der end er nødvendigt for sjælens vækst, er tilladt. For nogle mennesker er det bøger. Men for de fleste avancerede sjæle er det bare information.

D: *Så de er dem, der bedre kan absorbere viden i visningsrummet?*

J: Ja.

D: *Jeg var nysgerrig efter, om der var nogen restriktioner for, hvem der kunne komme til biblioteket.*

J: Der er ingen restriktioner, dette er sandt, men sjæle med lavt niveau af energi finder det meget svært at træde ind i dette område. De føler sig bange eller skræmte af dette område, og derfor siger han, at de ikke søger at komme her.

D: *Jeg undrer mig over, hvorfor det ville skræmme dem!*

Mellem Død og Liv

J: De bærer stadig de fleste af de negative egenskaber fra deres tidligere eksistenser – grådighed, jalousi, begær – ting, der sænker ens vibrationer. Som resultat forbliver de for det meste nede i det, han kalder "det lavere astrale plan". De har virkelig svært ved at komme ind i dette område – de bliver nærmest frastødt.

D: Det lyder ikke som om, de alligevel ville være på udkig efter viden.

J: Han siger: "Nå, men vi er her for at være til tjeneste for dem. Faktisk har vi filialbiblioteker nede i det lavere astrale plan. Og det kræver virkelig en stor spirituel enhed at bemande disse stationer. Men de bliver næsten aldrig brugt. Disse lavere væsener søger stadig oplevelser i fysisk form. Derfor opholder de sig ofte i steder, som er nedbrydende eller fornedrende for menneskets sjæl."

D: Jeg var nysgerrig efter, hvorfor vi blev tilladt at komme ind i dette sted.

J: Dit sjæls formål er manifesteret.

D: Så de ved, hvorfor vi søger information.

J: Åh, de forstår. "Bare ved at tillade dig selv at træde ind i en cirkel af hvidt lys ved vi, at du er af den højere astrale. Og vi kan læse dine motiver bag det, du søger. Intet kan være skjult."

D: Ville vi få lov til at se noget af denne information?

J: Han sagde, at du kan gå ind i viseren.

D: Jeg undrede mig over, hvorfor det ville skræmme dem! Hvor er det?

J: Han fører mig ind i dette andet rum.

D: Okay. Jeg er interesseret i disse forskellige eksistensplaner. Jeg tænkte, at det kunne være lettere, hvis du kunne se disse ting i visningsrummet, i stedet for faktisk at gå til de forskellige planer. Det kunne være ubehageligt for dig at prøve det. Men hvis vogteren kunne give dig information om dem eller vise dem til dig, ville det være lettere. Ville han være i stand til at gøre det?

J: Ja. Han siger, at den astrale verden er opdelt i tre dele: den lavere, midterste og øverste astralplan.

D: Først og fremmest er jeg nysgerrig efter de lavere planer, så lad os starte der. Kan han fortælle os, hvordan de ser ud, og hvilken type mennesker eller ånder der er der?

J: Ja. Vi har gået ind i visningsrummet, og han viser mig. Han siger: "Bare fokusér på, hvad du ønsker at se, så vil alle slags billeder komme ind." De er på væggene.

D: Er det som en skærm på en væg, eller hvad?

Mellem Død og Liv

J: Ikke rigtig som en skærm. Det omgiver dig. Jeg er i midten af det og ser på det. Og han siger, at den lavere astrale er bare forfærdelig. Han siger: "Vi beder for disse lavere enheder, men det er som om de er bundet til jorden. De er ikke i menneskelig form, men de er stadig på jorden." Og de er som ... åh! (En lyd af afsky) Dette er ulækkert!

D: *Hvad ser du?*

J: Nå, jeg så lige nogen blive skudt. (Ubehageligt) Og der er en hel gruppe ånder, der ser på dette og råber: "Åh, er det ikke fantastisk! Se på det blod og indvolde!"

D: *Mener du, at de ser en fysisk person blive skudt?*

J: De ser på to personer. En sort mand og en anden sort mand havde en skudveksling med hinanden over en narkohandler. Og der er omkring ... åh! Omkring tusinde ånder, der ser på dette. Det er næsten som: "Åh, der går endnu en! Hvor skal vi hen næste gang? Åh, se på denne pige! Hun bliver voldtaget! Lad os se på det!" De er vidner til al denne brutalitet. Og vogteren fortæller mig: "De er nødt til at se dette for at forstå, hvordan de har levet deres egne liv. De har levet sådan, på en meget degenereret måde." Og han siger, at disse ånder skal lære af dette.

D: *Mener du, at efter de er døde, bliver de bare hængende omkring disse områder, eller hvad?*

J: Nej, de blev tvunget. De kunne ikke komme højt op. Du ser, deres vibrerende frekvens, åndeligt, er meget lav. De er en tæt vibration, og de kan ikke komme højere op, så de er nødt til at se den fysiske verden. De interagerer med denne verden.

D: *Jeg tænkte, at det lyder som vores version af Helvede.*

J: Det er en version. Det er et Helvede for dem. Fordi indtil de lærer at reinkarnere og blive mere åndeligt avancerede, gentager de nogle gange lignende situationer igen og igen. Og han siger, at nogle af dem næsten er dyreglade. Det var det ord, han brugte: "dyreglade."

D: *Jeg har altid tænkt, at der ikke var noget faktisk sted som Helvede.*

J: Det er et Helvede for dem, ja. For hvis de har brugt stoffer eller alkohol i overflod, eller ladet deres lyster styre dem, så kontrollerer det dem stadig. De har stadig det ønske, efter de er passeret over, men de kan ikke manifestere det. Det er derfor, det er så vigtigt at undgå disse ... hvad der kaldes "laster," før du

Mellem Død og Liv

forlader planeten, for du bærer dem med dig ind i den næste verden. Han siger: "For eksempel har vi folk her, der ønsker en cigaret, men de kan ikke ryge, fordi vi ikke har cigaretter her. Så de vil bruge tid på at hænge ud med fysiske mennesker, der ønsker at ryge. Eller vi har ånder, der har brugt stoffer, som ønsker at injicere sig selv og har gjort det til et mønster i deres liv. De vil være omkring folk, der injicerer stoffer."

D: *Mener du, at de forsøger at få de samme fornemmelser gennem osmose eller noget lignende?*

J: Ja, de prøver at gøre det. Det er derfor, de hænger ud hos dem. Mennesker, der har ladet deres lyster styre dem i livet, vil være omkring steder, hvor der foregår meget lyst, i menneskelig form, såsom bordeller og lignende. Han siger, at disse er de lavere indbyggere i det astrale.

D: *Det lyder som en ond cirkel, som om de ikke bevæger sig nogen steder. Hvordan kan de komme ud af den tilstand?*

J: Han siger, at dette er grunden til, at det er nødvendigt for folk at bede for deres kære, for det vil hjælpe dem med at se lyset. Det er som deres eget personlige Helvede, de lever i. Men, han siger, når de føler, at de har haft nok af dette, kommer vagtsjæle til dem. Efter at de har lært at sige for eksempel: "Jeg er træt af at se alle disse mennesker gøre disse ting, som jeg ikke kan gøre." Så kommer vagterne og viser dem veje, de kan tage for at lave en forvandling for sig selv. Men han siger: "Når det er tid for dem at reinkarnere igen, behandler vi dem." Han siger, at de alle går til computerummet, som er et område, hvor de kan blive reevalueret. Computerummet opsætter dem og matcher det tidspunkt, hvor en inkarnation skal finde sted, og hvilken type lektion den inkarnation vil lære. De bliver vist, hvordan de hurtigt kan bruge det liv. Men han siger: "Dette vil snart ændre sig, fordi Jorden vil være for højt udviklet for disse ånder. Så vi skal sende disse sjæle til ... " (John grinede pludselig.) Du ved, det er som: "Okay, du har haft din chance her. Næste båd går til Arturis." (Med humor.) Det er faktisk ret sjovt. Denne åndeguide havde en god sans for humor. (Griner.) Han er jovial, han er lidt rund, og han siger: "Ja, du havde dine chancer her. Nu skal vi sende dig til de andre planeter, der ligger nær Arturis."

D: *Er de planeter, der vil have negativitet på dem?*

Mellem Død og Liv

J: Ja, han siger, at de stadig er udviklende planeter. Men disse ånder vil ikke komme tilbage her, fordi denne planet Jorden er ved at ændre sig. De sjæle, vi ser på, er de lave, tætte vibrerende sjæle. Han siger: "Nu, de højere vibrerende sjæle er forskellige. Når de krydser over, går de normalt til Templet for Visdom og Viden, fordi de har været der før."

Det kunne være dér, hvor skolerne er placeret.

D: De går uden om al den negativitet.
J: Og han siger: "Så er der de midterste sjæle. De kan lide at manifestere sig selv i lykkelige situationer med deres familier, der er krydset over. Der er huse og søferieområder og både for dem."
D: Ligner det deres livsstil på Jorden, mener du?
J: Der er alle mulige typer huse bygget langs en af breddene af søen. På en af de stejle skråninger er der alle smukke huse. Dette er, hvor folk bor, hvis de vælger at gøre det, især folk, der har svært ved at tilpasse sig den astrale verden. De tilbringer meget tid her.
D: Mener du, at de ønsker at bo i et hus, der er bekendt for dem?
J: Rigtigt. De kan bo i et hus, der var som deres hus, de kendte i det fysiske.
D: Indeholder disse huse møbler og andre mennesker og ting?
J: De indeholder andre mennesker, og de manifesterer, hvad de ønsker. Så hvis de ønsker møbler fra art deco-perioden, har de art deco-møbler. Hvis de vil have møbler, der er af rattan, kan de have rattan-møbler. Hvis de vil have Kong Louis XIV, kan de have Kong Louis XIV. Hvilken som helst stil, de ønsker, kan de få. (Griner.) Du ser, disse mennesker er ikke meget avancerede sjæle. De er bare der og venter på deres næste livstid. Det ser ud til, at kun de meget avancerede sjæle er i bibliotekerne og de andre forskellige områder af komplekset. Disse andre sjæle er stadig jordbundne.
D: Måske er det alt, de kan forstå.
J: Det er meget sandt. Du har et godt pointe der.
D: Måske tænker de, at det er alt, der kan eksistere på den anden side.
J: De er som regel omgivet af mennesker, der tænker på samme måde. Vogteren af biblioteket siger: "Som det gamle ordsprog lyder: 'Lige børn leger bedst.' Husk det. Det er det ordsprog, jeres verden

Mellem Død og Liv

bruger. Mennesker, der er højt udviklede og har høj energi, bliver tiltrukket af hinanden – ligesom mennesker med lavere energi tiltrækker lavere væsener." Folk på dette niveau ønsker at bevare deres velkendte livsstil. Men de bruger det til at rydde op i ting med sig selv. Det er derfor, meget familiekarma udspiller sig i senere inkarnationer – fordi de har haft stærke bånd til hinanden på dette mellem-niveau. Der findes et lavt astralt plan, et mellem-astralt plan og et højt astralt plan. Og mellem-astralet er dér, hvor disse typer befinder sig. Det er lidt ligesom forstæderne i Amerika – der er pæne huse, folk snakker med deres venner og familiemedlemmer, og de deler gamle minder. Nogle gange kommer åndelige vejledere ind i et hus og taler med dem og fortæller, at de skal begynde at forberede sig på deres næste liv. Og de svarer: "Vi vil bare nyde vores familier lidt længere. Har vi tid? Er det virkelig nødvendigt for vores spirituelle udvikling?" Og han siger: "Jo, I skal faktisk videre op til templet." Men de er lidt frygtsomme – med en indstilling af: "Jeg ved ikke rigtigt med det dér."

D: *De vil gerne blive ved det, der er velkendt for dem.*

J: Ja, de kan ikke lide at gå videre. Men de kan manifestere gode ting, og de er ret glade -Gå ind i den øverste astral. Han siger, at det er ligesom, at du har forskellige sociale klasser. Den midterste astral er fin; det er som at gå til en dejlig forstad. Men den øverste astral er bare vidunderlig med så smukke scenerier. Der er haver og prototyper af alle de smukke bjerge, oceaner, strømme, søer og vandfald. De er alle der, og de er bare vidunderlige. Der er denne smukke juvel-lignende by, hvor Templet for Visdom ligger. Der er bjerge, der omgiver det, hvor nogle af de mennesker, der er øverste astrale enheder, bor. Men de kommer ind i templet. De er sjæle, der kan lide den komfort, som hjemmelivet og familielivet giver. Han siger, at mange meget udviklede sjæle kan lide denne type liv. Det er derfor, de har deres små villa-huse på skråningerne af bjergene. Det er smukt.

D: *Det lyder som om, at ånderne går til det område, de er bekendte med. Og de vil ikke gå videre til det næste niveau, før de er klar. Er det korrekt?*

J: Rigtigt. Han siger, at du skal avancere til et bestemt niveau. Men han siger, at den øverste astral er, hvor du vil hen, når du kommer

Mellem Død og Liv

herover. Han siger: "Dette er stedet; det er bare vidunderligt. Den midterste astral er vigtig. Det er her størstedelen af sjælene kommer til. De er hverken gode eller dårlige; de er ikke degenererede, de ønsker bare at se deres familie og venner. Og de har brug for tid. Men når det er tid for dem at gå op til computerummet, er det tid for dem at gå."

D: De har ikke noget at sige om det.

J: Nej, de kan ikke virkelig, og det er trist. Han siger: "Det er derfor, du har så meget mere valg, når du er i den øverste astrale. Viden er frihed."

D: Går alle til computerummet på et tidspunkt?

J: Åh, ja. De går alle. Dette er behandlingsrummet. Men han siger at de lavere enheder kun har et par år tilbage til at inkarneres gennem al denne negativitet. Han kan ikke vise mig computerummet. Det er et behandlingsrum, hvor grundlæggende kun åndelige vogtere har adgang. Det er et meget vigtigt område, men han siger, at selv du i den astrale tilstand ikke kan gå ind i det lige nu.

D: Det er helt i orden. Vi har ikke behov for at se det. Vi kan bare lide at vide om disse ting.

J: Dette er behandlingsrummet, hvor sjæle står i kø og matches med de passende legemer, de skal inkarnere i. Men, siger han, det er anderledes, når en ånd fra den øverste astral ønsker at inkarneres. Det er, som om han har gode dokumenter, så han får prioritet. (Griner) Jeg mener, nogle af dem bliver bare sendt ud. (Griner) Det er det indtryk, jeg får. Han siger, at meget af smerten og lidelsen hos de mennesker, der er døde af hungersnød i Etiopien og lignende, er blevet forårsaget af tidligere liv med komplet overflod. Han siger, at disse liv bliver behandlet til højere åndelig energi for dem.

D: Så bliver de placeret i en livsstil, hvor de ikke vil leve længe. Bare længe nok til at forsøge at tilbagebetale nogle af disse overflødigheder.

J: For at lide. For at lære dem, at de skal vokse åndeligt.

D: Nå, er dette computerummet også, hvor de endelige karmiske forbindelser med familier og sådan noget bliver arbejdet ud?

J: Dette er som et kæmpe computerbehandlingscenter. Jeg kan delvist se, hvordan det ser ud, men jeg må ikke gå ind. Der står en række sjæle, slidte og mærkede, som venter på at komme ind. Men når

Mellem Død og Liv

en sjæl på et højere niveau ankommer, får den en slags prioriteret behandling. De ved allerede, at denne sjæl hurtigt vil blive behandlet. Den bliver ført i en anden retning.

D: *Mange af disse sjæle på lavere niveau er dem, der bliver sendt til at leve forfærdelige liv og dø i massevis i katastrofer og hungersnød i visse lande. Er det dem, der kommer tilbage for at leve i de steder?*

J: Nej. Han siger, man ikke skal se det sådan. De betaler for liv, hvor de har misbrugt deres kroppe. Han siger, at du kunne gøre det samme – hvis du misbruger dit tempel (din krop), kan du komme til at lide under det.

D: *Ville den version, som folk har af Himlen, passe med nogle af disse astrale planer?*

J: Han siger, at det øvre astrale plan ville ligne Himlen meget, fordi det er utroligt smukt.

D: *Så det er deres version af Himlen?*

J: Han siger nej – folk, der tror på Himmel og Helvede, er stadig på et mellem-niveau af bevidsthed. Nej, de får ikke en Himmel eller en Helvede. De får et pænt forstads-hus i et meget forstadsagtigt område. Det er det, de forventer – og derfor er det sådan. Der er ingen engle med harper her.

D: *Jeg tænkte på det – om der fløj nogen rundt på en sky med en harpe. (Griner)*

J: Der er ingen skyer. Men det øvre astrale plan er så smukt. Det er fyldt med blomsterfarver, som ligner ædelsten. Det kunne virkelig være en Himmel.

D: *Det ville passe meget godt med den version, som folk forventer af Himlen. Er der nogle endnu højere planer, han kan fortælle dig om, eller er det det højeste?*

J: Han siger, at når man når det øvre astrale, er det de avancerede niveauer. Men der findes endnu højere niveauer end dette. "Men du er stadig bundet til en krop, og der er andre ting, du skal tage dig af." Han siger: "Kig ikke længere. På dit nuværende bevidsthedsniveau, John, er det nok."

D: *Når du tager til disse højere niveauer – vender du nogensinde tilbage og inkarnerer igen?*

J: Nej. Han siger, at du har meget vigtigere missioner at arbejde med i den universelle plan. Og at du normalt ikke tager fysisk

Mellem Død og Liv

inkarnation igen, medmindre det er en meget vigtig mission. Han siger, at store mænd i historien, for eksempel Jesus og Buddha, har været meget højt udviklede enheder, der kom tilbage.

D: *De kom tilbage for en hensigt så.*

J: Rigtigt, en meget vigtig hensigt.

D: *Jeg undrede mig bare over, om vores mål i vores evolution var at gå videre ud over det niveau.*

J: Han siger, at vi går ud over den øverste astrale, og vi går ind i åndelig foryngelse og lærer at være en universel ånd. Så er vi ikke bare bundet til de astrale områder på Jorden. Jeg kan ikke forstå det. Men han siger: "Det er ikke for dig at forstå på nuværende tidspunkt." (Griner)

D: *Hvad er vores mål til sidst?*

J: Perfektion. Vi vokser. Som du ved fra din fysiklov, er energi hverken skabt eller ødelagt. Den ændrer bare sin form på sin rejse tilbage til sin kilde. Og når den når sin kilde, er den af samme energi. Han siger, at dette gælder for spirituel fysik også. Han siger: "Der er ledetråden. Du skal tænke det for dig selv."

D: *Men til sidst er målet perfektion. Og for at opnå det, skal du gennemgå flere liv på Jorden og derefter udvikle dig derover?*

J: Han siger, at hvert liv lærer dig en anden kvalitet, du har brug for at lære i din stræben efter perfektion. Du har ikke bare flere liv. Nogle mennesker går efter tre, fire, fem, seks hundrede.

D: *Selvfølgelig skal mange af dem blive ved med at gentage lektioner, ikke?*

J: Rigtigt. Han siger, at nogle avancerede sjæle kan gøre det på måske ti liv. Men det gennemsnitlige antal er omkring 120. (Pludselig) - Han siger, at vi har set nok, og nu er det tid for os at forlade dette område. Han fører mig ud af biblioteket og viser mig trappen, der fører udenfor tempelområdet og ned i en vidunderlig, betagende have. Han siger: "Hvorfor tager du ikke et kig derude." Jeg får følelsen af, at vi måske har stillet for mange spørgsmål. Jeg går ind i denne have, og det er bare smukt. Der er springvand og vandstrømme. Fuglene synger. Dufte af blomsterne er bare vidunderlige. Der er en lysende ånd her, der siger: "Lad os tale om haven. Det er prototypen på alle de blomster og træer og damme og søer og springvand, som du har på Jorden, så det er meget finere." Alt er udsøgt. Blomsterne ligner håndskårne juveler.

Mellem Død og Liv

Deres dufte er bare mirakuløse. Forestil dig den bedste, dyreste parfume i verden, der bare sprayes over det hele. Jeg mener, det er bare den type vidunderlige duft, der er i luften. Det føles som om, naturen strækker sig ud for at elske dig. Og der er smukke sommerfugle. Åh, det er bare vidunderligt. Det er så smukt her. Og dette er en prototype på, hvordan haver ser ud i den materielle verden. Denne verden er den virkelige verden; den astrale verden er den virkelige verden, og denne have er prototypen for vores jordiske haver.

D: Jeg tænker på blomsterne på Jorden. De blomstrer, og så falder de af.

J: Nej, disse er evige. De ændrer sig aldrig. Det er derfor, de har juvellignende perfektion.

D: Som den mest perfekte rose eller noget sådant?

J: Ja, hvert petal er udsøgt. Blomsterne er som de mest perfekte juveler.

D: Er det det samme med træerne? Ville det være som de mest perfekte eksempler på disse træer? Mener du det?

J: Han siger, at træerne i din verden, den materielle verden, bare er et refleksion af disse.

D: Jeg antager, jeg tænkte det modsatte. At måske den astrale verden var en refleksion af denne verden.

J: Åh, nej, nej, nej. Han siger: "Denne verden er meget bedre. Alle smukke ting, der bliver skabt i din fysiske verden, har deres modpart her i denne verden. Og Jorden er blot et refleksion af den spirituelle verden. Din verden er så grov og rå." Det var vogteren af denne vidunderlige have, der sagde det.

D: Så hver sted har en vogter.

J: Ja, hver del af dette kompleks har en anden vogter. Der er denne smukke sø.

D: Hvor er den?

J: I haverne. Der er alle forskellige typer huse bygget op langs en af bredderne af søen. Og alt, springvandene, templet, bjergene og landskabet er perfekt og evigt. Intensiteten af farverne er betagende. Det er umuligt at beskrive den utrolige skønhed ved dette sted. Nå, han siger, at måske vi bør gå tilbage. Han siger: "Du har haft din tur. Nu, gå tilbage, John!"

Mellem Død og Liv

D: Okay. Men er der ikke noget andet sted deroppe, som jeg har brug for at vide om?

J: Nej, ikke lige nu. Han siger, at nogle områder er off-center, fordi det er som at trække en toddler eller en førskolebørn ind i et universitet. Han siger, at disse oplysninger ikke er nødvendige for dig på nuværende tidspunkt.

D: Alt godt. Men sig til ham, at jeg prøver at finde ud af disse ting, så folk, der er bange for at dø, kan vide, hvordan det er derovre. Det er hovedsagen. Måske vil de ikke være bange, hvis de ved.

J: Han forstår, hvad din tjeneste er. Han siger, at det er fint og vidunderligt. Men han siger også, at der er nogle ting, vi holder skjulte.

D: Nå, jeg kan værdsætte det.

J: Og han siger: "Pas på nu. Føl dig glad og høj i kærlighed og lys. Velsigne dig, og lad det hvide lys omgive dig og få dig til at føle dig sikker og glad."

D: Okay. Så tror han, vi ikke skal stille flere spørgsmål i dag eller forsøge at finde flere oplysninger! Er det korrekt?

J: [Overrasket] Han er væk!

D: Nå, hvor er du! [Pause] Ser du noget på nuværende tidspunkt?

J: Jeg er i grå. Det er alt. Det er alt gråligt. En slags skyer.

D: Okay. Tilsyneladende ønsker de, at vi stopper med at stille spørgsmål. Er det i orden med dig? Men jeg gætte på, at du ikke har meget valg, har du? [Griner]

J: (Forvirret) Jeg er ikke der længere.

D: Det er helt i orden. Vi fandt ud af en del.

Jeg bragte John tilbage til fuld bevidsthed. Jeg var lidt skuffet over, at vi ikke kunne fortsætte længere med vores udforskning, men når de stoppede kommunikationsstrømmen, havde vi ikke noget valg. Det var som om, vi fik lov til at træde ind op til et bestemt punkt. Men når de besluttede, at det var tid til os at gå, skubbede de os simpelthen ud ad døren og lukkede den bag os. Scenen var blevet helt afskåret. Dette var en meget usædvanlig hændelse. Det demonstrerede, at vi bestemt ikke var dem, der kontrollerede denne session.

Kapitel 6
De forskellige niveauer eller eksistensplaner

INFORMATION OM DE FORSKELLIGE NIVEAUER af tilværelse begyndte at fremkomme, da jeg talte med en kvinde, der var imellem livene og gik i skole på åndernes planer. Men denne gang lød det som en anden skole end den skole af viden, jeg tidligere var blevet fortalt om, selvom der var nogle ligheder. Hun sagde, at den var beliggende på det syvende niveau.

S: Jeg lærer, hvordan jeg kan tage dagligdagens oplevelser i livet og gøre dem værdifulde og behagelige og få meget til at tælle. Vi lærer om de forskellige stadier, der foregår på Jorden. Og vi forsøger at hjælpe forskellige mennesker med at blive vidende, så mennesker kan tage de nødvendige skridt fremad.

D: *Mener du ved at være en slags vejleder?*

S: I en vis grad, ja. Måske ved at hjælpe med at åbne folk op for mulighedernes rige.

D: *Kan du gøre dette fra hvor du er?*

S: Det meste gøres herfra. Vi gør en indsats for at tiltrække opmærksomheden fra de individer, som vi mener er i stand til at håndtere den viden og information, vi kan give dem. Der er kun et begrænset antal mennesker, der er åbne for dem på det syvende niveau. Der er flere, der er åbne for dem på det sjette. Men vi forsøger at åbne op for dem, der for eksempel er åndelige ledere eller opfindere. Og dem, som mange mennesker ikke ville betragte som vigtige, i den forstand at de ikke vil blive husket i de næste 200 år. Men de gør noget, der er vigtigt. Måske at være en far til nogen, der vil blive kendt, eller måske vejlede eller undervise sådanne børn.

D: *Prøver du at arbejde på det mentale niveau?*

S: Ja. Gennem deres drømme og forskellige ting som dette.

Mellem Død og Liv

Det ser ud til, at dette syvende niveau er, hvor opfindelser, musik og kreative indflydelser kommer fra. Jeg har altid følt, at disse ting spredes gennem atmosfæren, når verden er klar, og at den, der er åben og kan opfange disse idéer, ville være den, der krediteres med opfindelsen. Jeg tror, at dem på den anden side ikke rigtig bekymrer sig om, hvem der gør den faktiske skabelse, så længe det gøres, når tiden er rigtig. Dette ville forklare tilfældene af mange mennesker over hele verden, der arbejder på det samme på samme tid og haster mod færdiggørelsen. Mange berømte opfindere og komponister har hævdet, at deres inspiration kom til dem under drømmeagtige tilstande, når de naturligt ville være mere psykisk åbne for disse hjælpsomme indflydelser.

D: *Kan du forklare om disse åndelige planer eller niveauer?*
S: Hvis du vil forestille dig en omvendt pyramide, ville Gud være øverst eller på den længste kant, og menneskeheden ville være nederst eller på spidsen. Planerne er imellem, og efterhånden som de går højere i nummer, bliver de mere åndelige. Når man avancerer i planerne, udvider man sin bevidsthed og kommer tættere på Gud. Dog mangler denne pyramideanalogi i flere aspekter, det ene er, at toppen eller den længste del ville være uendelig. At være Gud ville kræve, at det er uendeligt.

D: *Hvordan avancerer vi gennem planerne?*
S: Du avancerer gennem dine planer lige nu. Inkarnation er én måde.

D: *Er det blot et spørgsmål om åndelig udvikling?*
S: Åndelig udvikling, ja. Fysisk udvikling er en anden.

D: *Skal vi leve mere end ét liv for at avancere?*
S: Du behøver ikke at leve nogen liv overhovedet, hvis du ønsker det. Det er ikke nødvendigt at inkarnere; det er simpelthen mere effektivt.

D: *Mere effektivt for hvad?*
S: For dig. For din tid. For dine læringsoplevelser. Det er mere fuldendt at lære ved at inkarnere end at forblive åndelig. Disse er genveje, hvis du vil, til den ultimative destination.

D: *Og hvad er det ultimative mål?*
S: At være ét med Gud. At forene sig med Gud igen og nå perfektion, og så behøver du ikke at komme tilbage mere.

Mellem Død og Liv

D: Har mange ånder eller sjæle nået det højeste niveau af disse planer?

S: Mange har allerede forenet sig med Gud og behøver aldrig at vende tilbage til lavere planer igen.

D: Hvor mange liv tager det generelt?

S: Det varierer med forskellige individer. Hvis de kan holde sig til det mål, de har sat, og mønsteret og ikke glemme, hvorfor de er der, og holde kontakten med deres indre selv og holde sig strengt til stien, tager det ikke så mange. Men for mange mennesker bliver fanget af verdens veje. Deres egoer og deres forfængelighed er bygget omkring dem, og de mister kontakten med de åndelige, dybere sandheder om årsagerne til deres eksistens.

D: Hvis vi ikke inkarnerede, hvordan ville vi så nå Gud?

S: Gennem andre metoder. Gennem at hjælpe, assistere inkarnere væsener. Gennem at være en vejleder, en lærer, en hjælper, en ven på åndernes planer. Der er mange forskellige metoder.

D: Hvad er målet med fysisk at arbejde sig op gennem disse planer, hvis det kan gøres fra den anden side?

S: Vi er opstegne væsener. Vi danner en stige. Der er andre, hvis hele formål er stationært. Dette er ligesom folk i et maraton. Der er dem på bestemte punkter, der ikke gør andet end at holde vand og give det til løberne, når de passerer. Disse løbere er opstegne, hvis du vil, fra begyndelsen til slutningen. Engle er assistenter, der ikke klatrer, men blot tjener. Vores formål er at starte ved begyndelsen og løbe, indtil vi når målet. Der er dog ingen første- eller sidsteplads. Alle, der krydser målstregen, er vindere i det løb.

Jeg var nysgerrig efter disse niveauer. Nogle ånder har kaldt dem dimensioner, men ud fra deres beskrivelser kan man se, at de taler om de samme ting. Jeg har fået at vide, at der er flere, fra ti til tretten til et muligt uendeligt antal, afhængig af, hvem du taler med. Men de er alle enige om, at efterhånden som du klatrer højere, kommer du tættere på at være ét med Gud.

D: Kan du fortælle mig om de forskellige niveauer?

S: Jeg kunne ikke forklare det, så du forstår hvert plan eller dimension, fordi du ikke har erfaringen til at forstå det. Men jeg vil prøve at give dig nogle oplysninger.

Mellem Død og Liv

D: Er Jorden betragtet som det første niveau?

S: Jordens niveau betragtes som et femte niveau. Der er flere niveauer under det. Der er elementalerne, som er nogle af de laveste, på det første niveau. Det grundlæggende plan er sammensat af rene følelser og energier. De er blot en grundlæggende energi, og du avancerer opad derfra. De er livsformer, der ikke har individuelle personligheder, men blot er kollektive livsformer, der venter på deres tid, som mennesker ventede på deres. Elementalerne har en fremtid, hvor de vil blive personificerede. Men de er i deres ventefase på nuværende tidspunkt. Undervurder ikke deres potentiale, for de kan være meget kraftfulde. Hverken skam eller undervurder dem, for de har en fremragende fremtid, ligesom menneskets fremtid var før nutiden.

D: Har elementalerne noget at gøre med det, vi kalder "besiddelse"?

S: Ikke i den typiske forståelse. Besiddelse er en realitet; dog er elementalerne tiltrukket og ikke angribere som sådan. Elementalerne kan dirigeres, så de har tendens til at blive påvirket ganske let og kan svækkes den ene eller den anden vej.

D: Hvad med de andre niveauer?

S: Der er det andet niveau, som beskytter træerne og bakkerne. Disse er forskellige fra hinanden. Elementalerne beskæftiger sig normalt med steder. Mens dem, der beskytter træerne, hver har et træ eller deres egen type plante. Det er ligesom når grækerne talte om sprite og driader og forskellige ting som det. Det var meget i dette niveau af forståelse.

D: Har de nogen intelligens?

S: Mere drillerier end intelligens, selvom de grundlæggende er meget venlige. Det er et spørgsmål om progression. Dit fysiske niveau er bare et andet energiniveau. Det er simpelthen et spørgsmål om perception, hvor her er du mest komfortabel. Dette bestemmer, hvilket niveau af inkarnation du går til. Nogle mennesker kommer tilbage som feer og leprechauns, fordi det er der, de er komfortable med at opfatte.

D: De kan gøre det?

S: Ja. Normalt inkarnerer de som dem, der omtales i dit sprog som de "små mennesker." De er mere i harmoni med det åndelige niveau, fordi de er bevidste om de involverede energier og hvordan man manipulerer dem.

Mellem Død og Liv

D: Så sådanne væsener eksisterer?

S: Ja, de eksisterer, men de eksisterer i åndeverdenen. De findes ikke i en fysisk manifestation. Men de kan fremstå som en fysisk manifestation. Det er meget vigtigt. De kan fremstå. Men de er meget åndelige. Deres sjæle, ligesom din sjæl, vokser mod perfektion. Og de har indflydelse over alle planter og dyr i skoven, og også over havet og luften. De er som de bevægende og skabende kræfter bag tingene i dette område. Men når de manifesterer, manifesterer de som en menneskelignende skabning i grønne områder. Det er derfor, vi har historier om leprechauns, feer, elver og sådan.

D: I deres normale tilstand er de som en ånd, men de kan manifestere som små væsener! Hvorfor manifesterer de i sådan en usædvanlig form?

S: Det er en del af planen. De bliver testet for at lære at tage sig af naturen. Når de har lært at gøre det, kan de derefter tage sig af sig selv.

D: Hvad mener du med det?

S: Præcis det, jeg sagde.

D: Betyder det, at de kan udvikle sig og til sidst inkarnere som mennesker?

S: Du har været feer før i andre liv, ja.

D: Åh! Alle af os?

S: Ja. Alle af os. Du kan virkelig ikke tale for meget om sjælsudvikling på nuværende tidspunkt i din udvikling. Det er svært for dig at forstå. Men de bevæger sig op ad stigen, ligesom vi gør.

D: Er det derfor, mennesker er så fascinerede af disse ting?

S: Sandsynligvis fordi de har været der. De har været disse feer, især dem, der er meget i harmoni med Jorden. De husker stadig refleksioner fra deres liv som en ånd på Jorden som disse slags skabninger.

D: Nå, ifølge vores folklore skulle de have magiske kræfter og sådanne ting. Er dette sandt? Har de de kræfter, der tilskrives dem?

S: Det er blot folklore. De har overraskende talenter. Men for uuddannede mennesker, der ikke var opmærksomme på den åndelige verden, så de dem som en ånd snarere end en fysisk livsform, når de manifesterede. De har dog liv, men i en åndelig forstand.

Mellem Død og Liv

D: Det er svært for mig at se dem som en ånd og så ændre sig til en manifestation.

S: De får lov til at gøre dette, når det er nødvendigt. Det er derfor, de ikke fremstår så ofte for mennesker. Hvis du er klarsynet, kan du se, at al natur har sine ånder, der tager sig af dens endeløse opgaver.

D: Oplever de død som vi kender den?

S: Nej, de oplever ikke død. De individualiserer sig blot mere. De bevæger sig væk fra gruppesjælen til en mere markant individualisme, så de kan arbejde med deres karmiske skæbne.

D: Der har været så mange langvarige folkesagn, det ville synes, at der må være en eller anden form for basis for det. Er der nogen grund til, at folk ser dem på forskellige måder, som elver, feer, gnomer?

S: Nogle tager sig af skabningerne i søerne og vandene. Andre tager sig af skabningerne i skoven. Andre tager sig af skabningerne af Jordens tæppe, græsset.

D: Det er derfor, de ser forskellige ud, har forskellige former, forskellige personligheder og sådanne ting! [Han nikkede.] Skaber disse væsener nogensinde noget negativt?

S: Nej, fordi de er programmeret til ikke at gøre det.

D: Nå, jeg tænker på folklore.

S: Ja. Men der er dæmoner derude, der maskererer sig som disse væsener. Disse er ofte negative astrale enheder, der har levet på Jorden og er oprørte, fordi de ikke kan inkarnere der igen. De kan forårsage problemer. Dette skete oftere i fortiden. Du ser, mennesker har ignoreret disse ånder på grund af deres teknologiske fremskridt. Dæmoner plejede at plage folk som feer, som dyr. Men nu hvor mennesker er gået væk fra en landbrugsbaseret livsstil til en teknologisk livsstil, sker det ikke så ofte.

D: Hvordan ville folk vide, hvilken der var hvilken?

S: Du skal ikke bekymre dig om det. Naturånder manifesterer sig faktisk ikke så ofte for dødelige mennesker. Det er ikke så almindeligt. Men når de gør, er det af en vigtig grund. Normalt har det noget at gøre med land eller med naturen selv. For eksempel, måske vil folk misbruge det land, der er helligt for disse ånder, og de vil så forårsage problemer. De vil forsøge at kontakte folk i deres søvn og vågne timer for at sige: "Venligst misbrug ikke dette land."

D: *Det lyder som noget af den indiske folklore, vi har hørt. Men de manifesterer sig ikke så ofte, som de plejede.*

S: Nej. Men de gør ting, der er gavnlige for de planter og dyr, de passer på.

D: *En ting, jeg undrede mig over. Har hver plante og hvert dyr en separat beskytter?*

S: Nej, fordi planter og dyr alle har en gruppesjæl. Og disse gruppesjæle passes af de ånder, som du ville kende som leprechauns og feer. Der er individuelle sjæle, der passer på gruppesjælene. Og de individuelle sjæle er elverne, feerne osv.

D: *Dette er så svært at forstå. Jeg troede måske, det var en gruppesjæl, der tog sig af alle planterne, og så blev denne individualiseret.*

S: De er separate væsener, fordi gruppesjælen ikke er så udviklet som en hjælpsom sjæl.

D: *Så feerne og elverne er hjælpsomme sjæle, ligesom vores guider og beskyttere.*

S: De er ligesom pixier, ja. De er som guider og kanaliserende for planternes og dyrenes rige. Disse riger er opmærksomme på disse ånder.

D: *Det er ganske ligesom den måde, vores guider og beskyttere hjælper os.*

S: Ja. Bortset fra at de er for dyrenes og plantenes rige. Leprechauns eller elverne eller hvad du vil kalde dem er en distinkt sjæls-type, der åndeligt udvikler sig mod menneskelig inkarnation. De vil få den mulighed i fremtiden. Faktisk har vi været den type energi i vores tidligere liv, men nu har vi påtaget os en menneskelig rolle. Disse ånder er til tjeneste for dyr og fugle, der har gruppesjæle. De er der for at hjælpe dem, da dyr ikke har individuelle sjæle. Den måde, dyr ser livet på, er gennem deres reproduktioner. Dette er, hvordan de lever videre.

Meget af dette lød meget lig folkesagn og mytologi, som vi har afvist som overtroisk "snak." Måske fordi de gamle levede tættere på naturen, forstod de mere om disse grundlæggende principper. Det var meget klart for dem, men det skræmte dem også. Tilsyneladende, ud

Mellem Død og Liv

af respekt for naturen, opfandt de historier og befolkede dem med distinkte typer væsener, hvis navne er kommet ned til os i folklore og myter. Dette ser ud til at være udviklet fra deres forsøg på at forstå denne åndelige verden, som vi har valgt at ignorere i vores mekaniserede og komplicerede samfund.

D: *Men så i deres evolution bliver disse ånder til sidst mennesker.*
S: Ja. Jeg må virkelig ikke tale for meget om denne information. Men ja, de lærer at udvikle sig til mennesker. De er en ung sjæl. De er fyldt med kærlighed til hele menneskeheden og til hele naturen, men især til naturen. De vil bevæge sig op ad evolutionsskalaen efter Jordens skift, for så vil de begynde at inkarnere i fysiske kroppe. De forbereder verden til dette Jordskift på nuværende tidspunkt. Det er derfor, folk bliver guidet til bestemte områder i landet for at leve. Når disse ånder inkarnere i et menneskeliv, vil verden have ændret sig fra et lavt planetarisk vibrationssystem til et højt planetarisk vibrationssystem, og dette vil afspejle deres lys og deres liv. Mange af dem vil komme i funktion og inkarnere for at hjælpe med at genopbygge verden, og for at producere mad og have harmoni med de dyr, der er blevet traumatiseret af Jordens skift.

D: *Hvad vil der ske med vores type ånder?*
S: Når Jordens skift finder sted, vil der ske forskellige ændringer med grupper af sjæle. Vi ville udvikle os til en højere bevidsthed.

D: *Vi ville ikke ønske at inkarnere på Jorden på det tidspunkt?*
S: Vi vil også inkarnere på Jorden bare for at opfylde vores karmiske behov. Men de fleste mennesker, der vil komme til Jorden, vil være åndeligt udviklede. Alle mindre udviklede væsener bliver sendt til et andet univers for at begynde deres kosmiske rejse igen.

D: *Det lyder som om, der vil være mange ændringer efter Jordens skift.*
S: Disse naturånder forbereder sig på det. Jeg bør virkelig ikke tale mere om det.

Emnet om det kommende akse-skift af Jorden og mekanismerne diskuteres i mere detaljerede vendinger i min bog, Samtaler med Nostradamus (3 bind).

Mellem Død og Liv

D: *Nå, hvad med dyrene! Du sagde, at de ikke har individuelle sjæle?*
S: Nej. Dyrenes ånder er forskellige fra menneskers. De er så forskellige fra menneskesjælen, at jeg ikke rigtig kan forklare det. De har gruppeånder, og disse er forbundet med andre elementale væsener. Nogle dyr, såsom køer og heste, har tendensen til at danne flokke, hvilket nemt kan identificeres som en gruppeånd. Men dyriske ånder har ikke personlighed som mennesker. De er livsenergier, men de besætter dog kroppe – som dyrekroppe.

D: *Har de inkarnationer ligesom mennesker?*
S: Det er inkarnation, ja. Der sker en opfyldelse af den fysiske krop med livsenergi, så det ville være inkarnation i den forstand.

D: *Kan en dyreånd nogensinde inkarnere som et menneske?*
S: (Han rynkede panden og virkede forvirret.) Ja, det gør den – til sidst. Det er en del af dens spirituelle vækst. Ligesom du vil gå videre til højere niveauer, vil en dyreånd adskille sig fra gruppeånden og blive en individuel sjæl og begynde den åndelige udvikling. Mange mennesker på Jorden har været dyr i tidligere liv på andre planeter, for æoner siden.

D: *Og det var en del af evolutionen! Jeg er nysgerrig efter, hvor vi begyndte. Hvilken type energi var vi, da vi først begyndte?*
S: Vi må igennem alle udviklingsstadier: gas, stof, plante, dyr, menneske, ånd, guddommelig.

D: *Så et dyr er en del af en gruppeånd og kan blive individualiseret og adskille sig fra gruppen?*
S: Ja, det sker på grund af kærlighed. Menneskers kærlighed til et dyr giver det en personlighed. Kærlighed hjælper det med at adskille sig og blive mere individualistisk. Dette hæver deres bevidsthed. Derfor skal du altid være venlig mod alle skabninger. Men jeg forstår ikke disse modbydelige væsener som insekter, hvepse og myg. (Han lavede en frastødt grimasse, og jeg lo.) De er en del af planen. De fleste insekter blev sat der af en grund, men nogle føler jeg bare ikke burde være der, fordi de ikke er særligt produktive. Men efter at Jorden ændrer sig, vil de ikke være der mere.

D: *Ville dyreånderne være på et bestemt niveau?*
S: Nogle er på det andet niveau; nogle er på det tredje; og nogle af dem befinder sig et sted midt imellem. For eksempel ville en myre være på et andet niveau end en højt elsket hund eller hest. Der er ikke altid tydelige niveauer, hvor man siger, dette er på dette

niveau og det andet er på det andet. Der er mange facetter i hver karakter. Der er også dem, der er i jordisk menneskelig form, som befinder sig på disse lavere niveauer. De får lov til dette i håb om, at de vil hæve sig selv. Nogle mennesker er på det tredje niveau, selv efter de er inkarneret. De er de mennesker, som ingen samvittighed har. De lever blot en eksistens. De lever ikke et liv. De lever mindre end et liv.

D: *Hvad mener du? Er de onde, eller har de bare ingen interesse?*

S: De har ikke intelligens nok til at være hverken gode eller onde. Der er meget få af dem. Der er flere inkarnationer på fjerde niveau end på tredje. Hvad du ville kalde en sociopat, ville være et individ på fjerde niveau. Igen, de har ingen samvittighed, men de har intelligens nok til at vide, hvordan man bruger det imod andre.

D: *Dem på det tredje og fjerde niveau, som er asociale – ville disse være morderne og forbryderne?*

S: Ja, for det meste. Det er dem, som enten er faldet ned til det niveau eller endnu ikke er nået op til de andre. Der findes ingen samvittighed. Og så er der det femte niveau, som er din daglige eksistens. Der er også nogle, som rækker ud fra det sjette niveau og kommer derfra til den jordiske sfære.

D: *Er det sjette niveau over Jorden?*

Jeg forsøgte at fysisk fastlægge disse niveauer i genkendelige steder med bestemte grænser, hvilket jeg senere fandt ud af var umuligt.

S: Det sjette er det, der kendes som åndernes rige.

D: *Ville disse være ånder, der ikke ønskede at forlade Jorden?*

S: Nogle gange er de dem, der er låst inde på den jordiske plan af enten deres egne motiver, eller deres familie kan holde dem der gennem sorg eller hvad som helst.

D: *Jorden er på det femte niveau. Er det derefter det sjette, syvende og videre opad? Og er det dér, skolerne befinder sig?*

S: Skolerne og mestrene og andre ting, ja. Det ottende og niende niveau er reserveret til de store mestre. Hvis du når det tiende, er du ét med Gud.

D: *Nå, går folk nogensinde tilbage! Jeg tænkte på teorien om, at mennesker inkarnerer som dyr.*

Mellem Død og Liv

S: Nej. Medmindre du er ekstremt bestialsk. Med andre ord, hvis du opfører dig som et dyr og ønskede at blive et dyr, kunne du, ja, men det er meget sjældent. Dette er normalt ikke tilladt. Det var på et tidspunkt muligt. Dog er det ikke længere muligt. Det blev gjort i de tidlige dage af eksperimenteringen, men ikke længere. Det er ikke, at det ikke er muligt, men det er ikke tilladt. Hvis en person var faldet så lavt, ville de sandsynligvis forblive på denne side, indtil de havde hævet sig, i stedet for at gå længere ned ad skalaen. Det er muligt for en person at falde til et dyreagtigt niveau mentalt, men de ville næppe kunne komme ind i et dyrs krop. Når du har opnået menneskelig bevidsthed, er det meget sjældent, at du går tilbage til en dyreagtig tilværelse, fordi du er udviklet ud af det.

D: Så de mennesker, der er inkarneret, ville være på det tredje, fjerde og femte niveau.

S: Nogle gange det sjette.

Jeg undrede mig over, hvordan det ville være muligt, hvis vi er inkarneret, og det sjette niveau var åndernes rige.

S: Du har hørt om udtrykket, at en person har en fod i den ene verden og den anden i den næste. Disse er de individer, der er meget åbne for alt omkring dem.

D: Er de i stand til at skifte niveauer efter eget valg?

S: For det meste, når de først bliver bevidste om det og begynder at håndtere de to verdener, ja. Og der er det syvende niveau, som har mange af skolerne for viden og tanker. Det er fra det sjette og syvende niveau, at meget af den viden kommer. Nogle mennesker fungerer på to niveauer uden at indse det. Et eksempel er en opfinder, der ikke har nogen idé om, hvor hans viden kommer fra.

Tanken dukkede op i mit sind, at vi ofte har hørt folk tale om det syvende himmel. Det skulle være et sted med perfekt lykke. Jeg undrer mig over, om det oprindelige koncept kom fra denne teori om forskellige niveauer?

D: Hvilket niveau er hvilepladsen på?

Mellem Død og Liv

S: Det har ikke noget niveau. Det er. Det eksisterer på grund af et behov for at være uden stimulation af nogen art. Derfor har det ikke noget niveau. Du går der for at være uden.

D: *Er det i et særligt sted væk fra de andre planer?*

S: Ikke nødvendigvis væk. Det er blandt planerne, men det er komplet i sig selv. Det er svært at forklare. For at bruge en analogi, ville det være ligesom når du går lige op fra overfladen af din planet, og luften bliver tyndere. Efterhånden som du går op, kommer du op til niveauet af skyerne, og du ser en sky, der er meget tyk og solid-udseende. Den er adskilt for sig selv, men den er stadig en del af luften.

D: *Hver gang du går mellem livene, går du så til et andet niveau eller tilbage til det samme, du forlod?*

S: Nogle gange afhænger det af, hvad du har opnået i det liv. Hvis du, i stedet for at blive løftet, måske blev nedgraderet i et liv, ville du ikke gå tilbage til det samme niveau, som du forlod. Nogle gange ville du gå lige ind i et andet liv. Andre gange ville du gå ind i en hvileperiode. Nogle gange ville du bare gå tilbage til en skole, men ikke nødvendigvis den samme, du forlod. Måske har du andre lektioner at lære, eller du gennemgår det, du har brug for at lære næste gang. Måske forsøger du at beslutte, om du vil komme tilbage, eller om du vil forblive der og arbejde i lang tid.

D: *Er der en skole på hvert niveau?*

S: Ja, der er mange skoler på hvert niveau: lysens skoler, tankernes skoler. De hver især bruger en del af, hvad der er den naturlige lov og orden i tingene. De forsøger at åbne individet op for den del af sandheden, så de kan finde vejen.

D: *Du går ikke til det næste niveau, før du er klar til det?*

S: Det er sandt.

Det lyder som at bevæge sig fra klasse til klasse i skolen. Måske er det sådan, det er, med Jorden som blot et af klasselokalerne.

D: *Mener du, at der er visse krav, før du kan gå videre til det næste? Du kan ende med at gå baglæns eller bevæge dig op til det næste niveau alt efter hvad du har opnået?*

S: Ja. Og når du først har passeret et bestemt niveau, som omkring det niende, er det meget, meget sjældent at inkarnere igen, fordi du

Mellem Død og Liv

har overskredet et stort behov for sådanne lektioner. Medmindre, som jeg sagde, du bliver nedgraderet af en bestemt eksistens, hvor du er så overvældet af de fristelser, du står overfor i hverdagen, at du i stedet for at hæve dem, nedgraderer dig selv.

D: *Det ville synes, at når du når de øvre niveauer, ville du være ud over disse fristelser.*

S: Hvis det har været mange eoner siden du levede en jordisk tilværelse, er det ligesom nogen, der har været nægtet noget. Hvis et barn ikke har fået slik i lang tid og bliver tilbudt slik, vil de højst sandsynligt overindtage det. Det er denne type ting, der nogle gange sker. Det er ikke så almindeligt som i de lavere niveauer, men det sker. Selv de største avatarer [halvguder] kan muligvis blive fristet, ja.

Avatar er en halvgud, der kommer ned til Jorden i fysisk form. Der er mange eksempler i skrifterne hos hinduerne. Det niende niveau ser ud til at have været, hvor den store lærer, Jesus, kom fra. Dette ville også forklare historien i Bibelen om hans fristelse af djævelen. Dette var hans kamp med sin egen indre selv.

D: *Der må være noget ved Jorden, der gør dette ved folk.*
S: På Jorden er det, som du kalder det onde, den mørkere side af tingene, mere aktiv end det er her. Og trækkræfterne er større, ja.
D: *Det gør det meget svært at modstå det.*
S: Men igen, ved at modstå det, gør det dig stærkere, når du gør. Her, hvor eksistensen er meget nem, og du ikke behøver at modstå, vokser du måske ikke så hurtigt.
D: *Så det ser ud til, at du går ind i et liv med alle de bedste planer og intentioner, men du kan ikke altid holde fast i dem, gætter jeg.*
S: "De bedst lagte planer for mus og mennesker går ofte skævt." [Robert Burns] Du ved aldrig, hvad der vil ske, indtil du kommer derhen. Det er nogle gange nyttigt at rejse baglæns for at hjælpe dem nedenunder. Ofte vender dem i de højere dimensioner tilbage til den fysiske verden for at hæve folks bevidsthed.

De kaldes bodhisattvaer i buddhismen og beskrives som mennesker, der har opnået oplysning og alligevel vælger at vende

Mellem Død og Liv

tilbage til den fysiske plan af medfølelse for deres medskabninger. I denne form for buddhisme var Jesus en bodhisattva eller en oplyst.

S: Der gives en dispensasjon til dem, der ville gøre dette. Det er tilladt, så at sige, og det gøres.

D: *Vil en sjæl til sidst gå til alle disse forskellige dimensioner eller planer?*

S: Det er det, vi alle arbejder for. Det er det ultimative mål. Den ultimative plan er enheden, en genforening med Gud.

Andre har givet de samme beskrivelser i forskellige ord. Jeg mener, jeg ikke tror, de er modstridende. Alt, hvad de fortæller mig, afhænger af den ånds vækst, der rapporterer, og nøjagtigheden af deres opfattelser og deres evne til at rapportere, hvad de opfatter, givet vores sprogs begrænsninger. Hver enkelt enhed har sagt, at vores sprog er totalt utilstrækkeligt til at beskrive, hvad de ser. Ofte forsøger de at kompensere ved at bruge analogier, men selv disse er dybt utilstrækkelige til at skildre det samlede billede. Hvad der ligger bag sløret er så overvældende, at det er svært at kommunikere informationen tilbage til vores dødelige sanser. Vi kan kun forsøge vores bedste for at forstå disse enheder inden for vores menneskelige begrænsninger. Det er enten det, eller ikke søge viden overhovedet.

DETTE ER RAPPORTEN FRA en anden enhed om de forskellige eksistensplaner.

S: De forskellige planer optager det samme rum. For eksempel eksisterer du lige nu på den fysiske plan, men dine åndelige aspekter af dig selv har refleksioner på de åndelige planer. Dette er fordi de åndelige planer også er her, men de vibrationer, der er involveret, har en anden frekvens. Med de åndelige øjne kan det mange gange fremstå som næsten et fysisk sted. Det er her på den samme placering på Jorden; det er blot en anden frekvens. Det er ligesom dit radio. Det er den samme radio, og de vibrationer, der kommer igennem, optager det samme rum på samme tid, men de er på forskellige frekvenser. Og du justerer frekvensmodtageren for at modtage et bestemt sæt vibrationer på et givet tidspunkt. Sådan er det med disse forskellige planer. De eksisterer samtidig, men de er på forskellige frekvenser, så de ikke kolliderer, så at sige. Jeg er ikke sikker på, at jeg har gjort mig selv klar.

D: *Jeg tror, jeg forstår. Det er det, jeg har hørt, at du kan være på ét niveau og ikke være opmærksom på de andre planer.*

S: Ja. Eller hvis du bliver bevidst, som gennem meditation eller hvad som helst på denne plan, er du kun svagt opmærksom, fordi du er af en anden frekvens. Du er i stand til at ændre din frekvens nok til at interagere med en anden frekvens for at vide, at den eksisterer. Men der vil være en barriere der. Derfor beskrives det som at se gennem et glas dunkelt, eller et slør. Der er forskellige planer, men der er også intermediære planer, hvor du kan interagere med andre fra andre planer, hvis det er nødvendigt. For eksempel kan nogle af dem, som du har interageret med på den fysiske plan i denne proces med at arbejde på dit karma, være på en anden plan. De har måske ikke været født endnu på den fysiske plan, og du skal muligvis konsultere dem for at se, hvad de besluttede for deres næste inkarnation. Du skal muligvis diskutere, hvordan det ville fungere bedst for begge dine karmas, hvad angår hvor og hvornår man skal inkarnere. Det er et af formålene bag karma og reinkarnation. Du kan gå til disse intermediære planer til disse formål, mens du er i en søvntilstand. Når du er mellem inkarnationer, kan du også have adgang til højere planer.

D: *Kan du gå til disse andre planer, selvom du ikke er så avanceret? Eller er der noget som barrierer, der kun ville lade dig gå til visse niveauer?*

S: Du går så langt, som din forståelse og opfattelse tillader. Dit sind er den eneste barriere. Det afhænger af, hvor langt du har været i stand til at åbne dit sind og forstå. Og der er altid mennesker til at hjælpe dig, hvis du ønsker eller har brug for det til at åbne dit sind yderligere.

D: *Jeg har forsøgt at forstå disse niveauer. Jeg forsøger hele tiden at forestille mig, at de har klare fysiske grænser, hvilket jeg begynder at indse sandsynligvis er umuligt.*

S: Det er ikke som klare fysiske grænser. For at bruge en analogi, ville det at stå på jorden på din plan svare til at være på ét niveau. Når du går lige op fra overfladen af din planet, passerer du gennem atmosfæren, som videnskabsfolk har opdelt i forskellige lag,

Mellem Død og Liv

stratosfæren eller hvad som helst, afhængig af hvor tynd luften er. Men dette sker ikke på forskellige niveauer. Det er blot gradvise overgange fra ét niveau til et andet. Når du går lige op fra jorden, ser du ikke de forskellige lag i atmosfæren. Du bemærker blot, at tingene gradvist ændrer sig og bliver anderledes, efterhånden som du bevæger dig længere op. De åndelige planer er således.

D: Ved du, hvor mange planer der er?

S: Nej. Jeg tror, der er utallige planer. Nogle planer er for særlige formål, mens andre planer blot er generelle.

D: Hvad er det højeste niveau, som nogen kan nå, hvis de som sagt udvikler sig højere og højere?

S: Nå, jeg ved virkelig ikke, om jeg kan fortælle dig noget om det, fordi jeg ikke er sikker på, at der er en grænse for, hvor højt du kan udvikle dig. Jeg er ikke klar over nogen grænser, og min opfattelse strækker sig kun opad til et vist punkt. Men de, der er mere avancerede end jeg, kan opfatte længere, fordi de er mere avancerede. På mit nuværende niveau ved jeg alt, hvad jeg ved, at man kan fortsætte med at udvikle sig. Og jo mere man udvikler sig, jo mere positiv bliver ens karma.

D: Du ønsker ikke at forblive på det samme niveau og blive ved med at køre rundt i en rille, gætter jeg. Når du forlader inkarnationsniveauet, går du så tilbage til det samme åndelige niveau, du forlod?

S: Nej. Mange gange afhænger det af de ting, der er sket med dig, mens du er inkarnert, og hvordan du har håndteret dem. For eksempel, hvis du, når du er inkarnert, begynder at gøre meditation til en regelmæssig praksis og sådan noget, vil det hjælpe dig med at udvikle dig, selv mens du er på den fysiske plan. Så når du vender tilbage, kan du gå tilbage til et højere niveau. Hvis en person midlertidigt bliver "fastlåst", så at sige, på et bestemt niveau, skyldes det normalt, at der er noget, de skal lære, men de har svært ved at absorbere.

Jeg prøvede at få mere information fra denne enhed om de niveauer på Jorden, der var under den fysiske (menneskelige). Jeg sagde, jeg havde hørt, at det laveste niveau var energierne fra ting som sten og planter og træer.

Mellem Død og Liv

S: Jeg tror, du henviser til elementaler. Hele universet - inklusive alle planerne i dette univers og nogle af de andre universer, for den sags skyld, men jeg taler kun om dette univers lige nu - alt sammen er energi af forskellig intensitet og forskellige niveauer. Du opfatter den fysiske plan som solid og fysisk, simpelthen fordi energien i din krop er kompatibel med den på den måde. Men det er også al sammen energi, som dine atomforskere er klar over. Energierne, der er indlejret i de forskellige niveauer af skabelsen, såsom sten, træer osv., er ikke nødvendigvis lavere eller højere energiniveauer eller nødvendigvis lavere eller højere planer. De er blot forskellige vibrationer af energi eller ånder, hvis du vil kalde dem det. De er levende kræfter med magt og liv bag sig. De opererer bare i henhold til forskellige regler. Jeg nævnte for dig, hvordan energireglerne gælder anderledes på den plan, jeg er på lige nu, og hvordan de fungerer anderledes. Det er sådan, det også er med disse andre energiniveauer. Det er derfor, ting, der sker, som virker uforklarlige på din Jord, sker, fordi de ofte bliver påvirket eller forårsaget af enheder på disse andre energiniveauer. De kan interagere med dit energiniveau. Forstår du?

D: *Jeg forsøger at tænke over, hvordan de kunne påvirke os eller forårsage ting, der er uforklarlige.*

S: Nå, du har folkesagn om de små mennesker og sådan noget for at forsøge at hjælpe dig med at forstå disse forskellige energiniveauer. Konceptet om de små mennesker eksisterer virkelig. Det er et sæt enheder på et andet energiniveau. Det er en anden type inkarnation, som man kan gå ind i. For eksempel, en måde disse andre energiniveauer kan påvirke dig på, er ved at interagere med de psykiske evner, du måtte have. En anden måde er ved at hjælpe dig med at være følsom over for ændringer i vejret eller hvad som helst, eller forskellige ting som det. Eller måske, hvis en underlig række af det, der kunne kaldes "tilfældigheder" er sket, ville det være på grund af indflydelser fra disse andre energiniveauer. Dette vil blive forvirrende, frygter jeg - ikke for mig, men for dig. For eksempel, hvis man ønsker noget meget stærkt, vil styrken af det ønske og tankerne om det udsende en bestemt form for energi. Enhederne på disse andre energiniveauer vil være opmærksomme på dette. Og de kan påvirke ting på en subtil måde for at hjælpe dette med at komme til at ske.

Mellem Død og Liv

D: Påvirker disse andre enheder nogensinde noget negativt? Eller ville de være tilladt at gøre det?
S: Ja, der er nogle, der gør. Det er ligesom Yin og Yang, der holder tingene i balance. Normalt er de, der påvirker ting på en såkaldt "negativ" måde, enten bare drillede, eller den person, der udsendte energien omkring forskellige ønsker, ikke var klar over, hvad de ønskede. Så de opfatter, hvad der sker, som negativt.
D: Jeg gætter jeg tænkte på vores idé om onde ånder eller dæmoner.
S: Nej, disse er ikke ligesom det.

Denne linje af spørgsmål vil blive fulgt op i Kapitel 10, der omhandler Satan, besiddelse og dæmoner.

D: Hvad med det område, som den katolske kirke refererer til som skærsilden? Er der nogen sådan sted i niveauerne?
S: Nej. Det nærmeste, jeg kan se, der muligvis svarer til skærsilden, ville være hvilepladsen for de beskadigede sjæle. Men det er ikke et sted for straf, ikke som katolikkerne antyder med deres begreb om skærsilden. Der er virkelig ikke noget specifikt sted som skærsilden eller Helvede. Enhver oplevelse som det er skabt af dit eget sind som følge af de ting, der er sket i tidligere inkarnationer.
D: Jeg ville spørge om Helvede. Nogle mennesker har beskrevet steder, der så "dårlige" ud for dem, når de har haft nær-døden oplevelser. Ved du noget om det?
S: De forventede dette. Det er resultatet af nogen, der tror, de har levet et liv tilstrækkeligt til at gøre dem "gå til Helvede." På grund af den type liv, de har levet, har de tiltrukket negative energier og indflydelser til sig selv. Når de krydser over til den åndelige side af tingene, er de negative indflydelser stadig klumpet omkring dem. Men nu er de bevidste om disse indflydelser, og de kan opfatte dem, fordi de er på den åndelige plan selv. Disse ting omgiver dem helt, og det påvirker deres sind og gør, at de tror, at de er et sted, der er meget ubehageligt, når det i virkeligheden er en sindstilstand på grund af de negative energier, der har været tiltrukket af dem i deres tidligere inkarnationer.
D: Men det er ikke et sted, hvor de skal forblive!
S: Nej. Tilstanden af Helvede er helt afhængig af, hvilken tilstand dit sind er i i overgangen. Ideen om Himmel og Helvede er blevet en

smule fabel eller legende fra dit perspektiv. De, der vælger at tro dette, skaber deres egen virkelighed i så høj grad, at når de passerer over, finder de den elementære virkelighed, som de selv har hjulpet med at skabe, og derfor er den faktisk virkelig. Beskrivelserne af Himmel og Helvede i dine hellige skrifter er et resultat af mennesker, der har haft nær-døden oplevelser. De kommer tilbage og beskriver, hvad de så. Og hvad de så var, hvordan de opfattede de åndelige energier omkring dem i overgangen. Men de krydsede ikke langt nok over til at kunne indse, hvad der faktisk foregik. Hvis de rapporterede noget, der var godt og meget behageligt, blev det rapporteret som Himmel. Dem, der rapporterede noget, der var meget skræmmende og forfærdeligt, blev rapporteret som Helvede.

D: *De taler altid om ild og ting som det.*

S: De negative energier kan torturere sindet på en måde, der får dig til at føle, at du brænder. Dette er ikke en fysisk forbrænding, fordi den dødelige krop er blevet efterladt.

D: *Så hvordan kan jeg hjælpe folk med at forstå disse ting, når jeg skriver om dette? De har været lært i så lang tid af kirken, at det er sådan, det er.*

S: Det er et godt spørgsmål. Skriv de ting, du finder ud af fra denne enhed og andre og korreler informationen. Opmuntr folk til at læse bøger om nær-døden oplevelser, så de kan overvinde denne mentale indstilling, de har, om at døden er noget, der skal frygtes. Døden er ikke mere at frygte end at trække vejret.

D: *Jeg har hørt, at hvis nogle mennesker dør, og de er bange for, at de vil gå til Helvede, så er det det, de vil se. De mener, de har levet et dårligt liv, og dette er det eneste, de kan forvente, så dette sætter dem op til en dårlig oplevelse.*

S: Ja, det gør det, fordi det er en af de indstillinger, der hjælper med at tiltrække negative energier. Hvis de forventer en behagelig oplevelse, så vil det være det, de vil have, og det vil gøre overgangen lettere. De vil være mindre tilbøjelige til at skulle gå til hvilepladsen for at arbejde på deres indstillinger og sådanne ting for at dissiperer negative energier. Hvis de kan udvikle positive indstillinger i livet, vil dette i sig selv hjælpe med at dissiperer de negative energier. Folk, der krydser over i denne negative tilstand, sendes ofte til hvilepladsen, fordi de har brug for at arbejde gennem disse problemer. Og for at arbejde på deres indstilling eller hvad som helst i deres specifikke tilfælde, der tiltrak disse negative vibrationer. De har brug for at finde ud af, hvad de gjorde for at tiltrække disse, og hvad de kan gøre for at hjælpe sig selv med at vokse og forbedre, så disse negative indflydelser ikke længere tiltrækkes. Når de arbejder på de forskellige aspekter af sig selv, og når de retter eller helbreder en bestemt indstilling eller hvad som helst, forsvinder tiltrækningsenergien ikke længere. De negative indflydelser dissiperer eller falder væk, da der ikke længere er den energi der for at holde dem. Det er som en kombination af magnetisme, elektricitet og tyngdekraft eller noget i den retning.

D: Hvad ville der ske, hvis nogen reinkarnerede, før disse indflydelser var blevet arbejdet væk?

S: Normalt forsøger de at give dem tid i hvilepladsen for at begynde at gøre positive fremskridt mod at få disse negative indflydelser dissiperet. Hvis nogen skulle reinkarnere, før de er arbejdet væk... Jeg er ikke sikker på, hvad der sker. Jeg tror bare, det tilføjes til deres karma. Jeg kunne tage fejl. Jeg tror, når du bliver født, når du er ung og uskyldig, er du beskyttet mod disse i en periode - indtil du når det, der kaldes ansvarsbevidsthed, når du begynder at indse rigtigt og forkert. På det tidspunkt, når sindet når en tilstrækkelig modenhed til at kende rigtigt fra forkert, vil den tilstand, der allerede var der, normalt vælge den tilstand, der holder disse kræfter tiltrukket af dem. Og normalt vil de ende med at tiltrække flere kræfter eller negative energier. Det handler bare om at gå til hvilepladsen, når de dør, og arbejde på disse indstillinger, så de kan dissiperes.

D: Jeg spekulerer på, om de kom tilbage med disse kræfter stadig med dem, om det ville betyde, at de startede fra det forkerte ben, så at sige.

S: De får en nådeperiode, så at sige, når de stadig er uskyldige. Men når de når ansvarsbevidsthedens alder, når de begynder at træffe beslutninger om, hvorvidt de vil gøre noget, uanset om det var rigtigt eller forkert, eller uanset om de ønskede at gøre det, uanset om det var rigtigt eller forkert. På det tidspunkt vil disse indstillinger afsløre sig selv igen, og energierne vil vende tilbage.

D: Hvornår begynder alderen for ansvarlighed?

Mellem Død og Liv

S: Det er forskelligt for hver person, alt efter hvordan de har udviklet sig. For nogle kan det være så tidligt som femårsalderen. For andre kan det være omkring tolv år eller deromkring. Det afhænger af individet.

D: *Afhænger det af deres opfattelse af rigtigt og forkert?*

S: Ja. Nogle individer mister aldrig deres uskyld. De, der er mentalt handicappede eller hvad som helst, bevarer deres uskyld hele deres liv. Når de dør, er det heldigt på en måde, fordi de ikke skal forsøge at dissiperer de negative energier, fordi de ikke havde opfattelsen til at have disse indstillinger til at tiltrække disse energier. Plus, vanskeligheden ved at leve den type liv vil hjælpe dem med at arbejde meget karma af, også. Det ville ændre meget dårlig karma til god karma.

D: *Jeg spekulerer på, hvorfor nogen ville vælge at komme ind i et liv med handicap eller alvorlig handikap.*

S: Det er en måde ikke at skulle gå igennem cyklussen med hvilepladsen kontinuerligt. Nogle mennesker er i stand til at gå videre og arbejde deres problemer ud i hvilepladsen, før de reinkarneres. Men andre er ikke altid så succesrige.

D: *Det synes, at jo mere viden folk har om, hvad der faktisk sker, desto bedre vil det være for alle, selvom kirken ikke vil være enig med mig i mine idéer om, hvad der er bedre for folk. (Ler)*

S: Nej, men det har den aldrig været. Det handler om magt for dem. Religion blev korrumperet til et politisk eller magtspil, således at det, der var åndeligt, blev et redskab til massernes undertrykkelse for at kontrollere deres adfærd. Der er i deres udsmykninger nogle aspekter, som måske ville være sande i en meget elementær forstand. Men det overordnede billede er meget misforstået på nuværende tidspunkt af de fleste på den fysiske plan.

D: *Hvornår starter ansvarsbevidsthedens alder. Kirken gør folk bange for, at hvis de ikke gør, hvad de siger, så går de til Helvede. Jeg mener, det sætter en hel indstilling af frygt op. Hvis folk kan få en grov idé om, hvordan det er, vil de være bedre forberedt.*

S: Det er svært at projicere præcist, hvordan det er på grund af de begrænsninger, der er i det talte sprog. Men måske vil dette give dem et indblik i, hvordan de faktiske koncepter er.

Kapitel 7
Såkaldte "Dårlige" Liv

S: Den ene absolutte, sande og kærlige Gud, som er mesteren over alle universer, er ikke en hævngerrig og hadsk Gud. Der findes ikke en sådan Gud i noget univers. Han har ingen brug for gengældelse. Der er ikke behov for straf i Hans livsplan. Der er allerede tilstrækkelig straf på din Jord i øjeblikket uden at tilføje mere. Vi vil sige, at konceptet karma er en effekt; det er ikke en årsag. Konceptet er givet gennem omhyggelig overvejelse som en forklaring på, hvorfor ting sker.

D: For os er det svært at forstå, hvorfor nogle mennesker synes at være mere fordærvede end andre. Et nemt svar er blot at acceptere det som karma fra et andet liv. Har du en forklaring på, hvorfor nogle menneskers liv ser ud til at forløbe ret glat hele deres liv, mens andre har så meget uro og konflikt?

S: Måske er det, fordi du ser på ét liv ad gangen. Hvis du skulle se på den sjæls progression med et udvidet syn; det vil sige, måske 100 liv i stedet for kun ét, ville du måske se, at ikke alle liv er lette for alle, og ikke alle liv er svære for alle. Der gives i hver progression de erfaringer, der er passende for det særlige liv, uanset om de er nemme eller svære. Erfaringen, som er livet, er ikke sandheden om erfaringen. Det er lektien, der læres fra det liv. Og deri ligger sandheden. Lektien er frugten af livet, og ikke hvor let eller hvor svært det er. Igen, hvis du kunne se et udvidet syn over mange liv, ville du se, at der i alle tilfælde er dem, der er lettere, og dem, der er sværere. At sige, at man er i et meget svært liv i denne periode, ville kun betyde, at deres lektier kræver et liv, som er relativt mere svært end andres.

D: Hvad er så formålet med reinkarnation? At rette op på, hvad du gjorde i fortiden?

S: Formålet er at lære mere. At lære mere. For du kan aldrig lære alt, hvad der er at vide i ét enkelt liv. Formålet med at leve igen er ikke at rette op, men at tilføje. Din viden kan ikke være fuldstændig med ét enkelt liv. Mange liv skal leves for at give dig

Mellem Død og Liv

mulighed for helt at forstå de lektier, som du selv har tildelt dig selv. Der er ingen hård opdrager med pisk og skovl i hånden klar til at begrave din krop og straffe dig på den anden side og derefter returnere dig til dette ubehagelige land. Livets og genfødelsens erfaringer skal betragtes med et mere positivt syn. Det vil sige, en af læring og kærlighed og ikke af straf og sorg. Det hele handler om holdning. For det, du skaber, lever du, og det, du lever, skaber du.

D: Er der kun gode ånder, hvor du er nu?

S: Udviklende ånder. Der er ikke godt eller dårligt.

D: Men folk har dårlige liv. Hvordan ser du på det?

S: Folk har dårlige liv, fordi de ikke håndterer de problemer, der presses på dem, problemer som de selv har hjulpet med at vælge. De mener, at fordi de ikke har kontrol over, hvad der sker med dem, hvorfor skulle de så arbejde på det? Livet skal arbejdes på; det kan ikke bare glide igennem fra dag til dag.

D: Der er mennesker, der gør meget dårlige ting i løbet af deres liv. Hvilket formål ville det tjene?

S: Nogle gange er det ikke kun personen, der gør det. Nogle gange er det andre kræfter, der blander sig. Og det tjener ikke noget formål, undtagen at vise andre, hvordan en person kan falde så lavt. På den måde tjener det sit formål. Men uanset hvor langt den person eller sjæl falder, er der altid plads til at trække sig ud af det - gennem arbejde og forberedelse og ved at møde de problemer, de vil have. Det er det, der skal arbejdes på.

D: Det står i Bibelen, at vi skal lære at være perfekte.

S: Det forventes ikke af mennesker at blive perfekte, selvom nogle har. Dette er naturligvis undtagelsen snarere end reglen. At stræbe efter at være perfekt er lektien.

D: Jeg tænkte, at den eneste måde at blive perfekt på er at lære alle disse lektier, hvilket er meget svært på Jordens plan.

S: Man lærer, hvad der er perfekt, ved at opleve det, der ikke er. Så det er lige så vigtigt at lære, hvad der ikke er perfekt, som det er at lære, hvad der er. Der kan ikke være en forståelse af det, der gives, før man har oplevet det, der tages.

D: Betyder det, at alle skal opleve såkaldte "dårlige" liv i deres progression, så de kan forstå disse ting?

Mellem Død og Liv

S: Vi ville ikke sige, at man skal. Mange vælger imidlertid dette som en metode til at accelerere deres læringsproces. Ingen ønsker at forblive længere end nødvendigt i fysisk form, for det er ikke en sand tilstand af væren. Så de lektier, der mest hurtigt accelererer ens læring til det punkt, hvor man ikke behøver at reinkarnere yderligere, er de lektier, der er mest værdsatte eller søgte.

D: Jeg troede, jeg forstod dig til at sige, at vi måtte have det dårlige for at forstå det gode.

S: Der er ikke nogen regel, der siger, at det dårlige skal opleves. Der er dog virkeligheden af den indsigt, der kommer fra at opleve den ene for at fuldt ud forstå den anden. Dette er ikke en regel; dette er en kendsgerning.

D: Ja, jeg har hørt det sagt, at du ikke kan værdsætte lykke, medmindre du har kendt sorg. Du ved, modpolerne til alt.

S: Det er korrekt. Og så ville det være passende at se med medfølelse på dem, der synes at være i deres mest negative tilstand, da de lærer de lektier, som vil tillade dem at blive mest positive.

D: Tror du, de valgte disse negative oplevelser for deres vækst?

S: Mange gør. Mange finder sig selv i disse situationer, og så kunne man sige, at de får en gave for at opleve disse lektier mere fuldt ud.

D: Det ville synes, at ingen ville ønske at have negative oplevelser, hvis de havde et valg.

S: Det er korrekt. Man bør se ud over selve oplevelsen til de lektier, der er opnået, for at forstå, hvorfor man ville vælge en sådan oplevelse. Der ville ikke være en sund personlighed involveret, hvis man kunne få glæde af denne eller hin "dårlige" oplevelse. Disharmoni er en lektie i sig selv for bedre at kunne værdsætte og forstå det, der har harmonisk natur. Lektierne læres imidlertid på denne måde.

D: Jeg tænkte, at personen, der kommer ind i et liv, måske beslutter at have nogle negative oplevelser for at betale tilbage for noget, han har gjort i fortiden?

S: Vi ville ikke sige "betale tilbage", for det er ikke et præcist koncept i universel lov. Man skal nødvendigvis forstå årsagen til, at en handling blev begået for at oplyse individet, så denne handling ikke skal gentages og hindre deres fremskridt. For at etablere denne bevidsthed ville det være nødvendigt for den enhed at

110

opleve den komplementære virkelighed eller at være på den anden ende af stokken, for at sige det sådan.

D: *Det var det, jeg mente; de ville vælge disse oplevelser med vilje. Men advarslen ville blive givet, at de måske overdriver det, når de kommer ind i det fysiske.*

S: Disse advarsler ville være mere passende givet i forhold til andre fysiske energier, ikke nødvendigvis om nogen bestemt lektie involveret. Mange energier af fysisk art er behagelige, men skadelige, når de overinduldgeres. Og man kunne derefter muligvis miste synet af sin sti på grund af en overindulgence i enhver bestemt energi.

D: *Det er rigtigt, du kan overdrive de gode ting også. Jeg formoder, det ville være meget kedeligt, hvis du bare havde et godt liv uden, at der skete noget, og ingen problemer skulle løses. Tror du, det vigtigste er, at en person lærer noget af oplevelsen?*

S: Det ville være hele årsagen og retfærdiggørelsen for oplevelsen i begyndelsen.

D: *Men nogle mennesker ser ikke ud til at lære noget. De synes bare at fortsætte med at begå de samme fejl.*

S: Indtil de til sidst lærer. Og så ville det ikke være nødvendigt at gentage disse fejl.

D: *Jeg har fået at vide, at der ikke er nogen straf, uanset hvad de gør.*

S: Der er bestemt straf. Og den værste straf af alle er den straf, som vi pålægger os selv. Vi er vores egne dommere og jurymedlemmer. Vi beslutter, hvad der er passende adfærd, og hvad der ikke er. Og så må vi beslutte vores egen bod, når vi opdager, at vi har overtrådt de love, universelle eller personlige, der dikterer, hvad der er acceptabelt og hvad der ikke er.

D: *Så gør vi det selv. Der er ingen Gud eller højere dommer, der dikterer straffen til os. Er det korrekt?*

S: Det ville være en rimeligt præcis erklæring. Dog er der situationer, hvor en enheds bevidsthed er blevet så tåget af overindulgence, at indsigt er gået tabt, og en bevidsthed om omfanget af problemet ikke kan værdsættes. Så er det nødvendigt for en højere orden at hjælpe individet med at tilegne sig de erfaringer, der er nødvendige for at rydde op i enhedens bevidsthed.

D: *Det giver mere mening. Nogle mennesker siger, at du gør alt selv. Men jeg havde en pige, der havde begået mange fejl i tidligere liv,*

Mellem Død og Liv

og hun havde en guide, der vejledte hende i, hvad hun skulle gøre næste gang. Det virkede som en modsigelse, fordi hun ikke havde noget valg i sagen.

S: Der er altid modsigelser, når man opstiller en absolut lov. For der vil helt sikkert være modsigelse.

D: *En anden sagde, at dette beviste, at hun ikke kunne håndtere sine egne anliggender, for at sige det mildt.*

S: Det ville så være en præcis erklæring.

D: *Tror du, nogle gange bliver personligheden fanget i disse negative oplevelser og situationer og ikke forsøger at ændre sig?*

S: Dette er korrekt. Mange finder, at de har mistet stien til deres tilsigtede mål, og så ser det ud til, at de opretholder disse negative oplevelser. Dette er en reel mulighed, når man reinkarnerer, og det er en af de risici, der er involveret. Denne bevidsthed om muligheden for at miste synet af sin sti ved overindulgence i de fysiske energier forklares forud for hver reinkarnation.

D: *Mestrene tilbyder dem valgmuligheder ved at sige: "Du kan gøre det på denne måde, men du kan blive båret væk."*

S: Dette gives som en advarsel og ikke så meget som et valg. Enheden selv skal vælge sin sti med information givet fra de akashiske optegnelser og universelle sandheder. Med disse oplysninger bestemmer disse enheder derefter, hvad der ville være mest passende for den reinkarnation og omstændighederne for, hvordan man manifesterer den virkelighed.

D: *Hvad med synd! Findes der noget sådant?*

S: Synd er grundlæggende at gøre, hvad du ved er forkert. At gøre det med viden. Du kan ikke synde, hvis du ikke ved, at det er forkert. Du skal have moral for at kunne synde. Dette er, hvor mennesket adskiller sig fra dyret, det faktum, at mennesket har samvittighed. Når han dræber nogen, og han ved, at det er forkert, er det synd. Når et dyr gør det, gør det det uden at vide det; derfor er dyret uden synd. Det gør det hovedsageligt for overlevelse eller for mad - aldrig meningsløst.

D: *Så hvis nogen gør noget uden at ville det, eller hvis de ikke indser, at de gør noget forkert, er det så en synd?*

S: Det er en mindre synd. De har synden af at være uvidende, hvilket er noget, der skal læres. Du skal lære at være opmærksom på dine medmennesker; til det punkt, at du ikke vil skade dem, at deres smerte er din.

D: Jeg har altid undret mig over, om de betragter noget som synd på jeres side.

S: De betragter det som store uretfærdigheder.

D: Nå, på Jorden har vi Bibelen, og den siger, at mange ting er synder.

S: Mange af dem, du har fået at vide, er synder - som du hører om de "Syv Dødelige Synder," som katolikkerne fandt på - var senere tilføjelser, de tilføjede efter eget ønske. Det var en kontrol.

D: Så folk på den anden side betragter ikke disse som dårlige?

S: Nogle af dem gør, men hver person skal arbejde med deres egen. Der er ingen sådan straf som at sige, at denne person skal kastes i ildgruben for evigt. Der findes ikke noget sådant, medmindre den person straffer sig selv på den måde. "De" gør det ikke.

D: Folk siger, at alt er sort og hvidt og følger Bibelen.

S: Men selve Bibelen er blevet ændret gennem århundrederne til hvad de mener er rigtigt, eller hvad de mener sandheden skal være. I århundreder var det den kontrol, de havde over folk, masserne. Ved at sige, hvis du ikke gør, hvad vi siger, vil du brænde i - som de kaldte det - Helvede.

D: Men de siger, det er Guds ord.

S: Det startede sådan. Og i vid udstrækning er det stadig sådan. Men alle kan forvrænge det til sin egen synsvinkel for at sige, hvad de mener, det burde sige. Det er en meget ædel bog. Intentionen var fejlfri, men transskriptionen var lidt fejlbehæftet. Der er unøjagtigheder. Men hensigten er så sand i dag, som den var under Kristi regeringstid.

D: Kom disse unøjagtigheder fra oversættelserne?

S: Ikke så meget med vilje, men simpelthen fejl, som er uundgåelige i en menneskelig bestræbelse. Men der er også andre store bøger, der er skrevet, som er lige så gyldige og også lærer oplysning. Ting som Bhagavad Gita, Koranen, forskellige ting som det.

Senere, da dette emne blev vækket, bad jeg hende om at udtale navnet på bogen, Bhagavad Gita, og hun kunne ikke. Ingen af os havde nogensinde hørt om det. Jeg fandt en definition af Gita i The Dictionary of Mysticism af Frank Gaynor. "Bhagavad Gita: Sanskrit for Sangen fra den Guddommelige. Titlen på et fejret filosofisk episke

Mellem Død og Liv

digt, der er indsat i Mahabharata [hindus hellige skrift], som indeholder en dialog mellem Krishna og Arjuna, der tydeligt angiver forholdet mellem moral og absolutte etiske værdier i den hinduiske filosofi om handling (karma yoga). Det betragtes som et af de mest indflydelsesrige filosofiske digte i sanskritlitteraturen. Den nøjagtige dato for oprindelsen er ukendt." Sanskrit er et af de ældste sprog på vores Jord og betragtes som "modersproget" for de moderne indoeuropæiske sprog. Der er mange oversættelser af Gita tilgængelige på engelsk. Koranen er den hellige bog for muslimerne og betragtes af mange muslimer som for hellig til at oversætte til et hvilket som helst sprog, selvom der er engelske oversættelser tilgængelige.

S: Alle veje fører i én retning. Nogle har nogle flere sidespor undervejs, men alle kan lære af alle disse ting og ville være en mere velafrundet person for at gøre det. Ved at være snæversynet går du glip af meget af livets erfaring. Du bør aldrig stole på én vej som den eneste, den ultimative. For i alle veje ligger sandhed, og i alle veje ligger falskhed. Du skal bruge dit liv på at sile dem for at finde din egen sandhed - for at opdage, hvad du ved er sandhed for dig selv. Det behøver ikke nødvendigvis at være sandhed for andre, og du skal acceptere dette. Det er ikke en nem vej at være anderledes.

D: *Samfundet afviser normalt sådanne ting. Er det klogt at opmuntre folk til at stille spørgsmål?*

S: Ja. For i den spørgsmålstilling vil de finde sandhed, og det vil opretholde dem.

MORDERNE

D: *Hvad sker der, der får en person til at blive en kriminel?*
S: Der er mange grunde til, at dette ville ske. Dette kunne være en indlært funktion. Det vil sige, mange bliver lært gennem forældres forsø. Det vil sige, mange bliver lært gennem forældres forsømmelse eller misbrug til at blive kriminelle. Kriminalitet er en betegnelse, der taler om at overskride sociale grænser; det vil sige at overtræde de grænser, der er socialt acceptable. Selvfølgelig, med varierende sociale skikke kan nogle aktiviteter

på ét tidspunkt, selv i én kultur, ses som kriminelle og alligevel ikke i samme kultur på et andet tidspunkt. Fra et spirituelt synspunkt findes der ikke noget, man ville kalde kriminelt, da dette er et socialt fænomen, der taler om at overskride sociale grænser. Vi ville tilskrive filosofien om at gøre skade ved at bremse ens fremadskridende udvikling. Dog ville der fra et spirituelt synspunkt ikke være, hvad man ville kalde kriminel aktivitet. Dette kunne være en manifestation af en spirituel ubalance. Men det ville ikke være spirituelt kriminelt; det ville være socialt kriminelt. Handlinger, der manifesteres på en fysisk plan, ville overtræde eller overskride de sociale grænser, hvilket så farver eller bestemmer, at aktiviteten er, som du ville kalde det, "kriminel."

D: *Du sagde, at ingen højere guddom straffer dig, at folk gør disse ting mod sig selv. Antag, at nogen har været morder. Hvordan ville de straffe sig selv?*

S: De kan vælge at gå tilbage og for eksempel skulle forlade den eksistens i livet, når de er på deres lykkeligste. På den måde straffer de sig selv, fordi de sætter sig selv i den position, hvor de har taget et liv, på hvilket tidspunkt som helst. De skal vide, hvordan det føles. De skal se det fra den anden side.

Jeg tror, vi alle kender tilfælde som dette. Det er en af de sværeste at forstå. Hvorfor tilsyneladende gode mennesker, der aldrig har skadet nogen, bliver taget ned i livet, og hvorfor andre bliver dræbt lige når de endelig realiserer en livslang drøm. Det har altid virket så uretfærdigt, men tilsyneladende giver det perfekt mening på de altid balancerende karma-vægte.

D: *Så dette er en straf, de har valgt for sig selv?*
S: Det er deres eget valg. Ingen tvinges nogensinde til at gå tilbage i kroppen.
D: *Jeg har altid troet, at en morder ville blive betalt tilbage ved at blive myrdet af en anden. Et sværd for et sværd, for at sige det sådan.*
S: Der er andre alternativer. Fordi hvis det var sandt, at den eneste måde, han kunne arbejde det ud på, var at blive myrdet selv, ville det blot flytte den negative karma til en anden. Dette ville

simpelthen være at flytte byrden rundt i stedet for at arbejde det ud og få menneskeheden generelt videre.

D: *Hvad nu hvis de blev dræbt af deres tidligere offer?*

S: Så ville det tidligere offer have mordet på deres karma. Selvom de blev myrdet i et tidligere liv, involverer arbejdet med den karma ikke at vende sig om og myrde nogen anden. Det er en ret dramatisk måde at arbejde det ud på. Der er andre alternativer, som er den blide måde, som nogle ville kalde det. Og det fungerer bedre i det lange løb, at arbejde det ud på den blide måde.

I mit arbejde med regressioner har jeg haft sager, hvor folk er blevet født ind i en familie med de samme ofre, de havde dræbt i et tidligere liv. I disse tilfælde prøver de at arbejde deres karma ud med hinanden gennem kærlighed. Måske er dette en af de bløde eller milde måder. Det ville synes at være en meget bedre måde end, "Jeg vil dræbe dig, fordi du dræbte mig."

Også, som nævnt i et tidligere kapitel, kan det arbejdes ud ved at skulle vende tilbage og være en tjener eller beskytter for den, de havde dræbt, således at de dedikerer deres liv til den person på den måde.

EN ANDEN VERSION:

S: Noget voldeligt som et mord begået i lidenskab vil tage flere liv til at betale tilbage. Og de måder at betale tilbage på er lige så mange som de gange, det er blevet gjort. Det afhænger af de individuelle karmas for de involverede personer. Generelt hvad der sker, er at i deres fremtidige liv vil de kontinuerligt være involveret i en nær relation af en eller anden art med den person, de dræbte. Og det er normalt, i de første par liv, en antagonisk type relation. Fordi den person, der blev myrdet, finder ud af, at de af en eller anden grund frygter eller hader denne person og ikke forstår hvorfor. Og i mellemtiden føler denne person, morderen, sig tvunget til at kende dem og være omkring dem, fordi han vil kompensere for, hvad han gjorde i det tidligere liv. Det tager flere liv at arbejde det ud. Den, der gør noget så voldsomt som et mord, har næsten uendeligt forlænget den tid, han skal tilbringe i den fysiske del af de karmiske cykler, før han kan gå ind på den åndelige plan og forblive og fortsætte gennem sine karmiske cykler der.

Mellem Død og Liv

D: Så mord er én ting, der ikke kan arbejdes ud så let på det åndelige. Det skal håndteres på det fysiske?

S: Det er bedst at arbejde med ting, der har voldsom karma som det på et fysisk niveau, fordi det fysiske niveau er grundlæggende nok til at håndtere de voldelige vibrationer involveret. At arbejde det ud på det åndelige niveau, er der en risiko for at forstyrre andres karma, fordi det er en skrøbelig balance.

D: Er der ikke altid chancen for, at personen kunne dræbe igen, hvis dette er meget stærkt i deres karma!

S: Dette er formålet med skolerne i mellemlivet. For at hjælpe dem med at arbejde det ud, så de ikke er så tilbøjelige til at dræbe igen i fremtidige liv. Vi prøver at forhindre, at de bliver låst inde i en ond cyklus.

D: Hvis de fortsætter med at gøre disse ting, ville det synes, at de tilsyneladende ikke har været der længe nok til at komme af med disse følelser.

S: De ville gå til hvilepladsen. Hvordan kan jeg forklare dette? Hvis ånden er i hvilepladsen, ikke fordi den er blevet beskadiget, men simpelthen fordi den ikke er avanceret, og hvis de beslutter, at de ønsker at reentrere det fysiske plan, er der egentlig ikke noget, du kan gøre. Du lader dem gå videre og reinkarnere, fordi de er en sund ånd; de er bare ikke avancerede. Men ånden, der er blevet beskadiget af noget, de har gjort i deres tidligere inkarnationer, selvom de måtte ønske at gå ind i det fysiske plan, ville de ikke være i stand til det, fordi de skader, de har lidt, forhindrer dem i at gøre det uden hjælp fra nogen, der er højere oppe. Nogle gange vil den beskadigede ånd få hjælp til at reinkarnere til et bestemt formål for at arbejde på en bestemt del af deres karma. Men til andre tider, selvom en ånd ønsker at gå, og det ikke er tid endnu, så siger de: "Nej, du har noget mere helbredelse at gøre først."

D: Jeg spekulerede på, om der var nogen måde, du kunne stoppe dem, hvis de ønskede at komme tilbage.

S: Hvis de er en sund ånd, nej, de kan gå videre og reinkarnere. Og de kræfter, der styrer universet, holder alt i orden og sikrer, at de ikke forsøger at reinkarnere i en krop, der allerede har en ånd.

D: Jeg støder på tilfælde, hvor nogen dør, og de ønsker at komme tilbage med det samme. De har ikke haft nogen tid derovre overhovedet.

Mellem Død og Liv

S: Ja, det sker ofte, når de er i overgangsperioden. Som jeg nævnte, efter de har afsluttet overgangsperioden, hvis de beslutter at komme tilbage med det samme; hvis de er sunde, er de i stand til at gøre det. De arbejder bare på mere karma. Men de fleste ånder vælger at blive på denne plan i et stykke tid for at lære mere og for at avancere mere. Fordi den læring og forberedelse, du gør her, overføres til dit underbevidste sind og i dine holdninger til den visdom, du er i stand til at opnå. På denne måde er du mere succesfuld i din karma.

D: Så det er ikke rigtig godt for en ånd at vende sig rundt og komme tilbage med det samme!

S: Ikke rigtig. Det kunne være kontraproduktivt. Men nogle ånder er utålmodige.

D: Jeg tror, nogle af dem er så opslugt af det fysiske, at de tror, det er alt, hvad der er. I de tilfælde, hvor de kommer tilbage med det samme, ville de ikke have haft nogen chance for at arbejde på karmiske relationer eller se deres mønstre, ville de?

S: Nej, det er sandt. De er normalt de mennesker, der synes, deres liv er rodet og forvirret og klager over: "Hvorfor går der aldrig noget rigtigt?" Det er fordi de kom tilbage uorganiseret.

D: De havde ikke nogen handlingsplan, så at sige.

S: Rigtigt. Så alt falder fra hinanden, så at sige. De kom tilbage for tidligt og var dårligt forberedte. Hvis de kunne have ventet bare lidt og organiseret sig selv, ville tingene være gået meget bedre. Nogle gange, hvis en ånd bare ikke ser ud til at ville ændre sig, holdes de i et særligt sted mellem livene for at hjælpe dem med at vokse og udvikle sig til den næste inkarnation. Men det holdes på en meget skrøbelig balance, og det gøres meget omhyggeligt.

D: Hvilken slags sted ville det være?

S: Det er svært at beskrive. Der er et andet plan til at arbejde med særlige problemer som det. Det bruges ikke til en langsigtet behandling, som de højere åndelige planer. Det bruges hovedsageligt i mellem livene for at hjælpe nogen med at arbejde på et specifikt problem, så de vil være bedre forberedte til den næste liv og kan gøre fremskridt med deres karma. Hvis dette ikke var tilfældet, ville nogle blive låst inde i en ond cyklus og aldrig kunne udvikle sig, og det er ikke godt. Så de bliver hjulpet med at udvikle sig mellem livene, fordi alt i universet skal fortsætte med at udvikle sig.

D: *Ville dette særlige sted være som en skole? Eller hvad slags atmosfære ville det være?*

S: Det er som et tilflugtssted.

D: *Holder de dem i isolation væk fra de andre?*

S: Nej, det er som at gå til et kloster for at meditere og reflektere. Der mødes de med andre, der har lignende problemer, og med en spirituel vejleder. De skal arbejde på disse problemer og finde ud af, hvorfor de gjorde, hvad de gjorde, og hvor de skal udvikle sig for at overvinde disse ting.

D: *Jeg tænkte på den version, folk har af Helvede. Det ville ikke være sådan?*

S: Nej, det er en forestilling udviklet af kristne. Det gælder virkelig ikke. Det blev hovedsageligt udviklet som et politisk redskab til at hjælpe med at opbygge magten af den ortodokse kirke og til at overvinde indflydelsen fra gnostikerne. Dette er et plan, hvor du går for at lære og reflektere over dine fejl og hvad du har gjort. Der er altid avancerede sjæle, der er der frivilligt for at hjælpe dig med at udvikle dig og for at hjælpe dig med at forberede dig til det næste liv. Fordi det er en vækstproces. Det er som at opdrage et barn. Når et barn gør noget forkert, ville du ikke kaste det ind i ovnen.

Som ville være figurativt svarende til vores tro på Helvede. At kaste synderen i ilden.

S: Du sætter barnet ned og taler med dem om, hvad de gjorde forkert, og hjælper dem med at indse, hvorfor det var forkert, og prøver at finde en bedre handling at bruge i en lignende situation i fremtiden.

D: *Men hvad hvis personen nægter at lytte og ønsker at gå tilbage.*

S: Hvis de ikke er klar til at gå tilbage til det fysiske, kan de ikke, fordi alt skal være perfekt afbalanceret for at de kan gøre det. Hvis de ikke har lært noget fra at se en stor fejl, er tingene ikke i balance endnu, og de får lidt mere tid. Nogle gange, hvis nogen stadig ikke har lært noget fra en bestemt fejl og nægter at lytte, sendes de tilbage i en lignende situation, og de får endnu en chance for at

Mellem Død og Liv

indse alternative handlinger. Mestrene prøver at gøre dette på en måde, der ikke vil have en alvorlig konsekvens for åndens karma, så det ikke bliver så svært for dem at udvikle sig.

D: *Men du hører om mennesker, der ikke ser ud til at have nogen moral overhovedet.*

S: Det er sandt. Det fungerer ikke altid. Der er nogle få, der er indiskutable. Men de fleste sjæle ønsker at vokse og ønsker at blive bedre og mere avancerede. Det handler bare om at fortælle dem og få dem til at åbne op for den viden, der er der for dem.

D: *Hvad sker der med nogen, der tilsyneladende virker dyreagtige? De ser ud til at have ingen moral eller samvittighed og fortsætter med at gentage de samme fejl?*

S: Nogle gange er disse sjæle ikke meget højt udviklede. De har meget karma, men de bryder sig virkelig ikke. De vil bare nyde de fysiske fornemmelser ved at være på den fysiske plan. De bryder sig ikke om den karma, de opbygger, så at sige. Der er et andet særligt sted på planerne. Dit fysiske ækvivalent ville være som et hospital. Det er for disse sjæle, der er meget beskadigede, og vi prøver at hjælpe dem med at blive bedre. Det er meget som psykoterapi, og nogle gange tager det lang tid. Hvad du opnår, er så minimalt, at det er svært at holde styr på dem, og det er en meget langsom proces. For det meste arbejder avancerede ånder med disse, fordi det kræver en usædvanlig mængde tålmodighed og viden.

D: *For mig synes det at være den humane måde at gøre det på. Men jeg bliver ved med at tænke på vores koncept om steder som Helvede. Der er aldrig et tidspunkt, hvor en sjæl er så beskadiget, som du sagde, at de ville vaske hænderne af dem og kaste dem ud?*

S: Nej. Der er ikke noget sted at kaste dem ud til. Vi er alle her. Vi interagerer alle med hinanden, og vi må arbejde med hinanden. Og dem, der er særligt vanskelige at arbejde med, får hjælp af de ånder, der har den største mængde tålmodighed og viden.

D: *Selvfølgelig gavner dette altid den pågældende persons karma også; at kunne arbejde med nogen som det.*

S: Åh, ja, disse er normalt ånder, der er tæt på eller har nået deres ultimative.

D: *De ville have uendelig tålmodighed. Så der er ingen måde, de ville sige: "Åh, glem det. Der er ingen håb for ham."*

120

Mellem Død og Liv

S: Nej. De fortsætter med at arbejde med dem. Nogle gange, efter et par inkarnationer, begynder nogle såkaldte "menneskelige" følelser at arbejde sig ind i deres hjerter, på trods af sig selv. Og de begynder at indse, at der er højere planer af liv og eksistens. Det er der, de endelig begynder at arbejde aktivt på at gøre noget ved at ændre deres karma. For at give et eksempel på, hvor beskadigede disse sjæle er, der kommer til "hospitalet," var der en kaldet Adolph Hitler. Han blev ikke sendt til hospitalet, fordi hans sjæl ikke var så beskadiget. Han blev sendt til læringsdelen af planen, til tilflugtsstedet. Han havde brug for en stille tid til refleksion, fordi han var blevet - godt, en anden metafor - hans nerver var blevet forstyrrede. Problemet i det liv var, at han var en ekstremt kreativ person. Han ville have været en kreativ genius, men han havde ingen udløb for det, fordi den depressionskultur, han blev opdraget i, ikke tillod kreative udløb. Der var en usædvanlig mængde energi bag denne kreativitet, som der altid er i disse genier. Det måtte have et andet udløb et eller andet sted, og det forvrængede hans syn på livet og dermed hans tanker, og det udviklede sig til det endelige resultat. Det, der skete, afspejlede hovedsageligt hans fars karma snarere end hans.

D: *(Dette var en overraskelse.) Jeg ville ikke tænke på det på den måde.*

S: Fordi roden til problemet startede, da hans far nægtede at lade ham studere kreative ting.

D: *Men stadig, Hitler var den, der gjorde disse forfærdelige ting.*

S: Det er svært at forklare. (Hun pause, og prøver at finde ud af, hvordan hun skulle formulere det.) Han startede med gode intentioner. Han startede med gode intentioner, ønskende at være kunstner eller arkitekt eller hvad som helst. Men han fik ikke lov til at udvikle sig i den retning, og energien der blev forvrænget. Hans hovedfejl var ikke at kunne håndtere den energi i en konstruktiv form, i en anden form end kreativitet. Så han vendte det mod destruktivitet. Det er den vigtigste del, han har skullet arbejde med.

D: *Det virker som om, han kunne have fundet en udløb for det i en mere kreativ form, selvom hans far ikke ville lade ham gøre det.*

S: Ja, han kunne for eksempel være blevet ingeniør.

Mellem Død og Liv

D: *Er det ikke en form for at give afkald på ansvaret at skyde skylden på sin far?*

S: Nej. Hitler skal også dele sin del af skylden. Men det kan ikke kun lægges på ham, fordi problemet startede med de snævre holdninger, hans far havde udviklet. Hans far kunne have udviklet bredere holdninger.

D: *Men stadig virker det som om, han ikke behøvede at blive så fanatisk i sine handlinger. Du ved, hvad der skete der.*

S: Det blev forårsaget af intensiteten af de kreative energier. Havde han været i stand til at udvikle sig til en kunstner i stedet, ville han have været en skør kunstner og fanatisk omkring det. Men det ville være blevet accepteret som værende bohemsk.

D: *I det mindste ville han ikke have skadet nogen.*

S: Sandt, undtagen måske sig selv.

D: *Men som det var, sneboldede det, så han påvirkede millioner og millioner af mennesker. Jeg ville have troet, han ville være endt i "hospitalet."*

S: Han var ikke så beskadiget. Forvrænget, ja; beskadiget, nej. Hovedsageligt havde han brug for stilhed og tid til at få tingene på plads. De sjæle, der er i hospitalet, er blevet så beskadigede ved at have gennemgået den samme portion karma igen og igen, at de føler, de sidder fast i den karma. Hvorimod, i Adolph Hitlers tilfælde, var dette første gang, det var sket for ham. I hans tidligere liv havde han også en stærk kreativ impuls, og han var i situationer, hvor han kunne lade det udvikle sig. Men i dette liv blev det blokeret. Den lektie, han skulle lære, var, hvordan man håndterer den energi, når han ikke kunne have tingene, som han ønskede det - at håndtere det på en måde, der ville passe ind i det mønster, han var nødt til at leve i. Og han håndterede ikke den del godt. Det var den hoveddel af hans karma, som han skal revidere i et fremtidigt liv - at kunne håndtere uønskede situationer.

D: *Nå, skabte han ikke mere karma for sig selv ved det, han gjorde, og alle de menneskers liv, han påvirkede?*

S: Han skabte mere karma for sig selv, det er sandt. På dette tidspunkt er det svært at sige, hvor meget, da dette skete så for nylig.

D: *Mener du, at det ikke er alt analyseret endnu?*

Mellem Død og Liv

S: Ja. Det vil tage flere liv, flere inkarnationer at kunne se, hvordan det har påvirket balancen af tingene, og hvor meget mere han skal arbejde med.

D: *Jeg tænkte på alle de millioner af mennesker, der blev dræbt som en direkte følge af hans liv.*

S: Det er sandt, han gav ordrer til at få dem dræbt, men han blev delvist påvirket af folk omkring sig. Og han fik ikke den samme mængde direkte fysisk glæde af det, som de faktiske henrettere gjorde. Hvad jeg siger er, at han gav ordrer til at få disse mennesker dræbt, og det afspejler sig på hans karma, men de mænd, der modtog disse ordrer om at bygge gaskamre og bruge dem, vagterne og andre, tog direkte fysisk glæde i at se disse mennesker dø.

D: *Ja, han gjorde ikke selv de faktiske drab, men han gjorde intet for at stoppe det.*

S: Han gjorde det kun muligt for disse mennesker at blive dræbt. Det er derfor, det afspejler sig negativt på hans karma, at han tillod det at ske. Han opmuntrede dem til at gøre det, men han holdt sine egne hænder rene, så at sige, ved ikke at gøre det direkte selv. Det afspejler sig negativt på hans karma, at han skabte et politisk system, der ville tillade dette. Mange af mændene i systemet gjorde dette, fordi de ønskede det. De var misfits i normale samfund, og de tog direkte fysisk glæde i at begå disse grusomheder.

D: *Men han havde også den fanatiske besættelse med at udslette en race. Han indledte udslettelsen af jøderne, en hel race af mennesker med sin fanatisme og forfølgelse.*

S: Ja. Han var imod enhver race, der ikke var ren tysk; "ariske" som han kaldte det. Han ønskede, at hans elskede Deutschland skulle være i samme situation, som USA havde været for 100 eller 150 år siden, med plads til at vokse og blive en stor magt og have plads til, at folk kunne formere sig. Han ønskede at have en kæmpe nation med mange tyskere og kunne bruge deres kultur til at påvirke hele verden, som amerikanerne havde. Og han ønskede at udslette enhver race, der stod i vejen for dette mål. Dette var en del af forvrængningsprocessen af den kreative impuls, fordi det var klart, at det var umuligt at gøre dette uden at skade mange mennesker. Havde han været i stand til at blive en kreativ genius,

Mellem Død og Liv

kunne han have bidraget til den mægtige kultur i Deutschland, som han elskede så højt.

D: *Jeg tænkte, at han havde en sådan fordom, at det ville have en karmisk reaktion også.*

S: Det var bare en del af hans sjæls forvrængning. Han var i stand til at arbejde på den fordom gennem eftertænksomhed og møde med de spirituelle mestre.

D: *Han er bestemt et eksempel, der er meget svært at forstå.*

S: Ja, det er en meget kompleks situation.

D: *Hvad med nogen som "Jack the Ripper"! Ville det ikke påvirke ham overhovedet i hans næste liv?*

S: Bestemt ville det. Og vær venlig at bemærke, at vi træder meget forsigtigt her, for vi ønsker ikke at støde din moral eller din følelse af propriety. For vi føler, at din moralske sans er meget skrøbelig, og vi ønsker ikke at forstyrre den. Men vi beder venligst om, at du bærer over med os, mens vi giver dig en indsigt, som du måske ikke har. Måske blev der lært lektier fra den oplevelse af, som du siger, Jack the Ripper, som var positive for denne person. Selvfølgelig blev der gjort meget skade på ofrene, og ifølge dine sociale standarder var forbrydelserne grusomme. Disse handlinger var ikke acceptable sociale adfærd. Men igen kunne man sige, at denne person lærte gennem deltagelse i disse handlinger. Måske en lektie om, hvad overindulgence er, om hvad det vil sige at være selvoptaget og uden hensyntagen til menneskeliv. Dette var måske en vigtig lektie for den enkelte. Vi ville også sige, at måske blev der også lært lektier, svære som de var, af dem, du ville kalde "ofrene." Og kunne vi også måske tilføje en anden mulighed her. At deltagerne i denne episode, så ubehagelig som den er, var frivillige fra de indre planer. At de havde kontraheret fra deres planlægningsfaser før deres inkarnationer til at deltage i denne begivenhed. Og således give dit samfund en målestok for, hvad standarderne for dine moralske værdier kunne måles efter. Et eksempel på, hvad der er eller ikke er acceptabel social adfærd. Ser du, at i alle handlinger, hvad enten de er gode eller dårlige, er der lektier, der læres? Ikke kun for dem, der er direkte deltagere, men også for dem, der er tilskuere eller observatører. Så hvis det skulle siges, at dette var en forfærdelig forbrydelse, kunne det accepteres. Men det kunne også accepteres, uden at benægte rædslen ved sådanne forbrydelser, at mange lektier blev lært af alle involverede. Og lad mig tale om livskraften. Den bevidsthed, der var i kroppen, blev ikke dræbt. Den blev simpelthen overført til en anden eksistensplan. Livskraften, som er i hver celle af din krop, blev overført og gik ikke tabt. Den simple fysiske sammensætning af kroppen ændrede sig fra en organiseret tilstand til en uorganiseret tilstand. Teknisk set er død ikke mere end omarrangering af molekyler på et fysisk niveau og forskydning af bevidsthed fra en køretøjsindkapsling til en fri natur. Livet har altid været, og livet er altid. Der er ikke noget, der hedder at tage liv, for livet ændrer sig simpelthen til en anden form. Vi taler her strengt fra et teknisk synspunkt med alle moralske standarder og emotionelle værdier fjernet.

D: *Hvad med offeret? Personen, der bliver voldsomt dræbt af en anden: Er dette traumatisk for dem?*

S: I meget høj grad afhænger det også af forberedelsen for sjæle. Der har været mange sjæle, der kom til denne side gennem krige, som slet ikke var traumatiseret. De vidste, at denne død ville ske for dem og accepterede det selv. Andre var ekstremt traumatiserede, så meget, at de måtte gå til hvilepladsen. Det er ikke altid en ligelig situation. To personer kan dø side om side på samme tidspunkt med, hvad du ville betragte som det samme niveau af traume. Og den ene kan blive traumatiseret af det, mens den anden ikke gør.

D: *Har dette noget at gøre med sjælenes alder og deres tidligere erfaringer?*

S: Ikke så meget sjælenes alder som deres forståelse af Kristus i alle. Til tider kan en ung sjæl forstå dette med større indsigt end en såkaldt gammel sjæl.

D: *Du fortalte mig engang, at måden nogen dør på har betydning, såvel som hvordan de lever.*

S: Dette er også sandt. I mange tilfælde vil bestemte typer død slette stor karma. Lange, langsomme dødsfald er ment til at bringe læring til den enkelte. Og hvis de lærer gennem det, vil de opnå stor god karma.

SELVMORD

Mellem Død og Liv

D: *Hvad med selvmord?*

S: Ja, det er meget tragiske tilfælde, for dette er virkelig en af de sørgeligste sandheder, der eksisterer. Der er simpelthen ingen ord til at beskrive denne situation i al sin fuldkommenhed. Den, der begår selvmord, må komme til erkendelsen af alvoren af det, han har gjort. For der er ikke kun bruddet på kontrakten, men individets sjæleenergi kastes i komplet disharmoni. De, der begår selvmord, afhængigt af hvilken tilstand de er i, går nogle gange til hospitalet og nogle gange til eftertænksomhedsområdet. Ofte er der en eller to andre enheder, der tildeles denne person for at forklare, hvorfor det er ekstremt forkert at tage liv. At tage livet af sig selv er det eneste, der virkelig kan betragtes på denne side som synd, fordi livet er så værdifuldt. Disse mennesker er forvirrede og forstyrrede over, hvad livet virkelig handler om, og hvad de skal opnå. De kan ikke se de løsninger, de kan arbejde ud med den karma, de har ved hånden. Og i mellem livene lærer de at udvide deres udsigt og se på større aspekter af tingene, så de kan arbejde med problemer uden at give op på dem. Selvmordere går normalt ikke hurtigt tilbage i kroppen. Normalt er det for traumatisk. De kan ikke løse det problem, der fik dem til at begå selvmord hurtigt nok til at gå tilbage i kroppen så hurtigt. De får hjælp og vejledning. De skal lære, hvorfor de gjorde det, og hvad der bragte dem til dette punkt. Det tager normalt lang tid, før de er klar til at konfrontere det. Hvis det er ekstremt slemt, tages de til hvilepladsen, så de vil glemme traumet af, hvorfor de nåede dette stadie i livet, til det punkt, hvor de ville overveje at tage deres eget liv. Selvmord bringer meget dårlig karma på den sjæl, som vil måtte slettes med meget godt i tidligere og efterfølgende liv.

D: *Hvis dette er den værste ting, nogen kan gøre, straffer de sig selv, når de kommer tilbage?*

S: Nogle gange er det ikke i det liv, de direkte går ind i. De går ikke altid ind i et liv, der ville arbejde på de problemer, de havde i det direkte forudgående liv. Nogle gange tager det flere eksistenser at nå det punkt, hvor de føler, de kan konfrontere disse problemer. Men alle problemer bliver til sidst behandlet. Du kan ikke undgå det. Den bedste måde at håndtere det på er at komme tilbage i et liv, der vil have sin rimelige andel af problemer, ligesom det sidste liv havde. Og selvmordet betales tilbage ved at arbejde med disse

Mellem Død og Liv

problemer og hænge ved, og være levedygtig og leve til en moden alder og have et godt afbalanceret liv. Det kan tage flere liv som dette at betale tilbage selvmordet og hjælpe med at balancere karmaen. Du kommer på rette spor ved at arbejde med de problemer, du gav op på før. En, der begår selvmord, skal konfrontere den samme situation og problem igen, indtil de lærer en acceptabel måde at løse det på. De kan aldrig løbe væk fra det. De forlænge kun deres fremskridt og skaber forstyrrelser.

D: Jeg ved, du har svært ved vores tidsbegreb. Men hvor meget tid er der involveret, før en selvmorder finder forløsning?

S: Dette varierer fra individ til individ. Hver sjæl lærer ikke i samme tempo som de andre. Det afhænger mere af den sjæls forvirring og følelser af værdiløshed og tab end noget andet. Selvmord tilgives ikke let, men det kan arbejdes ud. Det er ikke umuligt at arbejde ud, som nogle ville have dig til at tro. Ingenting er umuligt at arbejde ud; det er bare, at nogle ting tager længere tid end andre, fordi nogle ting er mere komplicerede. Ja, at tage livet af sig selv er den ultimative fejl, fordi det kaster karmaen ud af balance. At myrde sig selv, det at myrde sig selv, det er ikke at arbejde med nogen karma. Det er at skabe mere karma.

D: Nogle mennesker begår selvmord for at undslippe et problem.

S: At begå selvmord for at undslippe et problem forstærker blot det problem, de skal leve igennem igen. De undslipper ikke noget; de gør bare tingene værre for sig selv. De løser ikke noget, de skaber simpelthen flere problemer. Selvmord er ingen løsning.

D: Ville selvmord nogensinde have noget at gøre med andres liv?

S: Ja. Mange gange, når et selvmord sker, er det en mulighed for de andre sjæle i familien at lære af erfaringen. For eksempel, sig en dreng dræber sig selv, og fra den oplevelse indser moderen, at hun var for overbærende, og hun lærer at være mere forstående. Så har hun lært af det, selvom det har været en hård lektie.

D: I nogle tilfælde ville dette ikke være karma for familien eller vennerne, der blev efterladt?

S: (Bestemt) Aldrig er selvmord en del af karma! Selvmord er et aspekt af fri vilje.

D: Jeg forstår. Så det kan aldrig betragtes som godt for noget.

S: Det er korrekt. Der er ingen vindere.

D: Men sker det nogensinde at påvirke andres karma direkte?

Mellem Død og Liv

S: Nej. Fordi personen, der begår selvmord, ville afkorte deres karma, og det ville ikke være retfærdigt for dem.

D: Jeg har hørt, at folk mere eller mindre har en kontrakt, når de kommer ind i et liv. Og selvmord ville være at bryde den kontrakt - ikke at opfylde deres forpligtelse.

S: Før nogen kommer ind i et liv, mødes de med deres spirituelle mestre, og de beslutter, generelt, hvor meget karma de kan arbejde ud i dette liv, hvis de træffer deres beslutninger godt. Det er næsten som en klasseopgave. Personen siger: "Nå, dette er, hvad jeg vil forsøge at få udrettet i dette liv." Nu, hvis de ikke får det hele udrettet, afspejler det ikke dårligt på dem. Faktum er, at de arbejder på det og prøver, dette er, hvad der betyder noget. Og hvis de halvvejs igennem, lige som de næsten er begyndt, forkorter det ved at begå selvmord... nå, ikke alene har de ikke udrettet noget, de sagde, de ville forsøge at gøre, som de alvorligt lovede, de ville forsøge at opnå, men de har også skabt mere karma, som de skal arbejde med. Så det er en negativ oplevelse hele vejen rundt.

D: De skal stadig arbejde med deres problemer og deres karma. Det ville modsætte formålet at forlade før de nåede dette.

S: Det er korrekt. Men hvis der er en "X" mængde arbejde, der skal udføres i et liv, og hvis denne "X" mængde arbejde er blevet udført eller opnået før de har levet et fuldt liv, så skulle de, hvis de ønsker at passere over, ikke have behov for at fortsætte i det fysiske, hvis de ønsker eller ønsker det. Så kan afgangen arrangeres gennem de rette kanaler. Det er det at kaste kroppen fra sig for tidligt eller før arbejdet er gjort, der aldrig kan tolereres.

Kapitel 8
Guider

NÆSTEN HVER KULTUR i verden har tro på skytsengle eller beskytterånder. Eksisterer de virkelig?

S: Der er skytsånder. Det er som regel nogen, du har haft et nært bånd til før, og som går i skole eller hvad som helst på åndeverdenen. De hjælper dig igennem din læringsperiode og beskytter dig. De opfylder deres formål på åndeligt niveau.

D: *Er de tildelt en bestemt person?*

S: De kan vælge deres egne affiniteter. De er med dig fra den dag, du bliver født.

D: *Så du er ikke alene, når du træder ind i den fysiske krop.*

S: Ingen er nogensinde alene. Ensomheden er en væg, man bygger op mellem sig selv og andre. Der er altid andre der til at dele oplevelsen, hvis du blot vil bryde ned væggene og lade dem hjælpe dig.

D: *Hvis de ikke er inkarnater, hvordan hjælper de så?*

S: Dette er lidt vanskeligt at forklare på grund af manglende forståelse for åndeligt niveau. Men der er arbejde, der skal udføres på åndeligt niveau såvel som på fysisk niveau. Der er dem, der efter en inkarnation må gå i skoler på åndeligt niveau, og nogle af disse vil være lærere i skolerne. Der er mange andre måder, de kan hjælpe på, herunder at vejlede dem på det fysiske plan.

D: *Har de altid dit bedste for øje?*

S: Som regel har dem, der omkranser dig, ja. Du skal lære at beskytte dig selv mod dem, der måske ikke gør.

D: *Er din egen personlige vejleder stærk nok til at holde de andre påvirkninger væk?*

S: Ja. Så længe du også lærer at omgive dig med det, der er godt. Dette vil holde alt, hvad der er negativt, væk. Der er ikke godt eller dårligt; der er kun positivt og negativt. Enhver oplevelse, der læres af, er aldrig negativ.

Mellem Død og Liv

D: Men det kan nogle gange være svært at vide, om noget er godt for dig eller ej. Hvordan ville du vide, om andre påvirkninger forsøger at få dig til at gå den anden vej?

S: Ved at åbne dig for at opfatte, hvad det endelige resultat af det, de anbefaler, vil være. Alle, hver eneste af jer, kan se. Og hvis du ser, at tingene vil gå galt, så ved du, at denne enhed ikke ønsker dig godt.

D: Men du ved, mennesker – de kan blive narret.

S: Vi er ikke perfekte. Ellers ville vi ikke længere træde ind i kroppen.

D: Hvordan kan vi vide, om det er vores vejleder, der forsøger at påvirke os og ikke blive narret?

S: Hvis du tænker på dig selv i dit daglige liv, er du ofte i konflikt med dig selv om, hvorvidt du skal gøre dette eller hint. Som et eksempel, når man er på diæt, og man måske giver efter for fristelsen til at tage en chokoladeis. Den del af dig, der længes efter isen, beder om tilfredsstillelse. Og alligevel siger den højere del af dig, som genkender behovet for diæt, "Nej, det skal vi ikke." Så du kan se, at der er en opdeling inden i dig selv. Dine vejledere føles som en del af dig selv og en forlængelse. På denne måde ved du, at det er din anden sjæl, der taler. Hvis nogen blot giver dig råd, og du føler dig tøvende over det, skal du måske overvåge den kilde, det kommer fra. Hvis det er fra din vejleder, vil det føles helt rigtigt. Han vil aldrig få dig til at gøre noget, han vil kun foreslå. Hvis der er tvang involveret, er det helt klart ikke en positiv enhed, for så bliver din frie vilje overtrådt. Du træffer bevidste beslutninger og bliver ikke fortalt, hvad du skal gøre; for dette er også en menneskelig bestræbelse. Vejlederne styrer ikke forestillingen fra sidelinjen, som nogle synes at tro. De har deres rolle at spille, og du har din. Det er en gensidig, konsensusaftale, et partnerskab mellem åndeligt og fysisk. De udfører deres arbejde, og du udfører dit.

D: Der er mange mennesker, der tror, at dem på din side styrer forestillingen.

S: Ja, og de må ledes til at forstå, at der simpelthen er et delt ansvar i disse anliggender. Mange beslutninger er udelukkende menneskelige og er baseret på menneskelig tanke, menneskelig erfaring og menneskelig koncept. Vejledere forsøger at assistere dig med deres visdom og deres erfaring. Hvis du er splittet mellem

Mellem Død og Liv

din beslutning og din vejleders vejledning, er dette ikke forkert; det er blot en valgproces. De er blot der for at tilbyde hjælp og assistance. Det kræves ikke, at man strengt følger sine vejledere. De er blot hjælpere. Du er herre over din egen skæbne.

D: Så vores vejledere og åndelige hjælpere forsøger at påvirke os til at gøre det rigtige!

S: Dette skal præciseres. Påvirkning er ikke et præcist ord. Vejlederne og hjælperne forsøger ikke at påvirke. Assistere eller oplyse ville være mere præcist. Forskellen kan synes meget subtil, men den er meget vigtig. Jorden er valgplanen. Du har fuldstændig frihed til at vælge, hvad du vil. Hvis du har brug for assistance i dit valg, er det deres formål. De hjælper blot og forsøger at vise eller klarlægge. Det er ikke som om, du var marionetter, der bliver manipuleret fra den anden side. Du har din skæbne fast i dine egne hænder. De er tilskuere, der er i stand til at assistere på et øjebliks varsel og venter på, at du beder om deres assistance. De presser ikke dig ind i en imaginær skæbne; du skaber din egen skæbne. Det samme kan siges for dig, mens du lever i det fysiske. Du bør hjælpe hinanden uselvisk. Nogle mennesker føler, at de må hjælpe andre, uanset om de kan lide det eller ej. Du bør ikke føle, at du skal hjælpe, uanset din følelsesmæssige tilstand på det tidspunkt. Du bør give hjælp, når du ønsker det; så kan du give den bedste kvalitet hjælp. Hvad vi siger til dig er dette: Venligst føl ikke, at du skal hjælpe alle hele tiden. Føl kun, at du skal hjælpe, når du føler, at du ønsker at hjælpe. Tvangshjælp er værre end ingen hjælp overhovedet.

D: Er det her, hvor den frie vilje kommer ind!

S: Det er præcis, hvad det er.

D: Så du siger, at fordi vi har fri vilje, er vi frie til at følge eller ignorere ethvert råd, vi modtager! Og dette gælder for det åndelige såvel som det fysiske?

S: Det er korrekt, men venligst visualiser noget, inden vi forlader den erklæring. Hvis du så et barn lege med en flaske gift, ville du naturligvis løbe hen og gribe denne flaske fra barnet, ville du ikke? Antag, at barnet slog dig og skubbede dig tilbage og fortsatte med at forsøge at åbne flasken. Hvad ville du så gøre?

D: Jeg ville insistere.

S: Antag, at barnet sejrede lige så stærkt som dig?

Mellem Død og Liv

D: *Så ville jeg sige, at han fortjente det, han fik.*
S: Og sådan siger vi.
D: *Så er det muligt for en vejleder at holde os fra at skade os selv?*
S: Ja, det er det. De vil informere dig om en nært forestående hændelse. Dette er blot assistance. Jeg kan give dig et eksempel på, hvad du måske ville tænke ville være en vejleder, der overtager for dig. Mens du kører, hvis en bil kom ned ad gaden mod dig uvidende om, at den var på kollisionskurs, kunne dit rat pludselig dreje til venstre og væk fra fare. Selvfølgelig sker dette ikke, men hvis dine vejledere fik lov til at gøre dette, ville det være, hvad der ville ske. Du styrer; de informerer blot.
D: *Ville de nogensinde gøre noget som det i tilfælde af en nødsituation?*
S: Hvis det var nødvendigt. Det er sket før, men kun under ekstreme situationer. Jeg må ikke diskutere dette i detaljer, da det ville påvirke dig forud for, hvad der foregår. Men for det meste skal du vide, at din skæbne er, hvad du gør den til. Igen siger jeg, at tvangshjælp er værre end ingen hjælp overhovedet.
D: *Men det er rart at vide, at vi har hjælp, hvis vi har brug for det.*
S: Det er korrekt. Vi på denne side er ofte underholdt af menneskers hastighed og utålmodighed. Dette skyldes forskellen mellem de åndelige og fysiske verdener. I den åndelige verden er en tanke lige så god som udført. At tænke tanken producerer den ønskede effekt. I det fysiske er tingene ikke helt så nemme; derfor må mennesket lære tålmodighed.

Da en tanke på det åndelige plan får tingene til at ske øjeblikkeligt, er det betydningsfuldt, at vi på Jorden gives meget mere tid mellem tanken og materialiseringen af tanken, så vi har en chance for at ændre vores mening. Hvis tingene skete øjeblikkeligt her i vores fysiske verden, kunne der opstå mange problemer. På grund af vores menneskelige natur med dens mange fejl (egoisme, misundelse, jalousi osv.) ville vi sandsynligvis skabe kaos. Vi er ikke så rene i vores intentioner, og de har tidligere sagt, at intentionen er det vigtigste ved, hvad vi ønsker at materialisere.

S: Forholdet mellem vejleder og den vejledte er flydende og mercurialt og ændrer sig fra inkarnation til inkarnation og endda

Mellem Død og Liv

inden for en enkelt inkarnation, efter behov. Der er ingen faste regler. Midlerne dikteres af behovet.

D: *Hvordan vælges vejledere til folk?*

S: De vælges ud fra behovet på det tidspunkt i en persons liv. Nogle kan være vejledere gennem hele inkarnationen. Andre kan være midlertidige eller kan komme og gå efter behov. I løbet af en livstid kan vi have flere forskellige vejledere. Deres funktioner ændrer sig, som vores liv ændrer sig.

D: *Er der forskel mellem en vejleder, en rådgiver og en ånd? Jeg har hørt disse termer brugt på forskellige tidspunkter.*

S: Vejlederne er ånder. En rådgiver er af en højere orden end en vejleder. En rådgiver har meget mere viden og erfaring, som de kan trække på. En slags erfaringstank, hvis du vil. En vejleder er meget mere intim og tæt på en faktisk inkarnation. For eksempel én, der muligvis lige har forladt en inkarnation og derfor stadig er bekendt med de indviklinger i det fysiske liv. En rådgiver er normalt blevet fjernet fra en inkarnation i noget tid og tilkaldes for information. Mens vejlederne er mere nyligt fra en inkarnation, har rådgiverne udviklet sig over inkarnationsbehovet. Således er hver af dem på sin egen måde ganske i stand til at udføre den opgave, de er tildelt. En vejleder kan vide mere om det fysiske. En rådgiver kan vide mere i detalje.

Dette lyder ret som en lærer, der går til en professor eller rektor for skolen for mere avanceret rådgivning vedrørende en elev. Læreren vil naturligvis kende eleven på et mere intimt plan, fordi han er sammen med ham hver dag. Professoren eller rektoren kender måske ikke eleven overhovedet, men kan tilbyde rådgivning, fordi de har meget mere viden og erfaring. Rektoren har heller ikke relateret til eleverne i klasseværelset på et så intimt niveau i et stykke tid. De er mere fjernet fra situationen, men kan derfor give en meget mere upartisk mening. Jeg spurgte derefter, om vi kunne finde ud af navnet på vores vejledere.

S: De vil tale til dig, når det er nødvendigt eller relevant. Der bruges egentlig ikke navne her på åndeverdenen; der er kun lyde, vibrationer og farver. At navngive er en vane, der er særskilt for den menneskelige race. Det tillader nem identifikation. Men de

Mellem Død og Liv

navne, som du kan lide at give til vejledere, er noget nedladende eller misvisende, for navne har en vibration, og at knytte eller tildele et navn til en vejleder kan give det den forkerte vibration. Så det er bedst at kende en vejleder mere ved vibrationer end ved navn.

D: *Du sagde, at det var muligt for enhver at blive en vejleder. Tager det lang tid at komme til positionen som vejleder for en anden?*

S: Det afhænger udelukkende af, hvordan du udvikler din karma. Nogle mennesker, der virkelig kan udvikle deres karma på en positiv måde, bliver vejledere inden for en eller to livscyklusser. Men andre skal arbejde på det længere. Det afhænger virkelig af den individuelle udvikling. Det er i virkeligheden et spørgsmål om at nå et bestemt åndeligt plan. Når du har nået dette plan, kan du enten være en vejleder eller sidde i det generelle råd (se Kapitel 13) afhængigt af, hvilken vej du har brug for at udvikle dig på på det tidspunkt. Når du er på åndelige niveauer under dette plan, så vokser du stadig på andre måder og gør andre ting for at hjælpe, men ikke så direkte som at være en vejleder.

D: *Jeg har hørt det sagt, at nogle mennesker spørger, når de krydser over: "Vil jeg nu blive tilladt at vejlede andre mennesker?" Og svaret er: "Hvordan kan du være en vejleder, når du stadig har brug for en vejleder selv?"*

S: Nå, der er altid dem, der er mere avancerede end dig til at hjælpe dig. Det er ligesom en voksen, der vejleder en ungdom, som så vender sig om og hjælper et barn, som så igen vender sig om og hjælper en lille dreng med at holde sig ude af problemer.

D: *Jeg troede, du skal igennem et bestemt antal oplevelser eller krav, før du kan blive en vejleder.*

S: Det er sandt. Når du når det niveau, hvor du kan vejlede en individuel person på det fysiske plan, så har du nået det stadie af åndelig udvikling, hvor du kan håndtere det ansvar på en åndeligt moden måde uden at lave fejl. Men det betyder ikke, at du er stoppet al din vækst, fordi nogen, der er mere avancerede end dig, stadig hjælper dig med din vækst, mens du på din side hjælper nogen anden, der ikke er så avanceret, med deres vækst. Og sådan fungerer hele systemet.

D: *Men du kunne stadig lave fejl, hvis du ikke var klar til jobbet, så at sige, at vejlede nogen.*

Mellem Død og Liv

S: Men du er klar til jobbet, når du får jobbet. Det ville være en fejl. . . der laves ikke fejl som det. Når du krydser over, er energimønstrene helt klare, og du kan straks se, hvor nogen er kompatible, og hvor de passer ind, og hvilket niveau de er på, og hvad de kan gøre. Og det er det, du giver dem at gøre. Du giver dem det på en måde, der hjælper dem med at vokse og udvikle sig, så de kan opnå nye evner.

D: Så der er ingen fejltagelser.

S: Rigtigt. Fordi det ville være en fejltagelse i positioneringen, ikke en fejltagelse i, hvad de kan eller ikke kan gøre. Hvis du giver en person noget, der er ud over deres kapacitet, er det ikke deres fejl; det er din fejl.

D: *Nå, de siger altid, at man kan lære meget af at undervise andre mennesker. Hvem er det, der træffer disse valg! Du sagde, at det ville være en fejltagelse på den del af dem, der fortalte dem, hvad de skulle gøre.*

S: Jeg brugte det som en metafor.

D: *Jeg undrede mig over, om der var nogen deroppe, der sagde: "Nå, nu er det din tur til at gå tilbage og være en vejleder," eller noget lignende.*

S: Nej. Da alt er energi her, gøres alt i henhold til, hvordan du passer ind i energien. Når du arbejder på at hjælpe andre mennesker, opbygger du energi på din egen. Og når du har opbygget en vis mængde energi, så er det tid for dig at re-entrere det fysiske plan, fordi det kræver energi at gå tilbage gennem barrieren og fortsætte med at arbejde på din karma igen fra det niveau.

D: *Så du ved det selv. Der er ingen, der siger: "Nå, det er tid nu for dig til at gøre disse ting."*

I vores samfund er vi vant til at have nogen i spidsen for tingene. Så jeg forsøgte at passe alt dette inden for disse rammer.

S: Korrekt. Alt er helt klart for alle, så det er ikke et spørgsmål om at fortælle nogen, hvad de skal gøre, fordi det er åbenlyst for dig og alle andre, hvilke behov du har, og hvad du kan og vil gøre. Alt ses i form af energi her. Hver tanke og hensigt har energi, der er åbenlys. Og når det er tid for dig at gå tilbage og re-entrere det fysiske plan, så er det der, den generelle råd kommer ind og

Mellem Død og Liv

bestemmer, hvor du passer ind i mønsteret. Og det bestemmer, hvornår og hvor og til hvem du bliver født på det fysiske plan.

D: Så rådet har meget at sige over det.

S: Det handler ikke nødvendigvis om at have "sæd" over det; det er blot et spørgsmål om at hjælpe, om at sikre, at energien fortsætter med at flyde, som den skal. Når nogen har brug for at vende tilbage til det fysiske plan, så re-entrerer de det energiniveau, hvor de skal være, på en måde, der er kompatibel med deres energi og den omgivende energi, for at sikre, at de ender med at komme tilbage i kontakt med mennesker, de har været i kontakt med før i andre livstider. Og dermed får du sammenkoblede karmas.

D: Hvad ville der ske, hvis nogen er helt klar, og alt er planlagt, hvor de skal komme tilbage, og i sidste øjeblik ændrer de mening!

S: Det gør de ikke.

D: Hvad hvis de beslutter, at de vil vente, eller at de ikke vil gå ind lige nu?

S: Tiden for at udskyde det er allerede forbi, når du har oprettet processen for at re-entrere det fysiske plan. Før du beslutter dig for at træde ind i det fysiske plan, kan du bruge så meget tid som du ønsker på det åndelige plan. Når det tidspunkt kommer, hvor du beslutter, at det er tid for dig at re-entrere det fysiske plan, så når du træffer den beslutning, sættes det i bevægelse. Så er du bundet til din beslutning, fordi din energi begynder at flyde i den retning for at blive omdirigeret tilbage til det fysiske plan. Det er blot en universel kraft, at når du starter processen, skal du følge den til ende.

D: Jeg tænkte særligt på babyer, der er dødfødte; at måske ånden havde besluttet at ændre mening i sidste øjeblik og ikke ville komme ind.

S: Nej, hvad der sker med babyer, der er dødfødte, er, at forældrene, der bærer babyen, har brug for den oplevelse i deres liv på det tidspunkt for deres egen udvikling af deres karma, af en eller anden grund, afhængigt af de individuelle omstændigheder.

D: Nå, jeg troede, det ville give mening, at måske ånden ikke var helt klar og ønskede at vente eller forsøgte at slippe ud af kontrakten, så at sige. Eller også i tilfælde hvor de dør, når de er meget unge - bare et par måneder gamle.

Mellem Død og Liv

S: Dem, der dør, når de er meget unge, i de tilfælde er de normalt ånder, der er avancerede nok til lejlighedsvis at gå til det fysiske plan, ikke nødvendigvis fordi de har brug for at arbejde på et aspekt af deres karma, men for at hjælpe en anden ånds karma. De gør det for at hjælpe dem, når den anden persons karma af en eller anden grund vil blive gavnliggjort ved blot at have en bestemt ånd inden for rammerne af deres liv i en kort periode.

D: Bare et par måneder!

S: Eller endda et par dage. Så re-entrerer ånden det åndelige plan og fortsætter med det, de har gjort. Senere, hvis de har brug for at gå tilbage til det fysiske plan for at arbejde på en anden livstid af karma, går de videre og gør det. Men nogle gange vil mere avancerede ånder frivilligt gå til det fysiske plan i en kort periode for at give en anden ånds karma et skub.

D: Jeg fortsætter med at tænke, at de havde noget, der lignede en kontrakt, som de skulle opfylde, og at de tøvede eller ønskede at trække sig tilbage fra den kontrakt.

S: Kontrakt er et dårligt ord. Det gælder overhovedet ikke. For når en ånd træffer beslutningen, "Jeg vil re-entrere det fysiske plan," træffer de ikke beslutningen, før de er klar til at følge op på den. Hvis de føler, at de ikke er klar til at følge op på beslutningen, hvorfor træffe beslutningen? Når de træffer beslutningen, begynder deres energi at flyde i den retning. Og det passer ind i det overordnede mønster på en måde, der fortsat udvikler deres karma og passer ind i det overordnede mønster i universet.

D: De andre ånder har givet mig disse ord. Jeg antager, at vi forsøger at sætte dette ind i termer, vi kan forstå fra vores fysiske synspunkt. Det er derfor, disse ord synes at gælde. De så også på det fra forskellige synsvinkler, formoder jeg. Og jeg har måske talt med ånder, der ikke var så højt udviklede.

S: Det er en mulighed. Nogle gange, når det er tid for ånder på lavere åndelige niveauer at re-entrere det fysiske plan, opfatter de ikke, hvordan energien påvirker hele systemet. De indser ikke, at deres beslutning er en slags forpligtelse. Jeg vil bruge en analogi. På din verden har du en slags underholdning kaldet en vandrutsjebane. Det er som at hælde noget vand ud på toppen af rutsjebanen. Du kan ikke samle vandet tilbage, før det når bunden af rutsjebanen og løber over kanten. Dette er som at træde ind i det fysiske plan

Mellem Død og Liv

igen. At træffe beslutningen om at træde ind i det fysiske plan starter energien, der flyder, og det svarer til at hælde vandet ud af beholderen på toppen af rutsjebanen. For at kunne samle vandet tilbage i sin tidligere tilstand, det vil sige at samle din energi på det åndelige plan, skal du gå ned ad rutsjebanen. Med andre ord skal du følge op.

D: *Du kan ikke stoppe halvvejs.*

S: Rigtigt. Det er ikke fordi, nogen holder en pistol mod dit hoved, så at sige, og får dig til at gøre det. Det er bare simpelthen en af universets love om, hvordan energi flyder. Når energien begynder at bevæge sig gennem dette mønster, skal energien fuldføre dette mønster, før det kan vendes til andre ting. Ånder på lavere udviklingsniveauer har ikke været i stand til at få fat i dette overblik endnu, så hvis de træffer beslutningen om, at de er klar til at gå tilbage, og de begynder at have tvivl, kan de føle, at de bliver tvunget til at gå tilbage. Det er ikke fordi, nogen får dem til at gå tilbage; det er simpelthen fordi de allerede er i processen med at blive hældt ud på rutsjebanen. De skal gå ned ad rutsjebanen, før de kan samles op ved bunden, så at sige.

D: *Tingene er allerede i gang.*

S: Præcis.

D: *Så disse svar kunne være fra personer, der er på lavere udviklingsniveauer.*

S: Ja, eller måske følte de, at du ikke ville være i stand til at forstå svar fra højere niveauer.

Det er indlysende, at jeg naturligvis ville tale med ånder på mange udviklingsniveauer. Så deres svar må ikke være modstridende. Det er blot sandheden fra deres synspunkt.

D: *Men der er mennesker i det fysiske, der ser ud til, at de ikke ønsker at være her. De er meget vrede.*

S: Ja, disse er ånder, der har problemer med negativ karma, og de er lidt tilbageholdende. Og de ånder, der tiltrækkes af negativ karma, er normalt lidt vrede over at være tilbage på det fysiske plan igen, fordi de er overbevist om, at de vil screw up igen.

D: *Det er derfor, jeg får følelsen af, at de blev tvunget til at komme tilbage, og de ikke ønsker at være her i kroppen.*

Mellem Død og Liv

S: Og så er det som om, de er i færd med at løbe rundt i den onde cyklus, som jeg nævnte tidligere.

Kapitel 9
Gud og Jesus

NÅR DU SPØRER NOGEN om at beskrive deres koncept af Gud, stiller du et meget komplekst spørgsmål, fordi der sandsynligvis er lige så mange definitioner af Gud, som der er mennesker. Vores indre visualisering af, hvordan Gud må være, er betinget af vores religiøse opdragelse, og dette er, hvad vi normalt falder tilbage på. Det ville være meget vanskeligt at ændre vores koncepter, ikke kun for dette, men også for alle de andre følsomme emner, der tages op i denne bog. Det kræver alt sammen et åbent sind - et sind, der er villig til i det mindste at lytte til andre idéer, selvom de i første omgang måtte virke absurde og forkerte. Jeg tror, at den tidlige kirke måtte præsentere Gud på så enkel en måde som muligt for, at folkene på den tid overhovedet kunne forstå Ham. Jeg tror, at folk gennem tiderne blot har accepteret disse tidlige præsentationer af Ham, og mange har ikke gidet at stille yderligere spørgsmål, men troede på det billede, kirken havde givet dem. Der kan have været nogle få, selv i de dage, som tillod sig selv en bredere opfattelse af Ham. Når vi fjerner hjernevask og betingelse og ser på disse koncepter med et friskt sind, er det bemærkelsesværdigt, hvor de slet ikke modsiger hinanden. De er blot forskellige måder at sige den samme ting på.

Først og fremmest må vi slippe forestillingen om Gud som en gammel mand. Hvis noget, så ville Gud snarere være en kvinde, for kvinder repræsenterer det skabende aspekt. Men i virkeligheden er Gud hverken mand eller kvinde. Gud har intet køn. Han er en enorm energi, hvis kraft og omfang overgår alt, hvad vi kan forestille os.

Følgende er måden, forskellige individer i dyb trance svarede på spørgsmålet om, hvordan de opfattede Gud i åndeverdenen mellem livene.

S: Vi vil bede dig visualisere denne scene. I al skabelse fra de aller yderste kanter af hvert univers til midten og tilbage er der en kraft, uset men alligevel til stede, som er en usynlig struktur, der holder

Mellem Død og Liv

alt sammen. I beton er der armeringsjern, usynligt for det blotte øje, men som holder betonen sammen alligevel. Er du bekendt med dette?

D: *Ja, jeg forstår, hvad du siger.*

S: Dette er da Gud-konceptet. Det er armeringsjernet i universet, der holder alt sammen, uset men der alligevel. For hvis dette skulle forsvinde selv for et øjeblik, ville der være total, fuldstændig ødelæggelse. Dette er Gud-konceptet, som har fået personlighedsstatus i din verden.

S: Jeg observerer strukturen i dette univers.

D: *Kan du fortælle mig, hvad du ser?*

S: Jeg er ikke sikker på, at dette sprog er tilstrækkeligt.

Jeg har hørt dette fra hver eneste væsen, jeg nogensinde har talt med. Vores engelske sprog og sandsynligvis hvert andet sprog på Jorden er simpelthen ude af stand til at indfange det sande billede af, hvad væsenet ser. Jeg fortalte hende, at jeg forstod dette, og bad hende forsøge alligevel.

S: Lige nu kan jeg se ind i dele af spektret, som du ikke kan se med dine øjne. Jeg kan se farverne og udseendet af de kosmiske stråler, som du ikke kan se. Jeg kan se ind i hjertet af planeterne og se det glimrende netværk, gitteret af atomer, der holder dem sammen. Det er ekstremt smukt og magtfuldt. Den smalle bølgebånd, som du kan se med dine øjne, er forskellige farver, og de bredere bånd, som du ikke kan se, er også forskellige farver, indtil det når de bånd, som du observerer ved at høre. Men jeg kan stadig se dem og se deres farver også. Det er en del af det samme elektromagnetiske spektrum.

D: *Disse bånd er så høje, at vi kun kan høre dem. Betyder det så, at lyd også har farve?*

S: Ja. Lyd er meget, meget langsommere end det, du kalder "lys." Men de er alle vibrationer og energi, og jeg kan se dem alle; det bånd, som du opfatter som lys, og så videre, hvad du ikke ser som lys. Jeg kan observere det hele. Det er umuligt at beskrive det, fordi jeg også kan se æteren. Det er meget smukt. Det ville være meget som at observere nordlys. Forestil dig, at hele rummet er fyldt med

Mellem Død og Liv

nordlys, der interagerer og alle de forskellige farver, der blander sig med hinanden. Hvor du har lag og områder af energi og farver, der interagerer og ændrer hinanden og forårsager forandringer. Det er meget komplekst.

D: *Vi forestiller os, at rummet er sort og tomt. Mener du, at det faktisk er fyldt med alle disse farver og vibrationer?*

S: Præcis! Vibrationer, farver, energi, og de går også gennem alt. Bare fordi der sidder en planet der og går rundt om solen, betyder det ikke, at den blokerer eller dækker energien. Energien går bare lige igennem. Al energi, der er der for at blive påvirket, bliver påvirket. Hele universet, og så er dette univers forbundet med de andre universer.

D: *Hvad er kilden til al denne energi?*

S: Energien har altid været der. Jeg kender ikke rigtig kilden. Måske var der en kilde engang. Alligevel er denne energi, hvad universerne er bygget af. Og når universerne har levet deres liv, vil de blive nedbrudt tilbage til denne energi. Og så vil nye universer blive bygget ud af denne energi igen.

Det lyder som genfødsel i en massiv, gigantisk skala. En uendelig, konstant gentagende cyklus, der påvirker det største og muligvis også det mindste af hele skabelsen.

D: *Vi er så vant til at tænke på lys, der kommer fra solen og sådan noget. Jeg troede måske, at denne energi kom fra et eller andet sted.*

S: Nej. Energi er alt, hvad der er, og det fylder alt, hvad der er. Det er alt energi. Og energien, i processen med at være alt, hvad der er, transformerer sig selv til forskellige strukturer, som ender med at være planeter, og soler og energi og tanker og forskellige universer og hvad der måtte være.

D: *Hvilket slags koncept har du af dette "alt hvad der er"?*

S: (Suk) Det er for stort selv for mig at forestille mig alt på én gang. Den eneste måde, jeg kan sætte det i ord på, er: alt hvad der er, nogensinde, for evigt og altid. Alt hvad der er: er energi. Og når energien svinger - som energi gør - kommer de forskellige universer til eksistens som udsving af denne energi.

D: *Jeg spekulerede på, om det ville passe ind i vores Gud-koncept.*

Mellem Død og Liv

S: Faktisk er det koncept ret snævert. Men i betragtning af det begrænsede omfang af dine sind, gør du det bedste, du kan. Jeg sætter ikke dig ned. Jeg erklærer blot en kendsgerning. Det bredeste koncept af Gud, som du overhovedet kan forestille dig, ville stadig være så snævert som en tråd i sammenligning med dette "alt, hvad der er." Og så må du overveje, at mange af dine medmennesker har snævre koncepter af Gud, hvilket er uheldigt, men sådan er det. De er for bange for at åbne sig for deres fulde potentiale.

D: *Jeg spekulerede blot på, om der var noget, der dirigerede alt dette, skabelsen af universet, skabelsen af mennesker og alt det. Det går tilbage til vores Gud-koncept.*

S: Energi er organiseret. Energi har altid været organiseret. Det er en del af dens grundlæggende struktur. Det er denne grundlæggende organisation, der går helt ned til de allermindste grænser for dens struktur, der får ting til at fremstå i orden og at være organiseret.

D: *Det er på grund af denne orden, at folk tror, at det skal dirigeres af noget.*

S: Nej, det udvikler sig, som det bør udvikle sig i henhold til sin organisation som regelmæssige udsving i energien. Der er regelmæssige udsving frem og tilbage fra et område til et andet, der påvirker dette univers og andre universer på specifikke måder. Udsvingene varierer fra det ekstremt store og gigantiske til det meget små, mindste udsving, der er muligt, som dine videnskabsfolk aldrig vil opdage grænserne for. De fortsætter med at opdage mindre underopdelinger af energi, men det ser ikke ud til, at de nogensinde vil nå ned til den allermindste struktur.

D: *Jeg mener, det bliver meget vanskeligt for folk at komme væk fra tanken om en Gud, der dirigerer tingene. De kan lide at tro, at tingene er ude af deres hænder, og at en overordnet magt er ansvarlig.*

S: Ja. En af de vigtigste ting i den næste fase af menneskelig udvikling er at indse, at alle er ansvarlige for deres egen skæbne. At hvad de ønsker at få til at ske, er det, der sker. Ting, der ser ud til at ske ud af det blå, er resultatet af tidligere årsager, tidligere tanker eller hvad som helst, der blev sendt ud.

Mellem Død og Liv

En anden enhed satte dette tilbage i et koncept, jeg lettere kunne acceptere. Han talte om ånder fra de højere niveauer, der kom ned til vores niveau for at hjælpe os her på Jorden.

S: Det er nogle gange nyttigt at rejse tilbage og hjælpe dem nedenfor. Ånder fra de højere dimensioner vender nogle gange tilbage til din dimension og hjælper dem på den fysiske verden med at hæve deres bevidsthed. Der er givet en dispensation til dem, der ønsker at gøre dette. Det er tilladt, så at sige, og det gøres. Dette er ikke en fysisk type oplevelse.

D: Hvem eller hvad giver denne tilladelse eller godkender dette?

S: Dette gøres af de råd, der styrer universerne. Hvert univers har et centralt råd, og så er der lokale råd.

D: Dette er en ny idé for mig. Jeg har altid tænkt på bare ét univers. Kan du uddybe dette, tak?

S: Der er mange universer, mange, mange universer. Vores er ét bestemt univers, eller det univers, vi er i her nu, er blot ét univers blandt mange. Der er mange, mange forskellige universer.

D: Dette er lidt svært for mig at forstå. Er de uden for vores univers eller hvad?

S: De er i fysisk rum. Konceptet kræver en meget bred fantasi for at forstå de involverede afstande. Er der politiske niveauer, som kan forstås her? Der er regeringer af spirituelle niveauer. I hvert univers er der regeringsniveauer, der styrer de individuelle og kollektive universer.

D: Ville dette svare til det, som folk kalder Gud eller et altomfattende Væsen?

S: Selvfølgelig! Det er den samme Gud for alle. Min Gud er din Gud, er al Gud.

D: Er det Ham, der opretter rådene?

S: Der er råd, som er delegeret. Han beskæftiger sig ikke selv med dette. Han har væsener under sig, som udfører arbejdet, så at sige. Der er en kommandovej. Vi beder dig om at have et mere åbent sind og betragte Gud blot som en observatør af sine børns opgaver. Børnene udfører opgaverne. Gud er simpelthen. Gud er, punktum. Børnene gør; Gud er. Begrebet Gud er summen af alt, af alting. Vi er Gud. Vi er kollektivt Gud. Vi er individuelle dele af Gud. Gud er ikke én, men Gud er alt.

Mellem Død og Liv

D: Så rådene er oprettet i forskellige dele af universet, i forskellige områder!
S: Ja, lokale regeringer, hvis du vil.
D: Er dette sandt for vores planet Jorden? Er vi under et råd, så at sige?
S: Det er sandt.
D: Jeg prøver at forstå. Med mange universer, mener du, at hver har sin egen Gud?
S: Alle universerne samlet gør Gud. Hvert univers har bevidstheden om Gud, selvom bevidstheden ville være forskellig i forskellige universer såvel som forskellige områder i ét univers. Deres koncept af Gud ville være forskelligt. Guds realitet er uforanderlig i alle universer, i al skabelse. Gud er, vi er en del af Gud individuelt. Men alle os sammen taget som helhed er det, Gud er.
D: Er dette den kraft, der skabte alt?
S: Det er korrekt. Dette er blot en manifestation af Gud.
D: Hvad med os som individuelle sjæle? Har du nogen information om, hvordan vi først blev skabt?
S: Vi blev blot givet personliggørelse. Vi er blot stykker af Gud, som Han har givet personliggørelse til.
D: Hvorfor skilte vi os fra Gud, hvis det er det rette udtryk?
S: Dette er blot en del af den overordnede plan – den store, guddommelige plan, som kun Gud Selv kender i sin helhed. Mange kender små detaljer, men ingen undtagen Gud Selv kender det fuldstændigt.
D: Du sagde, at vi alle er Gud. Men vi her på Jorden har fejl, vi er ikke perfekte. Hvis vi er en del af Gud, ville det så ikke gøre Ham uperfekt?
S: Dette er blot en del af den overordnede plan - den store, guddommelige plan, som kun Gud selv kender i fuldhed. Mange kender små detaljer, men ingen undtagen Gud selv kender i fuldhed. Der er blot en misforståelse af ordet "ufuldkommen." Alt, hvad der er, er Gud. Men Gud er perfekt. Derfor er alt perfekt. Det, vi opfatter som ufuldkomment, er blot vores opfattelser. Vores opfattelser er ikke nødvendigvis de samme, selv på andre dele af planeten, så det, vi opfatter, kan ikke holdes som absolut. Det, vi opfatter som ufuldkomment, er ikke nødvendigvis sådan, når det ses på Guds niveau. Ufuldkommenheder er menneskelige,

men Gud elsker ufuldkommenheder lige så meget som Han elsker perfektioner. Dette er at forstå Gud. At kende Ham er at elske Ham mere, idet vi ved, at Han elsker os for vores ufuldkommenheder såvel som for vores perfektioner. Ufuldkommenhederne er blot ufuldkommenheder for os, men ikke for Gud. Vi kan kalde dem, hvad vi vil.

D: *Du taler om Gud, som om Han er adskilt fra os, og alligevel siger du, at det kræver os alle for at udgøre Gud. Kan du forklare! Du siger, at Han elsker os. Hvordan kan dette være, hvis Han ikke er en adskilt enhed fra os?*

S: For det første er Gud ikke adskilt fra os. Han er intimt forbundet med os. Måske ville det afklare at forstå blodsystemet i menneskekroppen, som er lavet af individuelle celler eller aspekter. Systemet i sig selv kunne ikke være helt uden de individuelle hæmoglobiner og så videre. Imidlertid er hver hæmoglobin ikke komplet uden at være i systemet. Således er alt ét, og ét er alt. Hverken kan eksistere uden den anden.

JESUS

D: *Skal vi tro, at manden Jesus var Guds søn?*

S: Dette er en meget grov forenkling, for Gud er ikke menneskelig. Hvordan kan Han have en søn? Dette blev indhyllet i disse termer for, at folk skulle forstå det på et meget grundlæggende niveau. Begrebet "sønn" var ikke ment til at blive taget bogstaveligt. Hvis du ønsker en afklaring, var Jesus en udsending fra et andet niveau af spirituel virkelighed, som er meget tættere på Gud end vi er. Hans niveau var ikke direkte under Gud. Med andre ord, der er niveauer, der er mere fuldkomne end Jesus. Imidlertid kom han fra et niveau, som ingen menneske før havde været fra. Det menneskelige sind har svært ved at forstå mange af disse koncepter. Derfor må de formuleres og formuleres i termer, som menneskelig forståelse vil acceptere.

D: *Bibelen lærer os, at Jesus var hos Gud og en del af Gud, før han kom til Jorden. Er dette på samme måde som vores ånder også er en del af Gud?*

S: Det er korrekt.

D: *Men var Han ikke mere som Gud?*

Mellem Død og Liv

S: Han var på et højere plan, hvis du vil.

D: Er der andre, der har inkarnateret, som kunne klassificeres i samme - jeg ved ikke, om jeg skal sige "rolle" - men andre, der er kommet til Jorden som hjælpere, der ville blive betragtet som store, som vi kristne betragter Jesus? Andre, som vi måske ikke engang kender til, der inkarnaterer i samme ånd?

S: Hvis du taler om nu, så må jeg ikke sige det.

D: Har der været andre udsendinge som Jesus i fortiden?

S: Bestemt. De er veldokumenterede. Navnene er ikke vigtige, fordi man har en tendens til at miste fokus på hensigten og fokusere på individet. Der var dem, som du måske vil sige, var "gadefolk," som ikke var så kendte, men som kom fra det samme plan. De udførte deres formål på fortræffelig vis. De var blot ikke så kendte som Jesus.

D: Hvad var formålet med Jesu død?

S: Hans død var helt og holdent hans eget valg. Bibelen ville erklære det modsatte, og det er helt i orden, hvis man ønsker at tro det. Imidlertid blev han dræbt af menneskelige hænder og menneskelig vilje, og ikke af guddommelig skæbne. Det var hans valg at sætte sig selv ind i menneskers skæbne.

D: Du har ret, Bibelen siger, at han selv sagde, at ingen mand tog hans liv; han lagde det ned af sin egen vilje.

S: Det er sandt.

D: Men hvad var målet med det?

S: Hvis du ønsker et mål, bemærk hvem der gjorde drabet, menneskene eller henretterne i dette tilfælde. Dette var blot for at understrege det niveau, som menneskelig interaktion var, og stadig er.

D: Døde han for at bevise for mennesker, at de kunne leve igen?

S: Hvis det er, hvad de har brug for at tro. Bogstaveligt talt, nej. Figurativt, ja.

D: Hvad var det bogstaveligt?

S: Der var ikke sådan en bogstavelig oversættelse for behovet for hans død. Han placerede blot sin velvære i hænderne på mennesker og tillod dem at gøre, som de ville. Resultatet er veldokumenteret.

D: Hvorfor valgte han en så frygtelig måde at dø på?

Mellem Død og Liv

S: Han valgte ikke det. Det var skikken på det tidspunkt. Han gav blot samtykke til dette. Han havde magten til at undslippe sin død, hvis han ønskede det. Han valgte at opleve det.

D: *Jeg tror, vi prøver at forstå, hvad han forsøgte at bevise ved at dø på en sådan måde.*

S: Hans motiver er hans egne, og jeg vil ikke forsøge at gætte dem. Hvis han var i live i dag, kunne en lignende situation opstå, hvor han ville blive falsk anklaget og sendt gennem det kriminelle retssystem og henrettet ved injektion, elektrisk stol, skydning eller hængning. Korsfæstelsen var blot den metode, der var "in vogue" på det tidspunkt.

D: *Det virker temmelig meningsløst, hvis vi ikke forstår grunden.*

S: Se ikke mod Jesus; se mod din medmenneske. Svaret ligger i, at han blev henrettet. Punktet her er, at der er uretfærdighed.

D: *Menneskers uretfærdighed mod mennesker? Er det, hvad du mener?*

S: Det er korrekt.

D: *Nå, det er blevet bragt ned til os, at han døde for vores synder. Forstår du det koncept?*

S: Disse er blot rationaliseringer, der er blevet puttet ind i Bibelen for at forsøge at forklare det på et meget grundlæggende niveau. En meget bredere forståelse er nødvendig for at forstå hele livet og Jesus' oplevelse. Mange almindelige og accepterede overbevisninger er skadelige for en ægte forståelse, idet det at hænge fast i disse vil forhindre en voksende bevidsthed om den sande funktion af filosofi.

D: *I Det Gamle Testamente i Bibelen er der hyppige henvisninger til den Hellige Ånd. I Det Nye Testamente kaldes det oftere den Hellige Ånd. Der er en indikation på, at dette er en ånd fra Gud, der er tilgængelig for at hjælpe folk. Jeg vil gerne vide mere om det og hvordan det fungerer.*

S: Vi ville sige, at dette ville være et forsøg fra din bevidsthed på at forstå et aspekt af Guds natur. Der er en vag bevidsthed om, at der er divisioner af det, du kalder "Gud." Og disse divisioner er blevet givet disse tre betegnelser: Faderen, Sønnen og den Hellige Ånd. Imidlertid ville forståelsen af den Hellige Ånd være ligeså vanskelig at forstå med din bevidsthed som ville være Gud Faderen. Det er tilstrækkeligt at sige, at denne ånd er af en energinatur - mere en livskraft end en livsform. Måske kunne man sige, mere af den opretholdende liv. Det vil sige, essensen af livet i sig selv i modsætning til personligheden, som er fuld af dette liv.

D: Er det muligt for en person at overleve uden denne ånd?

S: Ikke sådan, for hvordan kunne personligheden overleve uden liv? Liv taler på mange niveauer, ikke blot fysisk liv, men åndeligt liv. Det er det opretholdende element af personlig bevidsthed, eller personlighed på dit niveau.

D: Så du siger, at det er livets ånd i sig selv. Det er sådan, vi ville genkende det.

S: At formulere det i termer, som du kunne forstå, ville være måske præcist.

Således ville det synes, at når kirkerne taler om Triaden, eller Treenigheden, den Store Tre-i-Én, er de faktisk tættere på den virkelige koncept end de indser. Disse er hver især adskilte, ligesom vi også er adskilt fra Gud, og alligevel er de alle én. De er alle former for det samme, men deres beskrivelser er blevet sat ind i forenklede termer, som vores menneskelige sind kan forstå. Det er sværere for os at visualisere Gud som en energikraft. Det er meget lettere for os at give Ham personificering. Fra de informationer, jeg har modtaget, synes det, at den Hellige Ånd og Gud i essens er det samme, en livskraft, der gennemtrænger alt. Uden nogen af dem kan der ikke være liv, fordi dette er den drivende energi bag det. Således ville det være selvmodsigende for kirken at sige, at vi bør lade den Hellige Ånd komme ind i os, fordi den allerede er der. Fraværet af denne Ånd ville betyde fraværet af selve livet.

Kapitel 10
Satan, Besættelse og Dæmoner

D: *Vi spurgte dig om begrebet Gud. Hvad med begrebet Djævelen eller Satan?*
S: Begrebet er blot det – et begreb, en analogi, en rationalisering som bruges for at opnå forståelse.
D: *Så der er ingen virkelig enhed?*
S: Der er ikke en sådan virkelig entitet, nej. Der er ingen personifikation.
D: *Men folk siger, at Djævelen er et væsen, en person. Findes der noget sådant?*
S: Ikke som én væsen eller én entitet, der er ond og betragtes som Djævelen. Når de fleste mennesker taler om Djævelen, taler de om væsenet kendt som Lucifer, som var en gang ved tidens skabelse, og som, gennem sin egen trang til magt, mistede alt.
D: *De forbinder ham med det onde?*
S: Det er fordi de fleste af de elementale væsener, som er blevet forbundet med det onde, samles omkring ham.
D: *Tror du, at denne misforståelse, så at sige, ville give denne slags kræfter mere magt?*
S: Ja, for de udnytter misforståelse til deres egne formål.
D: *Så folk giver dem magt ved at tænke på dem!*
S: Magt gives ikke blot ved tanker om dem. Det gives i de handlinger, folk foretager. Dette er grunden til, at hver gang nogen siger: "Djævelen fik mig til at gøre det," når de har gjort noget, de ved er forkert, giver det dem mere energi.
D: *Jeg har hørt det sagt, at der skal være en Djævel, fordi der skal være balance. Hvis du har godt, skal du have ondt.*
S: Dette er en rationalisering eller et forsøg på at forstå. Folk har brug for noget at sige: "Åh, jeg forstår det." Hvis vi ikke forstod det, ville vi ikke føle os trygge. Disse er rationaliseringer, der gør os trygge, så vi kan føle, at vi forstår det. Vi har sat mange rationaliseringer op for at forklare, hvad vi ser og føler omkring

Mellem Død og Liv

os, til det punkt, at disse rationaliseringer har fået liv. De bør nu forstås som blot rationaliseringer og ikke entiteter af deres egne.

D: Er det godt eller skidt, at folk rationaliserer på denne måde?
S: Formålet er opfyldt. Der er en følelse af sikkerhed. Dog kvæler det væksten, fordi der er modstand mod at give slip på rationaliseringen for at forstå noget, der er lidt mere komplekst. Det er hverken godt eller skidt, blot ligegyldigt, hvad angår rigtigt og forkert.
D: Hvad med prædiken om synd og at du vil gå til Helvede og brænde i ilden osv.? Ville du forklare det som en mistranslation?
S: Da du var barn, truede dine forældre konstant med bæltet for ikke at spise aftensmad eller mange andre ting. Frygten for disse straf var det, der rettede din opmærksomhed eller dine handlinger væk fra det, der forårsagede konfrontationen i første omgang. Dette er blot en voksen trussel for at få dig til at gøre det, der opfattes som godt.
D: Så er der ikke et fysisk sted som Helvede?
S: Der er ikke noget fysisk. Sindet vil ved døden skabe sit eget Helvede, hvis det er, hvad det forventer. Antag en person lever et liv i ondskab og hele tiden ved, at de skal i Helvede for, hvad de gør. Hvis de fast tror på det, så når de dør, vil det vente på dem.

Jeg tror ikke, folk nødvendigvis lever et ondt liv. De kan leve et helt normalt Gud-frygtende, kirkegangsliv, men kirken har plantet denne frygt i dem. Og da de er normale, ved de, at de ikke er perfekte, så de forventer at gå til Helvede for en lille ubetydelig synd, fordi dette er, hvad kirken har lovet. De føler sig så uværdige, at der ikke kan være andet efterliv for dem end Helvede. Denne form for hjernevask skader en person ekstremt, hvis den forbereder dem til at forvente Helvede i stedet for Himlen. Jeg tror, det er her, kirken tager fejl og kan gøre mere skade end gavn. Ved at få folk til at frygte Helvede så intenst, lykkes det kirken at skabe det for dem.

S: De forbliver der i deres version af Helvede, indtil de indser, at det er et produkt af deres eget sind. Det kan tage et år eller hundreder, men da tid ikke har nogen betydning på denne side, er det som kun et blink med øjet. Når de indser, at de ikke behøver at blive

Mellem Død og Liv

der, har det ikke magt til at holde dem, og de bliver frigivet til at gå, hvor de virkelig hører hjemme.

D: *Men der er meget, vi kalder "ondt" i verden.*

S: Ondt er ikke et nøjagtigt udtryk. Dette bringer os tilbage til, hvad der er godt, og hvad der er dårligt. Det er blot misledt; det ville være et mere passende udtryk. I vores opfattelser er de ting, som I kalder "ondskab," blot energier, der er misledt eller fejldirekteret. Disse energier er simpelthen ikke udviklede. De er ikke personifikationer af det onde. De er ikke entiteter, så at sige. Der findes ikke en sådan Djævel, der går på jorden og snupper sjæle fra folk. Dette er en falskhed og en fortælling, der blev skabt for at forstå disharmoni. Jeg vil bruge en analogi. Der er positivt og negativt på et batteri. Hvis du skal starte en bil, har du to jumperkabler til at tilslutte, positiv og negativ. Hvis du lader en være frakoblet; ja, så vil du stå stille et stykke tid, ikke? Så det kan ses, at begge er nødvendige. Ingen er mere vigtig, mere hjælpsom eller nyttig, da de er lige vigtige og nyttige. Så læg din fascination af det onde og gode til side, for dette er et unøjagtigt koncept og vil hæmme dine opfattelser og forståelse.

D: *Kom disse energier hertil fra et andet sted?*

S: De er energier, der lever på denne planet. Vi er alle energier. Du er en energi, din sjæl er en energi. Disse er de energier, jeg taler om. Vi kunne sige sjæle.

D: *Ville dette passe ind i ideen om, at tanker er energier?*

S: Præcis. Tanker er energi. Tanker er reelle manifestationer. Tanker er, kort sagt.

D: *Mener du, at ved at folk tænker på, at disse dårlige ting sker i verden, skaber de faktisk disse energier?*

S: Det er sandt. At tænke på helvede på jorden vil bringe det lige så sikkert som at gå ud og bygge det med sved på panden. Det sker måske ikke på samme måde, men det vil bestemt ske.

D: *Så ved at tænke på disse ting og frygte dem skaber folk en tankeenergi, der er stærk nok til at forårsage dem. Er det korrekt?*

S: Det er præcis rigtigt. En tanke er energi. Din sjæl manipulerer energi. At tænke er manipulation af energi. En tanke er en viljens handling. Formålet er at modvirke denne disharmoni ved at bringe frisk energi, nye ideer, håb, nye retninger. Det er tankens hensigt, der tæller. Hvis du sender nogen kærlighed, er det hensigten. Hvis

Mellem Død og Liv

du ønsker noget til gengæld for det, kan du sende dem kærlighed, men det er ikke hensigten. Det afhænger helt af, hvad der forventes.

D: Og dette kan ikke maskeres. Den sande følelse kommer igennem - er det, hvad du mener?

S: Afsenderen ved, hvad intentionerne er. Modtageren måske ikke.

D: Så hvis det er sandt, at der ikke findes noget sådant som det onde, og der ikke findes noget sådant som Djævelen, hvor kommer vores koncept om det onde fra?

S: Vil du virkelig vide det? Der er et ord, der opsummerer hele dette koncept let. [Han stavede det] U-N-D-V-I-K-L-I-N-G. Der er en mangel på ansvar ved at give denne ulykke og denne frygt skylden på andre. Det er meget lettere at tildele skylden udad end indad. Og så, voila, er Djævelen der og stikker sin tre-takkede prang og opfordrer andre til at gøre det, de normalt ikke ville gøre. "Hvem, mig? Nej, Djævelen fik mig til at gøre det." Dette er blevet hørt gennem århundrederne. Dette er, hvad der menes med "undvigelser." Dette er "ondskab."

D: Vi tænkte, at ondskab helt sikkert var en kraft, og vi spekulerede på, hvor den kom fra.

S: Den kom fra fantasien. Den blev fremkaldt og vandrer derfor rundt i verden, fortærer uskyldige, debauchering, voldtager, plyndrer. Dette er ondskab inkarnat. Undskyldningen er at skjule sig for ansvar.

D: Så det kommer fra sindet hos de mennesker?

S: Det er korrekt. Det kommer fra de indre ønsker hos folk og ikke fra en udenforstående kraft, for der er ingen sådan entitet, der vandrer i universet. Der er simpelthen en mangel på ansvar hos dem, der ønsker at tildele Djævelen sin skyld.

D: Nå, med så mange mennesker, der tror på, at der findes ondskab og Djævelen...

S: Så er der Djævelen.

D: Er det muligt, at ved at tro på det, kan folk skabe en slags tankeform?

S: De kan ikke skabe en entitet, for kun Gud kan gøre det. De kan skabe situationer, der ser ud til at bevise deres eksistens. De opsætter begivenheder, der beviser for dem selv gyldigheden af det, de ønsker at tro. Dette gælder ikke kun for "onde" oplevelser,

Mellem Død og Liv

men også for gode og "hellige" oplevelser—det, som du tror på, forprogrammerer din oplevelse. Tro på, hvad du vil, og det er, hvad du vil finde.

D: Men vi har hørt, at man kan skabe tankeformer med sit sind.
S: Det er ikke korrekt, for ingen almindelig dødelig har skabelsens magt. Kun Gud har den ret; den magt. Hvad mennesker skaber, er disse situationer eller omstændigheder, der ser ud til at bevise eksistensen af denne Djævel. Kan du give mig et specifikt eksempel på, hvad du spørger om?

D: Nå, jeg har hørt, at hvis nok mennesker koncentrerer sig, kan de skabe en tankeform.
S: Det er ikke korrekt. De kan skabe energi, som blot er en samling af de energier, der bliver fodret ind i den. Det er simpelthen et spørgsmål om at samle energierne. Dette kan gøres for godt eller for ondt. Men der er ikke skabelse af en entitet.

D: Så det ville fordampe, når energien blev frigivet fra det?
S: Der blev ikke skabt noget, og derfor ville energien fordampe og gå tilbage til elementerne. Jeg gentager, der er ikke skabelsen af nogen entitet i dette; der er blot samlingen af energier, hvilket er en meget kraftfuld proces. Der er ikke skabelse af liv af nogen skabning, hverken astral eller andet. Der er kun energi skabt af Gud, og det er alt.

D: Så vi behøver ikke at frygte noget sådant?
S: Det er korrekt. Menneskeheden har været i frygtens lænker alt for længe, og det er nu tid til at bryde disse lænker af bondage og frigive mennesker til at acceptere deres eget ansvar. Der findes enheder, der kan betragtes som dæmoniske. Der er enheder, der blot er elementaler, som er blevet forvredet af menneskelig kontakt. Der er også enheder, der er elementaler, som er blevet ophøjet af menneskelig kontakt. Det hele afhænger af eksponeringen. Kraften er den samme. Det er, hvordan det udnyttes. Der er ingen sort og hvid områder.

På dette tidspunkt havde jeg svært ved at forstå termen "elementaler." (Se også Kapitel 6.)

D: Mener du med elementaler, at de bare er meget simple - de har ikke lært noget endnu?

Mellem Død og Liv

S: De er jordånder, ja.
D: *Jordbundet ånder?*
S: Ånder af jorden. Der er en forskel.
D: *Får de også lov til at inkarnere?*
S: Nej. Det, som nogle mennesker refererer til, når de taler om besættelser, er som regel en overtagelse af et elementalt væsen.
D: *Kunne de udvikle sig til en ånd som dig selv?*
S: De kunne udvikle sig til en højere form, men de ville aldrig få lov til at inkarnere.
D: *Da de indfødte amerikanere talte om træer og dyr, der havde ånder, ville de være ligesom det?*
S: Det er sandt. De har værger, som det var, der passer på dem. De er mere en følelse, en sansende ånd end at have meget tanke.
D: *Så hvordan kunne man håndtere dem, hvis de forårsager problemer? Kunne du ræsonnere med dem?*
S: Du kunne ræsonnere med dem ved at lade dem vide, at du vil konfrontere dem og fortælle dem, at de skal gå. Og ved at fortælle dem på den rigtige måde vil de være nødt til at forlade.
D: *Så man kan ikke ræsonnere med dem, som man kunne med et andet menneske. Det er dem, der bare skaber problemer!*
S: Ikke altid. Der findes gode eksempler på positiv brug af elementale væsener. Der har været grove eksperimenter med korrekt brug af elementaler gennem tilegnelse af viden.
D: *Så hvis de ikke er en ræsonnerende ånd, kan de ikke forstå, om hvad de gør er "rigtigt" eller "forkert."*
S: Korrekt. Elementaler lever på følelse energier. Du vil finde nogle, der lever i kirker. De føler det ophøjede i bøn og lykken, der lever i det sted, og de lever af disse følelser. Og så er der dem, der lever af had og lyst og sådanne ting, og de samles omkring steder, der genererer disse følelser.
D: *Er der nogen måde, mennesker kan beskytte sig selv mod påvirkningerne fra disse drilagtige elementaler?*
S: Du kan altid nedkalde en bøn om beskyttelse over dig selv og over dine omgivelser.
D: *Er der en bestemt måde, du skal gøre det på?*
S: Nå, det afhænger af den måde, du ser den evige værende og universet på. Du kan bare kalde den ultimative magt af det gode og bede om, at den beskytter dig.

Mellem Død og Liv

D: *Så der er ingen bestemte ord, der skal siges på en bestemt måde?*
S: Nej. Det skal blot komme direkte fra indeni og siges med mening. Folk, der angiveligt er "besat," er faktisk eksempler på de ånder, der har en særlig dårlig dosis negative energier tiltrukket til dem. Det er blevet stærkt nok til at begynde at påvirke dem på den fysiske plan. Disse ånder, når de krydser over, vil være nødt til at bruge en del tid i hvilestedet for at befri sig selv fra dette.
D: *Jeg prøver at forstå disse negative ånder, som de tiltrækker.*
S: Ikke ånder—energier.
D: *Negative energier. Jeg tror, folk tænker altid på disse negative energier som noget, der ligner Djævelen og dæmoner.*

EN ANDEN VERSION:

D: *Når nogen er besat, er den entitet, der gør besættelsen, en sand ånd?*
S: Det er en forvriden ånd. Mere på niveauet af hvad du ville betegne som "dæmoner." De er lavere end menneskelige sjæle, og de er blevet forvridne gennem berøring eller kontakt med visse enheder eller endda mennesker, så de er bøjet og onde.
D: *Men hvis de ikke faktisk har levet liv, hvor kommer de så fra?*
S: De var ved dannelsen. Sagerne omkring såkaldt "besættelse" skyldes generelt en person, der har tilladt deres karma at blive alvorligt ubalanceret, hvilket efterlader et vakuum i dele af deres karmiske energier, hvor andre energier kan trænge ind. Disse er normalt uorganiserede energier, for den energi, der udgør din sjæl og din krop, er ikke de eneste energier, der findes. Nogle af de overtroiske termer, der plejede at være almindelige i dit sprog: jordspritter, vandsprites, elementaler og forskellige sådanne ting, henviste til samlinger af løst organiseret energi, der typisk er forbundet med bestemte fysiske karakteristika på Jorden. På grund af den type energi, de er, tiltrækkes de af bestemte fysiske situationer.
D: *Så det er ikke normalt en besættelse af en menneskelig ånd, der krydser over?*
S: Nej. Normalt er det en elemental type ånd, der er til stede på Jorden hele tiden, fordi det simpelthen er en del af Jorden.
D: *Mener de virkelig noget ondt, når de gør sådanne ting?*

Mellem Død og Liv

S: Nej. Grunden til, at de trænger ind, er, fordi der er en alvorlig ubalance og et vakuum der, og vakuummet skal fyldes. Det er som en magnet for dem, og de tiltrækkes uden virkelig at ønske at blive tiltrukket. De gør det ikke med vilje; det er bare en uheld. Og den voldsomhed, der følger, skyldes, at de ikke er så organiserede, i energimæssige termer, som den menneskelige sjæl er. De er mere løst formede, og derfor er de ikke i stand til at have organiseret handling; således er voldsom handling et resultat.

D: *Jeg troede, de var mere som drilagtige ånder.*

S: Nej. Der er ting, de gør ud af drilleri, men sådanne ting sker generelt på grund af en ubalance i energierne. Det er loven om årsag og virkning igen. Disse energier tiltrækkes af denne ubalance på grund af interaktionen mellem den energi og deres energi. Det er blot et spørgsmål om energier, der dræner snarere end opbygger. Besættelse er en realitet; dog er elementaler tiltrukket og ikke angribere som sådan.

D: *Er der noget, som nogen kan gøre for at slippe af med disse – for at udvise dem, hvis de er trængt ind på den måde?*

S: Det er svært at sige. Grundlæggende er det at indse, at det var en ubalance i dig, der forårsagede dette. Det eneste, jeg kan se, der er tilgængeligt på dit nuværende vidensniveau, ville være at meditere og få tingene tilbage i balance. Efterhånden som tingene bliver tilbage i balance, vil elementalerne være nødt til at forlade, ligesom en naturlig konsekvens. Fordi polariteterne i de involverede energier ville ændre sig, og de ville ikke længere være i stand til at blive, fordi energien ikke længere interagerer på samme måde.

D: *Vi hører om eksorcismer udført af kirken.*

S: Det er hovedsageligt en hjælp til sindet hos den involverede; for at hjælpe dem med at indse, at der er noget ude af balance, og for at hjælpe dem med at forsøge at sætte noget tilbage i balance. Men normalt er det som at sætte et plaster på et dybt snit. Det hjælper ikke rigtig såret, og du fortsætter med at bløde omkring plasteret? Den involverede person må aktivt arbejde med sig selv for at kunne balancere ubalancen. Og at få lidt vand dryppet på dig og nogle ord sagt over dig ville ikke korrigere situationen.

D: *Jeg har hørt, at hvidt lys er meget effektivt til at eksorcere disse elementaler.*

Mellem Død og Liv

S: Ja. Det er effektivt til beskyttelse, især mod—eller ikke "mod", det er et dårligt ord.

D: Det kan bruges til beskyttelse, når man har at gøre med mennesker, hvis auraer synes at kollidere med ens egen.

D: Jeg har hørt om det, de kalder "psykiske vampyrer," som ville være en anden person, der absorberer din energi og får dig til at føle dig meget svag eller drænet. Det er ikke en særlig god betegnelse, men ved du, hvad jeg mener?

S: Ja. Det er en god beskrivelse for dit sprog. Disse psykiske vampyrer er ubalancerede selv og har brug for at arbejde på det.

D: Nogle gange er det ikke intentionelt, når disse ting sker.

S: Det er sandt. Nogle gange sker det spontant. Det er ikke så almindeligt, men det er stadig klogt at beskytte sig selv.

D: Sagde du ikke, at en person ikke kunne være besat uden deres samarbejde? Eller forstod jeg dig korrekt?

S: En dæmons eneste metode til at trænge ind er gennem snedighed. Derfor må de være meget snedige for at opnå selv et fodfæste på en anden person.

D: Kan de hænge sig fast ved at finde svage punkter i auraen? Ville dette ikke være det samme som den anden enhed sagde om at finde et svagt punkt af ubalance - et vakuum eller tomrum at fylde?

S: De ville hænge sig fast på enhver måde. Dette ville være en metode, ja.

D: Er det muligt for de mennesker, der kan læse auraer, at opdage dette hos andre?

S: Ja. Hvis en person er klar over at være overtaget, behøver han blot at sige: "Jeg beder dig om at forlade i Kristi navn," og det skal gå. Det må adlyde dette navn; de har ikke noget valg.

D: Hvem skal give den kommando? Den person, som dæmonen er i, eller kan nogen anden gøre det?

S: Hvis nogen anden gør det, er det, hvad du ville betegne som en eksorcisme. Men hvis personen, der bliver besat, gøres opmærksom på dette, kan de også beordre dem til at forlade. Men der skal være styrke i kommandoen.

D: Hvad hvis de ikke tror, de er besat? Skal de have at vide, hvad de skal sige eller gøre?

S: Hvis de ikke tror, de er besat, kan en anden gøre eksorcismen for dem ved at beordre dem til at forlade. Jeg spørger dig, hvilken skade ville det gøre at beordre noget til at forlade i Kristi navn?

158

Hvis der ikke er noget der, har det ikke skadet noget. Men hvis der er noget der, har det gjort en stor god for denne person.

D: Kan du fortælle mig, om nogen nogensinde forlader deres fysiske krop, og en anden ånd træder ind i den krop og bruger den?

S: Ja, oh ja. Måske har sjælen blevet utilfreds med situationen og besluttet, at den ikke kan håndtere det, som den troede, den ønskede. Men kroppen skal fortsætte af andre årsager, fordi denne person, som andre kender den, har brug for at eksistere. Derfor ville en anden vælge at træde ind i denne krop og leve det liv.

Dette er en typisk beskrivelse af en "walk-in", ikke et tilfælde af besiddelse. Walk-ins diskuteres i Kapitel 15.

D: Er der nogensinde et tilfælde, hvor en ånd tvinges ud af kroppen?
S: Nej, det er selvets beslutning.
D: Der er meget snak om disse ting, der skræmmer folk. De siger, at en ond ånd kan komme og tvinge dig ud af din krop og tage besiddelse af kroppen. Er en sådan ting mulig?
S: Måske, hvis der ikke var noget ønske om at forblive; en, der tilsyneladende er højbevidst, kunne... tage over. Men jeg har aldrig kendt til, at dette er sket. Jeg tror, hvad du taler om er, hvor andre siges at bebo kroppen samtidig med, snarere end at den anden entitet rent faktisk forlader.
D: To ånder på én gang! Hvorfor ville det være tilladt?
S: Disse er rastløse ånder, mere af en elemental art.
D: Jeg tror, du fortalte mig, at elementaler var noget, der mere eller mindre ikke havde nogen forståelse. Det var bare en meget...
S: (Afbrudt) Det er en meget grundlæggende Det er en meget grundlæggende energi. Den opererer mere på basis af ønsker end på viden om hvorfor.
D: Nå, hvordan kunne personen tillade noget sådan at komme ind?
S: Ved ikke at beskytte sig selv. Forskellige ting. Men det er altid muligt at kaste det af sig på ethvert tidspunkt, som ejeren af kroppen ønsker det.
D: Så de er ikke mere magtfulde end den virkelige ejer af kroppen. Hvis en person måske ville give sig til stærk drik eller stoffer, åbner det så nogensinde kroppen op for en elemental?

Mellem Død og Liv

S: Der er dem, der på grund af disse faktorer bliver meget åbne. Og der er elementaler, der samles omkring disse typer mennesker, men det er en sjældenhed. Det er ikke noget, der sker hver dag, som det ville være.

D: *Så stærk drik eller andre stoffer svækker ikke evnen til ...*

S: At beskytte sig selv? Nej.

D: *Okay. Jeg troede, det gjorde dem mere åbne for disse andre ånder.*

S: Kun hvis de tillader sig selv at være det.

D: *Så længe de beskytter sig selv, behøver de ikke at bekymre sig om det.*

S: Bed bare om Guds beskyttelse, i Guds navn eller Jesu navn. Den blot vokalisering giver øjeblikkelig beskyttelse.

D: *Kan det hvide lys også bruges på denne måde?*

S: Det er korrekt – lyset af beskyttelse. Blot det at udtale Jesu eller Guds navn og bede om deres beskyttelse er det samme, for straks omringer lyset én.

Det ser tilsyneladende ikke ud til at have betydning, hvad dine særlige religiøse overbevisninger er. Hver enhed er enige om, at det at påkalde en højere magt for beskyttelse vil være tilstrækkeligt til at holde elementaler væk. De er også alle enige om kraften i det hvide lys. Dette er personificeringen af beskyttelse. Det er meget effektivt, når du visualiserer dette smukke lys, der omgiver dig selv, din bil, dit hjem, eller hvad som helst.

Følgende er en meget effektiv visualisering for beskyttelse, som blev givet til mig af et emne i trance.

S: Vokalisering er meget effektivt, men du bør inkludere mere visualisering. Se mere fuldt ud, og stol ikke så meget på blot de talte ord. For selvom de talte ord i sandhed er en skabelse af energier, er det meget mere effektivt for dig, hvis du virkelig visualiserer og ser i dit sind's øje nøjagtigt det, som du ønsker. For dette er i virkeligheden skabelse. Se dig selv indhyllet i en pyramide af hvid energi, der omgiver måske hele bygningen, du er i, eller hvad du føler dig mest komfortabel med. Hvis det bruges på denne måde, ville alt inden for dens rum være inkluderet i denne hvide energi. Opmuntre alle, der deltager, til at co-create, og i så doing bliver energierne stærkere. Det ville være meget

Mellem Død og Liv

enkelt at beskrive en pyramide, der omgiver de tilstedeværende, og bede hver enkelt blot visualisere denne pyramide af hvid, glitrende energi, således at ingen destruktive energier kan trænge ind fra ydersiden. Bed om, at alle destruktive energier inden for skal transformereres og justeres til de kreative energier i universet. I denne måde vil dem, der er tilstede, hjælpe med at helbrede den, der ønsker det. Energi kan ikke ødelægges, men den kan konverteres fra negativ til positiv. Enhver kan skabe denne pyramide af hvidt lys og omgive sig selv med den. De behøver blot at bekræfte for sig selv ønsket om at gøre dette. De må virkelig ønske dette for at tro på det. For hvis individet ikke er fast i sin tro på det, de ønsker, vil der være begrænset succes med dette.

D: *Jeg har hørt folk sige, at man skal bede om beskyttelse i Jesu navn. Er dette lige så effektivt?*

S: Det er korrekt. Det er i virkeligheden helt samme princip, der er på spil her; blot forskellige måder at udtrykke dette princip. Der er mange måder, denne energi kunne dirigeres på, i henhold til individets religiøse overbevisninger. Dog er mange mere tilknyttede til én bestemt måde end en anden. Det er blot et spørgsmål om hensigtsmæssighed og personlig præference. Det er helt op til individet, hvor effektiv en bestemt måde ville være.

S: Vi vil sige igen, at I selv er skaberne. I finder omkring jer det, der er skabt af jer. Derfor er det, I finder, i sandhed virkeligt, selv de ting, I siger er forestillede. For fantasien er i al virkelighed paletten for jeres kreationer; derfor, det som I kan forestille, er i sandhed virkeligt. Uanset om det er fysisk eller mentalt af natur, er det i sandhed virkeligt. Disse onde væsener, som I kalder dem, er i sandhed virkelige for dem, der ville skabe dem i deres sind. Der er dem, der ikke tror på sådanne, og derfor eksisterer de ikke. Dog ville det være forkert at sige, at de ikke er virkelige for de individer, der tror på dem, for i sandhed er de virkelige. Det er jeres evne til at skabe, hvad I ønsker, der er endnu vigtigere nu end det var tidligere. Det er essentielt, at I er opmærksomme på denne magt, denne evne til at skabe, hvad I vil. For ved at gøre dette har I det meget virkelige valg om at skabe det, der ville være godt, eller det, der ville være ondt. Det er helt op til individet, hvilken virkelighed de skaber. Vi nyder disse tider, hvor vi kan

Mellem Død og Liv

kommunikere. Dette var den måde, det var engang på jeres planet, da alle kunne samtale så frit, som vi gør nu. Men der var det tidspunkt for Faldet. Ingen blev skånet for Faldet. Vi er ofre som jer selv af Faldet. (En dyster alvorlighed) Og vi føler, at I ved, hvad vi taler om.

Vi i den kristne religion har altid knyttet termen "Faldet" til englen Lucifer, der blev kastet ud af himlen af Gud. Dette gav angiveligt ham herredømmet over Jorden og skabte troen på Satan og det onde.

S: Dette var tiden, hvor viden gik tabt, og bevidstheden, så at sige, vendte sig nedad mod Jorden, og dette højere energiplan blev tilsidesat og forkastet. Så man kan sige, ud fra et rent analogisk synspunkt, at der fandt et tydeligt fald i bevidsthed sted – fra det højere plan til det mere jordbundne plan. Der var ikke, som man tidligere har troet, en bølge af ondskab til stede, da dette Fald skete. Det var ganske enkelt, at opmærksomheden hos disse væsener blev flyttet fra de højere til de lavere planer, så at sige. Det er dét, der menes med Faldet. Dette er ikke en vurdering af rigtigt eller forkert. Det er blot et faktum, som hører til i sandhedens område. Så man kan forstå, at når man mister sin forståelse af, hvem og hvad man er, vil man naturligt have en tendens til at vandre – som menneskeheden har gjort på denne planet i mange årtusinder. Det var ganske enkelt en glemsel af den sande identitet. En sænkning af bevidstheden, så at sige, og en glemsel af, at alle i virkeligheden er en del af helheden.

D: *Jeg tror, den vigtigste ting er at få denne idé om Himmel og Helvede klarlagt for folk.*

S: Det ville være en meget vanskelig opgave. Folk er ret hjernevaskede.

D: *Var disse begreber i Bibelen oprindeligt?*

S: Nej. En reference, der bruges, er beskrivelsen, som Jesus gav af Gehenna [jødisk navn for Helvede] og ildsøen. Han forsøgte at beskrive den tilstand, du er i, når du krydser over til åndens side, og du er omgivet af negative påvirkninger. Men folkene, der lyttede til ham, tog ham bogstaveligt og troede, at han talte om et virkelig sted. På et andet tidspunkt sagde Jesus: "I dag skal du se mig i paradis," da han blev henrettet. Han henviser til det faktum,

Mellem Død og Liv

at efter de døde ville de transcenderes over til åndens livsside, og det ville være på den plane kaldet "paradis."

D: *Jeg prøvede at tænke på en anden del i Bibelen, hvor det taler om nogen, der er i Helvede eller noget, og de bad nogen om at få dem ud. (Jeg havde svært ved at huske dette afsnit i øjeblikket.) Ånden sagde: "Hvis du blot kunne røre mine læber med et dråbe vand..."*

S: Ja, den ånd var i midten af mental kval, hvilket ville forårsage en tilstand, som på den fysiske plan kunne sammenlignes med feber. Det betyder også, at negative energier var omkring denne ånd. Når han sagde, at han ville have et dråbe vand på sine læber, bad han i virkeligheden om en smule visdom til at hjælpe ham med at nedbryde disse negative energier. Og visdommen ville fungere som en beroligende salve.

D: *Så han kunne forstå og slippe væk fra den tilstand. Jeg ved, at kirkerne har nævnt den del af Bibelen flere gange og siger, at dette er en permanent tilstand, som han ikke kunne komme ud af. De bruger det som et eksempel på at brænde i Helvede.*

S: Ja, men det var ikke en permanent tilstand. Han var på det tidspunkt i en mental cirkel, som han ikke kunne bryde ud af, så han kunne nedbryde de negative energier. Så han bad om en smule visdom for at hjælpe ham med at se, hvordan han kunne arbejde sig ud af det.

D: *Jeg prøvede at huske, om Jesus taler om Himmel et eller andet sted i Bibelen. Jeg ved, der var et sted, hvor han sagde: "Himmel og Jord skal forgå, men mit ord skal ikke forgå." Det er det eneste, der kommer til at tænke på lige nu.*

S: Han talte blot om det fysiske univers. Han sagde, at undervisningen i hans ord havde at gøre med de højere niveauer, der stadig ville eksistere, uanset ødelæggelsen af dette specifikke univers, fordi der også er andre universer, og de højere niveauer altid vil eksistere.

D: *Jeg synes, det er meget vigtigt, at folk forstår, at disse ikke er virkelige fysiske steder, de skal hen til. Det koncept synes så begrænsende; det er deprimerende.*

S: Ja, det er sandt. De har brug for at forstå, at reinkarnation ikke er en polar modsætning til deres kristne religion, som de synes at tro.

Mellem Død og Liv

D: *Jeg prøver at fortælle dem, at det egentlig bare er en filosofi. Det er det, jeg har fået at vide. Det er en måde at tænke på og ikke en religion i sig selv.*

S: Ja. Mennesker, der er dogmatiske omkring deres filosofi eller religion, mister synet på, hvordan tingene virkelig er.

Kapitel 11
Spøgelser og Poltergeister

D: Vi hører meget om spøgelser og poltergeister. Har du en forklaring på dem?
S: Naturligvis, for vi kunne betragtes som en, hvis vi fik møbler til at svæve og lysene til at tænde og slukke. Terminologien bruges simpelthen om de åndelige enheder, der har deres bevidsthed så fokuseret, at de kan forårsage manifestationer på det fysiske niveau. Dette kan opnås af mange, der er fokuseret i den grad. Intense følelser som vrede, raseri eller jalousi har tendens til at fokusere hele bevidstheden så meget, at dette er, hvad der sker.
D: Forsøger de at formidle et budskab eller noget, når de gør disse ting?
S: Ikke nødvendigvis. Nogle nyder blot underholdningen og underholder dermed både sig selv og dem, der er målet for deres narrestreger. Dette er ikke altid tilfældet, for du er godt klar over de mindre oplyste individer.
D: Jeg tænkte, at det ikke ville være en særlig oplyst ånd, der ville have lyst til at lege sådanne spil.
S: Der er altid leg i denne forbindelse, både på denne side såvel som på din. Dette er blot en anden form for det.
D: Selv oplyste ånder kunne gøre disse ting!
S: Det er korrekt. Der er nogle gange en vågning af bevidsthed, der opnås gennem denne aktivitet. Termen "poltergeist" anvendes løst om enhver ånd, der manipulerer fysiske objekter. Afgrænsningen er dog ikke afklaret med hensyn til hensigt. For ofte er der hensigt, der er positiv og hjælpsom og god ved at gøre dette, fordi det oplyser modtagerne af denne energi om, at der er ting, der ikke kan ses, som er reelle, lige så reelle som det fysiske.
D: Men nogle gange skræmmer disse ting folk.
S: Nogle gange skræmmer folk også disse ting. (Latter) For vi ved aldrig, hvad folk vil gøre.
D: Hvad med spøgelser?

Mellem Død og Liv

S: Manifestationen af mange spøgelser er intet andet end projektionen af energierne fra den individuelle, der ser disse apparitioner. Individerne selv projicerer disse energier, som måske kunne være refleksioner af deres egne tidligere liv eller bevidsthed om andre åndelige planer, og de projicerer disse bevidstheder ned til et fysisk niveau. Vi ønsker ikke at formidle, at alle spøgelser er disse projektioner. Dog, integrer dette i din bevidsthed, at disse er muligheder. At ikke alle er ægte ånder, men nogle gange blot projektioner af den person, der opfatter denne virkelighed.

D: *Er dette på samme måde, som vi ville opfatte feer, nymfer og den slags ting?*

S: Der er faktisk de energier, der opfattes som feer og nymfer; dog er disse ikke identiske med den energi, vi taler om. Disse er separate energier, der opfattes af et individ, ikke projiceret fra det individ. Disse projicerede energier er iboende og en integreret del af den person, der opfatter dem. Der er mange andre muligheder for projektion og perception. Dog taler vi her kun om denne ene specifikke form for manifestation, det vil sige en projektion-perception type oplevelse.

D: *Nogle mennesker har set, hvad de tror er spøgelser på forskellige steder, der genopfører scener. De ser ud til at være fanget i et øjeblik i tid.*

S: Det er en fremragende analogi. De er fanget i et øjeblik i tid. De er jordbundne enheder, der er fanget i deres egne handlinger, så at sige, og kan ikke finde nogen frigørelse. For de er så rettet i deres energier, at de ikke kan opfatte andet omkring dem end det, de har fokuseret på. Og så finder de sig selv i en ond cirkel, så at sige, dømt til at gentage de samme omstændigheder, der satte dem der i første omgang, indtil der er en vågning. Mennesker i fysisk form kan hjælpe og assistere disse individer meget lettere end vi, der er på åndelig side. Selvom disse spøgelser også er ånder, er deres bevidsthed og opmærksomhed låst til det fysiske, og dette er alt, de kan opfatte. Så de kan ikke se de ånder omkring dem, der forsøger at vejlede dem til deres sandhed, for at oplyse dem og befri dem fra deres elendighed. Dette er en situation, hvor det fysiske er mest i stand til at hjælpe det spirituelle.

D: *Nogle gange ser de ikke ud til at være opmærksomme på de fysiske mennesker, der observerer dem.*

S: Det er korrekt, for ofte er de så låst i deres egen energi, at de ikke ser noget omkring dem, selv ikke det fysiske, undtagen deres egen energi.

D: *Ville poltergeist-tilfælde nogle gange være denne type energi?*

S: Ikke sandt. Det er ikke korrekt. For poltergeister flytter fysiske objekter og er opmærksomme på deres konsekvenser. De er opmærksomme på de fysiske omgivelser. Det er sandt, at en poltergeist måske er låst til Jordens energi. Dog er det ikke korrekt at sige, at dem, der er låst i Jordens energi, altid er poltergeister.

D: *Jeg tænkte måske, de forsøgte at få opmærksomhed fra de mennesker omkring dem ved at skabe forstyrrelser på denne måde.*

S: Det er korrekt. Det er ofte tilfældet. Det er blot for at få opmærksomheden fra dem omkring dem, uanset om det er for underholdning eller ego-gratifikation.

D: *Men nogle gange kan en poltergeist skade mennesker med sine handlinger. Jeg har hørt om dem, der starter brande.*

S: Det er korrekt. Vi ønsker ikke at antyde, at alle poltergeister kun har ædle intentioner, for sådan er det ikke. Det kan være mere end opmærksomhed, de søger; det kan for eksempel være hævn.

D: *Der er normalt et ungt barn eller nogen omkring puberteten i husstanden, og der er en teori om, at disse enheder på en eller anden måde bruger den energi. Dette er ikke fuldt ud forklaret; det er bare en teori.*

S: Vi ville sige, at disse individer, der når puberteten, handler som deres egen poltergeist. For de bruger energier, som de ikke er klar over. Så de skaber aktiviteten selv, som ofte er tilfældet, men ikke altid.

D: *Men de er ikke bevidst klar over, at de gør det?*

S: Det er korrekt. Det er blot en manifestation af deres egne psykiske talenter og evner, som udløses af skismaet ved at gå gennem puberteten, hvilket manifesteres ved denne poltergeist-aktivitet. For meget energi rettes, når en person går igennem denne pubertetsoplevelse. Der sker meget forandring i kroppen, som derefter overføres til de mentale og følelsesmæssige planer samt de spirituelle.

D: *Så de gør det ikke ud af hævn mod familien eller noget som helst.*

Mellem Død og Liv

S: Det er korrekt. Det er simpelthen en måde at frigive energi på. Ophobet følelser rettes, og energien frigives derefter som poltergeist-aktivitet.

D: *Det ville være godt at forsøge at forklare dette, fordi nogle mennesker er bange for denne aktivitet.*

S: Det er forståeligt, at de er bange for det. For det ville antyde, at der er ånder, der ønsker dem skade. Som vi sagde før, er dette nogle gange tilfældet. Det er dog ikke altid tilfældet.

D: *Hvis nogen blev konfronteret med poltergeist-aktivitet, der var skadelig, hvordan kunne de få det til at stoppe?*

S: Som nævnt tidligere, udfordr disse enheder, der synes at forårsage dette, i Guds navn. Og som i tilfælde af besættelse, send dem på vej i Guds eller Jesus' navn. Hvis enhederne er skadelige, så er der tilstrækkelig beskyttelse i Jesus' navn. Hvis de kun ønsker oplysning, så accepter venligst dette som sådan og prøv at forblive eller blive oplyst.

D: *Er der sådan noget som en jordbundet ånd?*

S: I måske en dybere eller endnu mere profund forstand end hvad der almindeligvis holdes. En jordbundet ånd er nogen, der har haft mange problemer og ikke vil indrømme, at de kan frigives.

D: *Mener du, at de elsker livet så meget, at de ikke ønsker at forlade Jorden?*

S: Det er enten det tilfælde, eller nogen her på Jorden binder dem så hårdt, at de ikke kan forlade. Hver gang du sørger over nogen, der er gået bort, binder du den person lidt tættere på at være jordbundet. Sørgmodighed har sin plads, men overdreven sørgmodighed er skadelig for både den person, der sørger, og den, de sørger over. Der er ingen grund til at sørge over den person. De fleste af dem er meget glade for det, de har set på denne side.

D: *Så ved at sørge og holde fast i dem, holder du dem til Jorden, og dette er ikke godt. De fleste mennesker ville ikke indse det.*

EN ANDEN VERSION:

D: *Jeg har hørt, at der findes sådanne jordbundne ånder. Hvad sker der i et sådant tilfælde?*

S: Det er en forvirrende sag. Normalt, hvad der er sket, er, at de er åndeligt søvngængere. De er stadig bevidste om den fysiske plane,

Mellem Død og Liv

og de bemærker, at noget er anderledes, men de kan ikke helt finde ud af det. På et åndeligt plan ser det ud til, at de søvngænger. De kan søvngænger i det, der kan synes at være en meget lang tid for dig, i form af jordbundne ånder eller spøgelser eller hvad det nu måtte være. Men efter et stykke tid vil de vågne op og indse, at de er på det åndelige plan, og at de har andre ting at gå videre til.

D: *Hvorfor er de forvirrede? Er det en pludselig død eller noget lignende, der gør dette?*

S: Normalt er det fordi det underbevidste har misbedømt den tid, der er tilbage til at arbejde med et bestemt aspekt af karma. Det underbevidste kan have forventet en længere periode, og når det bliver forkortet, tager det længere tid for sindet at reorientere sig.

D: *Holder disse jordbundne ånder sig omkring der, hvor de plejede at leve, eller ville de for det meste rejse rundt på den jordiske plane?*

S: De har tendens til at forblive i områder, de var bekendte med. Sandsynligvis fordi de prøver at finde ud af, hvad der sker. Da de søvngænger, er det hovedsageligt deres åndelige underbevidsthed, der prøver at rette tingene op, så den åndelige bevidsthed kan tændes igen, så at sige.

D: *Forsøger de nogensinde at komme ind i en fysisk krop, mens de er i denne tilstand?*

S: Ikke ofte. Af og til vil de forsøge, men ånden, der er der, vil blokere dem, og de vil indse, at det ikke kan lade sig gøre. Det ville være som at støde ind i nogen på fortovet. Efter at det er sket et par gange, begynder de at vågne op og stoppe med at søvngænge.

D: *Kan de hjælpes til at indse, hvad der sker, når de er i denne slags tilstand?*

S: Når de er dybt inde i denne åndelige søvngængeri, er det meget vanskeligt at nå dem. Nogle gange skal de bare have tid, indtil de kan kontaktes og hjælpes til at vågne op hurtigere.

D: *Jeg har hørt historier om ånder, der hænger omkring tavernor eller omkring folk, der drikker eller bruger stoffer eller sådan noget. Jeg formoder, det er fordi, de ønsker fornemmelserne fra det. Har du hørt om tilfælde som det?*

S: Jeg nævnte tidligere overgangsperioden. Nogle ånder, især dem der har tiltrukket sig mange negative påvirkninger, har generelt en svær overgangsperiode, fordi de ikke ønsker at give slip på de fysiske fornemmelser. Det drejer sig typisk om stærke, eksotiske

Mellem Død og Liv

fornemmelser, som dem der kommer fra forskellige stoffer i jeres samfund: alkohol, nikotin, heroin eller hvad det nu måtte være. Så disse ånder, som er i overgang, opholder sig omkring mennesker, der regelmæssigt oplever disse ting, for at forsøge at absorbere deres følelser og fysiske sanseindtryk. De prøver at nyde det gennem andre.

"Vikarierende" er et interessant ord og særligt passende i denne sammenhæng. Ordbogen definerer det som: "At tage en andens plads. Udholdt eller udført af én person i stedet for en anden. Følt gennem forestillet deltagelse i en andens oplevelse: f.eks. en vikarierende spænding." Han kunne ikke have valgt et mere passende ord til at beskrive det, han forsøgte at formidle.

D: *For det meste har de ikke indset, at de er døde!*
S: Nogle gange ja; nogle gange nej. Mange gange, ja, de indser, at de er døde, men de håber, at de vil være i stand til straks at re-enter det fysiske plan. De er stadig i overgangsperioden, og de indser ikke, hvordan tingene skal være i balance endnu. Andre ved ærligt talt ikke, at de er døde, og de prøver at deltage i fysiske ting, som de gjorde, da de var i live. De indser ikke, at mennesker ikke kan opfatte dem. Endelig så længe de bliver i den tilstand, vil de indse, at de er døde. Når de indser dette, bliver de opmærksomme på det åndelige plan, og de afslutter deres overgangsperiode.

D: *De kunne tro, at det, der er her på Jorden, er alt, hvad der er.*
S: Ja. Sådanne ånder tror i begyndelsen, men jo længere de forbliver døde, jo mere opmærksomme bliver de på det åndelige plan, simpelthen fordi det er et spørgsmål om vibrational tiltrækning. Under overgangsperioden kan denne type ånd nogle gange ikke straks opfatte den hjælper, der er kommet. De kan ikke straks se eller føle dem, fordi de stadig er for stærkt tilpasset det fysiske plan.

D: *Hvad sker der med disse ånder, der synes at ønske at blive omkring Jorden?*
S: I de tilfælde synes ånderne at blive trukket tilbage til Jorden. De er dem, der tager længere tid til at tilpasse sig det åndelige plan, de har opnået. De har deres mentale konstruktioner af scener, som de er bekendte med. De vokser ikke ud over det, og de bruger det

Mellem Død og Liv

som en krykke. Så det får dem til at forblive tæt på det fysiske plan. Disse sjæle har nogle gange brug for hjælp. Mange gange gjorde de uheldigvis noget negativt for deres karma, og de ønsker ikke at forholde sig til denne kendsgerning. De er bange for, hvad de måske ser, når de kaster deres mentale krykke væk.

D: *De ønsker at blive ved det, der er velkendt for dem!*

S: Rigtigt. Ud af frygt. Hvis de fortsætter med at blive tæt på det fysiske plan, forbliver deres vibrationer sympatiske nok med det fysiske plan, til at der nogle gange kan være ekkoer af dem selv på det fysiske plan. Som et ekko er til lyd, men det ville være et ekko af energi. Dette ville forklare nogle af de ectoplasmiske fremtrædelser, der er blevet registreret på din plan - hvad du kalder "spøgelser" og sådan fænomener.

D: *De er ikke virkelig ånden! De er blot et ekko af den ånd, der ville forblive omkring huset eller hvad som helst!*

S: Ja, måske bruger ånden på den anden side af barrieren en mental konstruktion af et hus. Når han først krydser over, ville ånden have forestillet sig "hjem," for eksempel, for at hjælpe ham med at tilpasse sig denne nye fase af livet. Når de forestiller sig et bestemt hus, der er deres hjem, ser de blot det og sig selv i huset. Men indse - eller måske ikke indse - at ånden er bange for at gå videre, og så holder han fast i dette billede af hjemmet som en krykke, fordi det er velkendt. Han er bange for at forlade, og så forbliver han inden for dette hus. Det er grunden til, at disse spirituelle ekkoer, som du kalder spøgelser, normalt ses i så begrænset et område. Fordi de bruger dette ene mentale billede til at holde fast i, meget ligesom en baby, der holder fast i en sut. Da det at krydse over barrieren er en individuel oplevelse, har de lukket deres sind for deres omgivelser, fordi de bruger denne mentale konstruktion som en krykke. I en forstand er de alene for sig selv, fordi de har lukket sig inden for denne illusion af "hjem." De ser ikke, at der er andre ånder, der venter på at hjælpe dem med at fuldføre deres tilpasning. Det er som om, de har lukket øjnene og stoppet ørerne, og de tænker kun på hjemmet. Så i virkeligheden er de alene, og så reflekterer ekkoet dette ved at være uvidende om andre mennesker i omgivelserne. De levende beboere i det jordiske hus kan se spøgelset, men det synes ligeglad med dem.

Mellem Død og Liv

D: *Betyder det, at de fortsætter med at leve denne oplevelse i deres sind, eller hvad?*
S: Ja. De holder dette ene billede i deres sind, som på en eller anden måde betyder meget for dem. De koncentrerer sig blot om dette ene billede. Dette sker normalt i tilfælde, hvor ånden er meget bange og ikke har tilpasset sig at krydse over. Så de låser sig fast på dette ene minde, dette ene øjeblik i tid fra deres seneste liv. Deres sind er låst fast på det, og de visualiserer det, og derfor går det åndelige ekko gennem de samme handlinger igen og igen, som et resultat af at ekkoet afspejler, hvad de tænker på. Det ville være som, på din plan, når nogen har en irrationel frygt, og de har et heldigt ord, som de betragter som et amulet. De gentager det igen og igen for at hjælpe med at afværge denne frygt. Det er den type situation.

D: *Nogle gange er scenen en mordscene eller noget voldsomt, der er sket, og andre mennesker ser det som spøgelser, der handler ud en scene igen og igen.*
S: Rigtigt. Ånden visualiserer et bestemt bygning som sin mentale konstruktion og vil hænge fast i det. Og han kan visualisere en bestemt handling, der fandt sted i hans seneste liv. Nogle gange kan handlingen involvere en anden person, og han visualiserer også denne anden person. Det forklarer, hvorfor mennesker på din plan nogle gange ser to spøgelser interagere med hinanden i den samme scene igen og igen. Det er en del af dette minde, som denne sjæl bruger som en krykke.

D: *Hvis det er negativt, gør det så det mere kraftfuldt?*
S: Normalt sker dette, når sjælen ikke reagerer godt på overgangen og fortolker det som en negativ oplevelse. Det er frygtens kraft, der får dem til at gøre dette. Normalt, når sjælen krydser over og indser, at niveauet af karma, de har opnået denne gang, har været i en negativ retning, ønsker de ikke at fuldføre overgangen, fordi de er bange for, hvad de vil se. Imens vil deres sind låse sig fast på denne kilde til frygten, og det kunne være netop den scene fra livet, der forårsagede, at deres karma udviklede sig i en negativ retning. Det er alt, hvad de kan fokusere på. De indser ikke, at tingene er i balance på det åndelige plan. Selvom de måske går til et lavere plan, end de var før, er det ikke designet til at forårsage

Mellem Død og Liv

smerte eller tortur. Det er blot et spørgsmål om et sted, der er kompatibelt med dem, så de kan udvikle sig yderligere.

D: *Men folk har oplevelser med "spøgelser" eller "ånder" fra nogen, der er gået bort. De kommer og taler til dem og giver dem beskeder. Ville dette være det samme?*

S: Nej. Normalt, når folk interagerer med en ånd, der er kommet tilbage for at give dem et budskab, er det som regel deres guide, der prøver at kontakte dem. Hvis folk er avancerede nok til at kunne håndtere dette aspekt af livet, vil deres guider kontakte dem på denne måde for at hjælpe dem og give dem råd på en mere direkte måde.

D: *Mener du, at det ikke er ånden fra deres kære eller nogen som helst?*

S: Nogle gange er det, hvis den elskede er til stede for at hjælpe. Og de ønsker normalt at hjælpe, fordi folk forbliver karmisk knyttet på tværs af flere livstider. Selvom den elskede allerede er krydset over til den anden side i et stykke tid, er de stadig karmisk knyttet til denne person, fordi de uden tvivl vil interagere i et fremtidigt liv, så de er villige til at prøve at hjælpe. Mange gange vil deres guide kontakte en elsket på den anden side. Sammen arbejder de for at hjælpe denne elskede med at kaste et ekko af sig selv over barrieren til denne person for at overbringe et budskab.

D: *Så de krydser ikke faktisk tilbage selv; de sender blot et ekko tilbage?*

S: Rigtigt. Det er en lignende proces som de andre ånder, der først krydser over, men denne proces er under kontrol og udføres bevidst. De beroliger deres sind for at få sig selv i den rigtige mentale tilstand, men det er en positiv oplevelse, og de kaster et åndeligt ekko af sig selv på det fysiske plan. Nogle gange skal de gøre det flere gange, før personen på det fysiske plan begynder at opfatte dette. Derfor vil det nogle gange, før en person opfatter, hvad de kalder et "spøgelse" eller en "ånd," ske, at andre mærkelige begivenheder vil ske først. De projicerer allerede; de forsøger blot at få personens opmærksomhed rettet mod de aspekter af tingene, så de ville være mere tilbøjelige til at opfatte det åndelige ekko.

Mellem Død og Liv

D: *Nogle gange siger folk, at ånder kommer tilbage og giver dem nogle råd, de har brug for, eller de siger til dem, at de ikke skal sørge for dem - forskellige ting som det.*

S: Ja, fordi overdreven sorg kan holde dig tilbage fra at udvikle din karma. Du skal indse, at du vil møde denne person igen, som du savner så dybt og sørger så hårdt over. Du er ikke adskilt for altid. Det er bare en midlertidig separation, og du skal lægge det bag dig og fortsætte med din egen vækst, så du vil være klar til dit næste liv.

D: Men hvis personen ønsker at give dem noget råd, er de i stand til at projicere sig selv for at fortælle dem disse ting.

S: Rigtigt. Guiderne og disse mennesker arbejder sammen om dette for at give dem råd, som de måtte have brug for på et bestemt tidspunkt i deres liv.

D: Mener du, at guiden også kan fremstå for personen som den elskede?

S: Nej. Han vil få en elsket til at kaste deres ekko. Der er normalt mindst en på den anden side, normalt flere.

D: Guiden tager aldrig denne form for at levere et budskab?

S: Nej. Nogle gange vil guiden selv levere et budskab, og personen vil rapportere, at de har set en engel eller en anden ukendt himmelsk skabning.

Kapitel 12
Planlægning og Forberedelse

EN REGRESSERET SUBJEKT, der oplevede en åndelig tilstand mellem livene, gav følgende beskrivelse af en aktivitet på en af skolene.

S: Den nærmeste analogi er, at jeg deltager i en forelæsning. Det er en læringssituation, hvor en af os, der har oplevet noget, fortæller de andre, så vi alle kan lære af det. Jeg antager, at man kunne sige, at jeg deltager i en forelæsning.
D: *Hvad handler de om?*
S: Jeg er ikke sikker på, at jeg kan fortælle dig det, fordi forelæsningen præsenteres i mentale koncepter og billeder snarere end i ord. Nogle af juxtaposeringerne giver ikke mening, når man sætter dem i ord. Det er ret underligt. Jeg tror, den bedste måde at sige det på er, at han underviser os i sansernes formbarhed og hvordan de kan blive narret. For at vise os, at du ikke kan stole på, hvad dine sanser fortæller dig. Du må gå efter dine intuitive følelser, fordi dine instinkter er i tune med universets grundlæggende hjertebanken, og de vil guide dig igennem. Lige nu, på dette punkt i forelæsningen, er beviserne, han præsenterer, for at demonstrere, hvordan sanserne kan blive bedraget. For eksempel viser han os forskellige naturlige objekter, men de vil have den forkerte farve og tekstur for at vise, hvordan øjnene kan blive narret. Som for eksempel blå, glitrende okra. (Latter) Du ved, ting, der er meget bizarre. Men han præsenterer disse visuelle billeder lige ved siden af andre billeder for at vise, hvordan næsen og ørerne kan blive narret, og så er det en meget interessant forelæsning. De opfordrer os til at bruge vores intuitive og psykiske kræfter, fordi det er meget lettere at udvikle dem på denne side. Og jo mere du udvikler dem her, desto lettere er det for dem at bryde igennem, når du er på den fysiske plan, så du kan bruge dem der. Fordi den fysiske plan opsætter en slags barriere for dem og gør det mere

vanskeligt at komme i kontakt med dem. Men hvis du har dem højt udviklet, før du vender tilbage, kan du komme forbi det.

D: *Gør I ting på den side, afhængigt af hvad I føler, I har brug for?*

S: Det er grundlæggende, hvilket stadie du er på. Det ser ud til, at det, du har brug for, er det, du tiltrækker dig, og sådan fungerer det. Det tiltrækkes til dig, så du kan lære det, du har brug for at lære, eller opleve det, du har brug for at opleve, og det opfylder det behov for udvikling.

D: Så dem, der ønsker at lære de mere komplicerede ting, vil naturligvis søge disse?

S: Ja. De, der søger ting at lære, vil få viden, der vil være der for dem. Det kommer til dem i den rækkefølge, de har brug for det, så de kan få den bedste nytte af det. Der er dem, der... selvom de måske tror, de vil lære, gør de grundlæggende ikke og går rundt og undrer sig over, hvorfor de ikke gør fremskridt. De finder altid forskellige grunde til at forklare det.

D: Selvfølgelig vil mange mennesker bare gerne gå direkte tilbage til et liv igen og ikke vil lære noget.

S: Det er sandt. Der er nogle uheldige sjæle, der insisterer på at holde sig selv kædet til karmaens hjul. Men jo mere udvikling du gennemgår, mens du er på denne side, jo mere kan det frigøre dig fra fortidens årsager. Så kan du gå videre til større og bedre ting med hensyn til din karma. Giver det mening?

D: For andre mennesker ville det sikkert ikke, men ja, det giver mening for mig. Jeg prøver altid at lære ting alligevel.

S: Ja, du er ligesom en af os. Du er også en lærer.

EN SCENE, DER beskriver forberedende begivenheder før tilbagevenden til Jorden.

D: Hvad laver du?

S: Jeg er sammen med andre åndelige enheder. Der er en gruppe af os samlet. Du kunne kalde det en slags diskussions- og planlægningsgruppe. De fleste af os her har været karmisk knyttet i vores tidligere liv. Der er en her, der er vores hovedguide for gruppen generelt, og vores individuelle guider er i nærheden. Vi diskuterer og planlægger, hvilke karmiske problemer vi vil arbejde på i det næste kommende liv, det som dette subjekt i

Mellem Død og Liv

øjeblikket lever. Og vi diskuterer og planlægger, hvordan vores liv og vores karma vil sammenflettes og interagere og hvad vi håber at arbejde ud karmisk.

D: *Disse er ånder, som du vil være knyttet til, når du vender tilbage til Jorden!*

S: Ja. Det er én ting, der påvirker, hvem du har karmiske forbindelser til. En anden ting, der nogle gange påvirker det, er, hvis det bliver fundet, at når to bestemte mennesker er sammen, så udvikler de sig geometrisk i stedet for aritmetisk. Når de er adskilt, udvikler de sig med en bestemt hastighed, men når de er sammen, multipliceres det geometrisk, simpelthen på grund af den måde, de interagerer med hinanden. Naturligvis opfordres det, at de fortsætter med at krydse veje i fremtidige livstider, så de kan fortsætte med at udvikle sig sammen. Min individuelle åndelige guide vil være med mig gennem min næste inkarnation for at hjælpe med at guide og beskytte mig. Som en ekstra forsikring, kan man sige, og som en ven til at hjælpe med at forbinde med den åndelige side af tingene, når jeg er på den fysiske plan.

D: *Er der nogen måde, du vil vide, hvornår han er der?*

S: Åndguiden? En måde at se det på—i det mindste for dette subjekt, når jeg er inkarnatede—er, at min visuelle opfattelse af tingene vil ændre sig, så alt vil synes at funkle. Selv ting af en solid farve vil synes at funkle med intensive glimt af den farve, som om farven på den åndelige plan kigger igennem. På disse tidspunkter vil min åndguide være særligt tæt på mig, og vi vil være i tæt harmoni, så mine øjne begynder at se tingene gennem hans øjne. Og der vil også være en særlig fredelig følelse involveret.

D: *Vil han have et navn, som du kan kalde ham?*

S: Jeg er ikke sikker. Han har været kendt under mange navne. Jeg kan kontakte ham ved at sende en mental opfordring til ham, kalde på min åndelige ven. Han siger, det er tilstrækkeligt. Han har et navn, men han siger, det ikke er nødvendigt. Det kan være svært for mig at huske det.

D: *Så når du har brug for hjælp i dette liv, beder du bare om din åndelige ven, og han vil kunne rådgive dig?*

S: Ja. Han kan give mig råd, enten ved direkte at tale i mit sind eller ved at give mig følelser og fornemmelser at gå efter, intuitioner til at guide mig. Han kan også hjælpe med, at ting sker ved at skubbe dem i bestemte retninger.

D: *Nogle mennesker undrer sig over, hvordan du kan vide, om det virkelig er din guide, der taler til dig, og ikke nogen, der ønsker dig ondt. Ved du, hvordan du kan skelne?*

S: Det er svært at beskrive ved hjælp af dette sprog. Når det er din guide, er der en særlig varm, prikkende følelse i dit hjerte, i din brystkasse, og du synes at se denne smukke funklen af alt også. Det er en særlig kombination, der ikke kan dupliceres. Og de følelser, du har, som er forbundet med dette, er generelt dem af komfort, selvtillid og sikkerhed. Mens hvis det er en åndelig enhed, der prøver at skade dig, vil de følelser, du har, være usikkerhed, frygt og måske vrede. Hvis du tænker på at gøre noget, der føles rigtigt, så gør det. Og hvis du overvejer at gøre noget, og du ikke er sikker på, om det ville være rigtigt, eller når du begynder at gøre det, begynder du at ryste eller føle frygt, så vent lidt og se, om der kommer andre følelser til dig. Hvis du venter, vil der normalt komme en anden følelse, og du vil sige: "Ja, det er det, jeg skal gøre." Nogle gange vil det være noget ganske anderledes, end hvad du havde tænkt dig at gøre, og nogle gange vil det kun være en lille forskel. Men det vil være den bedre vej.

D: *Jeg har også fået at vide, at når det er din rigtige åndguide, vil han aldrig prøve at få dig til at gøre noget.*

S: Nej, aldrig. De vil bare sige: "Du har bedt om mit råd, og dette er, hvad der er den bedste handlingsretning for dig. Men valget er dit. Hvis du foretrækker at gøre noget andet, vil vi arbejde med det valg i stedet."

D: *Jeg har fået at vide, at hvis der er nogen form for tvang involveret, eller hvis nogen prøver at få dig til at gøre noget, så er det ikke til dit eget bedste.*

S: Det er sandt. Disse koncepter er nogle af de grundlæggende strukturer i universet.

D: *Har du andre guider, der vil hjælpe dig?*

S: Ja. Han er den primære, der vil være i særligt tæt kontakt med mig. Der er andre, der er bekymrede for min udvikling, ligesom de også er bekymrede for andres udvikling. Og der er en gruppe guider, der er bekymrede for vores særlige fremskridt som en gruppe. Vi

Mellem Død og Liv

har været karmisk knyttet i fortiden mange gange, og man kunne sige, at vi udvikler os sammen som en gruppe, mens hver af os individuelt vænner os til de ting, vi skal udvikle.

D: *Hvor er du lige nu, er det et bestemt sted?*

S: Nej, ikke et bestemt sted. Vi er bare... her, samlet i nærheden. Da vi alle er i den åndelige form, kan man sige, at vi svæver her. Det er på en anden plan, men jeg er ikke rigtig sikker på, hvilken plan det er. Alt er meget fredeligt her og fremmer tankegang og planlægning. Den, der vil opfylde rollen som min mor på den fysiske plan, er her. Disse planlægningskonferencer er ret sjældne, og når der er mulighed for at have dem, gør vi det. For normalt er en eller anden i gruppen på den jordiske plan. Men lejlighedsvis overlapper det, så vi alle er på den åndelige plan på samme tid, og vi samles for at koordinere tingene, så at sige.

D: *Ja, jeg antager, at det gør det mere vanskeligt, hvis nogen allerede er vendt tilbage.*

S: Rigtigt. Selvom vi kunne kommunikere med deres underbevidsthed, hvis det er nødvendigt, er det ikke så klar kommunikation.

D: *Er der nogen andre der, der vil være vigtige i dit liv, når du vender tilbage til Jorden?*

S: Ja. Der er den, som jeg er karmisk knyttet til at være sjæleven med. Han er her. Han vil vende tilbage til Jorden kun kort tid før jeg gør. Og der er en her, der skal tage af sted ret hurtigt. Han skal være min bedstefar, og han må tilbage, før min mor kan vende tilbage. Hans ophold på den jordiske plan vil lige akkurat overlappe med mit, men det vil være nok til at gøre et dybt indtryk på mit liv. Og dette indtryk vil påvirke mig resten af mit jordiske ophold. Han er en meget karmisk avanceret ånd. Det er uklart, når vi ser fremad, men hvis tingene går, som vi arbejder dem ud her og nu, så er det sådan, det vil ske. Jeg skal huske at være tålmodig og følge mine indre følelser og ikke hvad jeg vil blive undervist i som barn. Jeg kan se meget klart, at hvad jeg vil blive undervist i som barn, ikke vil gælde, når jeg er voksen.

D: *Det er der, din frie vilje kommer ind. Du skal tænke for dig selv.*

S: Ja, jeg skal igennem nogle overgange, der vil være svære for mig. Min guide vil hjælpe.

D: *Så selv små ting bliver alle arbejdet ud, før du vender tilbage!*

Mellem Død og Liv

S: Vi forsøger at arbejde dem ud. Vi diskuterer, hvordan vi skal interagere med hinanden. Vi har vores frie vilje i sådanne ting fra det fysiske synspunkt, når vi kommer der. Men hvis vi arbejder disse ting ud på forhånd, er vi mere tilbøjelige til at være åbne for vores åndelige guider, mens de prøver at guide os igennem. Det er en måde at undgå at være så tilfældig med at arbejde med karma.

D: *Ellers er det bare hit and miss, så at sige.*

S: Rigtigt. Men det hele balancerer ud i sidste ende.

EN ANDEN SCENE:

S: Jeg taler med min åndelige ven. Den, der vil være min åndguide, når jeg inkarnerer igen.

D: *Kan du se ham?*

S: Ja. Den fremtoning, han har, er af en moden mand i slutningen af fyrrerne. De tegn på alder, han bærer, skyldes ikke hans tilstand, men et personligt valg for de mentale reaktioner, han ønsker fra andre. Han har sort hår, der bliver gråt ved templerne, og et velplejet overskæg og skæg. Han ligner en britisk læge fra begyndelsen af århundredet. Og han er klædt i et gammeldags tredelt jakkesæt, meget distingveret udseende med sorte polerede sko. Det er bare det billede, han opretholder i dag. Vi er i et rum, der ligner et mands studie. Der er et hårdt trægulv med et orientalsk tæppe og et skrivebord med læderoverflade. Læderbetrukne stole og hylder med bøger helt op til loftet og en pejs. Han har pince-nez med trådramme briller. Og han er meget klog.

D: *Jeg har altid troet, at guiderne havde hvide kapper på.*

S: Nej, ikke altid. Det er et spørgsmål om personligt valg. Og han ønsker at projicere et billede mod mig. Følelsen af at være som en far beskytter eller en onkel eller nogen, der har mit velbefindende i tankerne og ønsker at hjælpe og beskytte mig. Han ved, at jeg er mere komfortabel med nogen, der ser ud som en almindelig menneske end med nogen indhyllet i hvide flydende kapper. Jeg ville være mere tilbøjelig til at føle en tilknytning til ham. Han har varme brune øjne, og han er meget venlig.

D: *Men er det kun den måde, du ser tingene på, eller ser andre mennesker det også?*

Mellem Død og Liv

S: Han og jeg er de eneste to i denne studie. Dette er ikke en del af et hus. Det er bare et billede, der omgiver os for at sætte en bestemt atmosfære. Og så, hvis man så det udefra, ville de blot se et stort stykke ectoplasm. Det ville se ret meget ud som en klump af tåge. Men de ville vide fra den psykiske følelse, der udspringer derfra, at det var en ectoplasmatisk konstruktion, der blev brugt til et bestemt formål. Og de ville også kunne indse, at vi var inden i denne ectoplasmiske konstruktion.

D: Hvad taler du med din guide om?

S: Under denne diskussion med dig har han hjulpet mig med at organisere information på en måde, som du kan forstå—jeg skulle sige—om hvordan jeg kan hjælpe mig selv med denne sprog. Men før dette talte vi om min karma på inkarnationsplanen.

D: Når vender du tilbage næste gang?

S: Ja. Det er svært at beskrive i dit sprog, hvad han siger, så du vil vide, hvad han mener. Men jeg forstår, hvad han siger.

D: Men på et andet tidspunkt, når du møder ham, kan du være i andre omgivelser, eller han kan fremstå anderledes?

S: Nej. Det meste af tiden, når vi samles, fremstår han sådan her, eller rettere i hans ansigt er han sådan her. Nogle gange er han klædt anderledes. Nogle gange har han mere eller mindre grå i sit hår. Men jeg identificerer ham normalt med en bestemt psykisk følelse snarere end med et bestemt visuelt udseende.

D: Nogle gange hjælper det at have et billede i dit sind af, hvordan han ser ud.

S: Ja, det vil hjælpe mig, når jeg er på inkarnationsplanen. Men det hjælper også at være fortrolig med den psykiske følelse, så jeg kan være opmærksom på, at han er i nærheden og hjælper mig, selvom jeg ikke har visualiseret ham specifikt på det tidspunkt.

Da dette subjekt vågnede, og jeg fortalte hende om sessionen, sagde hun, at beskrivelsen af rummet og manden lød som tilbagevendende drømme hun havde haft hele sit liv. Jeg foreslog, at det ville være nyttigt, hvis hun kunne visualisere manden og rummet, når hun ønskede at tale med sin guide og bede ham om råd.

KARMA

Mellem Død og Liv

S: Jeg ser på karmiske forbindelser.

D: *Kan du forklare, hvad du mener?*

S: Gennem livscyklussen fremkommer visse forbindelser mellem bestemte grupper af mennesker igen og igen i forskellige permutationer. For eksempel kan en person i et liv være din partner, i et andet liv en af dine forældre, og i et tredje liv et barn eller en god ven. Disse forbindelser dukker op i forskellige livstider og styrkes nogle gange og svækkes andre gange, men de vokser altid. Til sidst, når vi alle når det ultimative (kilden), er forbindelserne udviklet til det punkt, at, hvis ønsket er der, kan vi danne en enhed, der er større end os selv, hvor vi alle er en del af det.

D: *Jeg har hørt meget om karma. Ville du være i stand til at give en definition af det fra dit synspunkt?*

S: Det er så altomfattende og komplekst, at jeg ikke ville kunne gøre det retfærdighed. Jeg tvivler på, at jeg kunne give dig en god definition på dit sprog eller endda på mit. Karma—jeg har tidligere talt om de forskellige universer og hvordan de væver sig ind i hinanden og reagerer på hinanden. Energien fra hvert enkelt liv er som et univers i sig selv, og måden det væver sig ind i og reagerer på al den anden energi i dit univers, især de energier, der udsendes af andre livsformer, væver det komplekse tapet, vi kalder karma.

D: *Jeg kan fortælle dig nogle af de definitioner, jeg har hørt, og du kan fortælle mig, om de passer eller ej. Jeg har hørt, at karma er loven om balance, loven om årsag og virkning. Hvis du har gjort noget dårligt, eller hvis du har skadet nogen i et andet liv, skal du betale det tilbage på et tidspunkt. Men jeg har også hørt, at det kan omhandle gode ting.*

S: Ja, det er sådan, det er. Loven om årsag og virkning er en af de grundlæggende love, der gælder overalt, uanset hvilken univers du befinder dig i. Denne lov er et af de underliggende principper for karma, der understøtter hele strukturen. Og karma gælder for, hvordan de forskellige energier interagerer med hinanden, nogle gange være årsag og nogle gange virkning, i en kompleks kombination af bevægelser. Dette bygger karma. Og enhver handling, der initieres, kan betegnes som "årsag," og alt, hvad der sker som et resultat af det, kan være "virkning." Den handling, der

Mellem Død og Liv

resulterer, kan også kaldes årsag til andre virkninger. Det hele er indbyrdes forbundet. Det ville være som at have en kugle lavet af kædeled, og de er alle indbyrdes forbundet med hinanden. Hvert kædeled er forbundet med hvert andet kædeled inden for kuglen. Du kunne bruge denne analogi til at forestille dig årsag og virkning, og hvordan de alle er forbundet. Det er sådan, karma er knyttet til alle livsenergierne.

D: *Jeg har hørt, at det kaldes en af de universelle love, fordi der ikke er nogen måde, du kan undslippe karma—du skal betale det tilbage.*

S: Det bliver hele tiden arbejdet igennem. Bare det at trække vejret arbejder ud karma. Uanset hvad du gør, arbejder du altid med fortidig karma og skaber fremtidig karma. Dette er livets cyklus.

D: *Er der ikke nogen måde at slippe for at skabe fremtidig karma?*

S: Skabelsen af fremtidig karma er det, der får universet til at fortsætte. Din fremtidige karma behøver ikke at være dårlig karma. Mens du arbejder med fortidig karma og gør dit bedste i dit nuværende liv, vil den fremtidige karma, du skaber, være god karma, og den vil have gode effekter på dit fremtidige liv. Og du vil kunne fortsætte med at forbedre dine fremtidige liv, indtil du når det ultimative.

D: *Der er mange mennesker, der siger, at de bare vil have det overstået. De ønsker at betale alle deres gæld og ikke skabe mere.*

S: Når du når de højere niveauer af karma, behøver du ikke længere at gennemgå fysiske liv for at arbejde det ud. Du kan gøre det på den åndelige plan og stadig arbejde mod det ultimative. Og selv når du når det ultimative, vil din karma påvirke og inkludere andre universer og arbejdet med det komplekse tapet af universerne. Det bør ikke betragtes som et fængsel. Det er bare en naturlig cyklus, som du kan vokse og udvikle dig gennem for at blive dit ultimative selv.

D: *Mange mennesker siger, at de bare ikke ønsker at skulle komme tilbage og gøre det igen.*

S: De er stadig umodne. De har meget at vokse i deres store cyklus.

D: *Jeg tror, at de fleste mennesker tænker på karma som: Hvis de har skadet nogen i fortiden, så skal de betale for det nu.*

S: Det er en umoden opfattelse. Det er kun et aspekt af det. At sammenligne det med din livscyklus: Når du er barn, tænker du

Mellem Død og Liv

på straf som altid at være dårlig, fordi du gjorde noget, du ikke skulle have gjort. Senere indser du, at det hjalp med at lære dig, hvad du skal gøre for at kunne overleve og leve godt. Senere, når gode eller dårlige ting sker for dig, indser du, at det er på grund af en fejl, du har begået i fortiden, og du nu lever gennem konsekvenserne af din fejl—eller fordi det er en fejl, nogen anden har begået. Så når du lever længere og begår færre fejl, stabiliserer dit liv sig i et behageligt mønster. Disse mennesker, der taler om karma som relateret til noget dårligt, de har gjort i fortiden, er på det stade, hvor de ser på det som straf. De bør se på det som et undervisningsredskab for at hjælpe dem med at lære at vokse og blive bedre. De er stadig unge i deres livscykluser.

D: *Nogle gange ser det virkelig kompliceret ud. For eksempel, hvis nogen har levet et godt liv, og så dør de på en meget voldsom måde. Ingen kan forstå, hvorfor en sådan god person skal dø på den måde. Ting som det virker så uretfærdigt.*

S: Nogle gange, før nogen kommer ned til en ny livscyklus, vil de frivilligt gå igennem noget, der synes at være ude af proportion til det liv, de vil føre. Fordi deres gennemgang af det villigt hjælper med at arbejde en stor del karma, der ellers ville tage mange livstider at arbejde igennem. Det er ikke fordi, de bliver straffet for en bestemt ting, de har gjort. Det er bare, at de følte, de var klar til at arbejde en stor del ud i en kondenseret form.

D: *Men det påvirker andre menneskers liv, de er forbundet med, når noget sådant sker.*

S: Det er sandt, men de andre mennesker kan bruge det som en vækstoplevelse og få visdom.

D: *Det er det, jeg har fået at vide. Hvis du lærer noget fra en oplevelse, så er det værdifuldt.*

S: Det er sandt.

D: *Du sagde, at du så på cyklerne af karma. Handler dette om dit eget liv, eller hvad?*

S: Ja, jeg kiggede på de forbindelser, der ser ud til at være konsekvente i mine livscykler. Og det ser ud til, at de vil være konsekvente i fremtidige livscykler, op til det, du ville kalde nutiden og ind i fremtiden.

D: *Mener du mennesker, du har været forbundet med, og som du vil fortsætte med at være forbundet med i fremtiden?*

Mellem Død og Liv

S: Ja. De vil blive bragt sammen i hendes nuværende livstid for at arbejde på nogle karmiske ting. De bad om at være sammen igen i denne livstid, og det blev givet.

D: *Så du ser bare på mønstrene for at observere dem. Der er ikke noget, du rigtig kan gøre for at påvirke dem, er der?*

S: Mener du i en positiv retning?

D: *Nå, forhåbentlig i en positiv retning. Vi ønsker ikke en negativ retning, hvis vi kan hjælpe det.*

S: Jeg kan ikke påvirke karmaen i fortidige liv, fordi det allerede er sket. I det nuværende liv kan jeg måske give det et lille skub her og der. Jeg ved ikke, om det ville have nogen bestemt effekt, men det ville ikke skade noget. Jeg kunne måske plante nogle tanker i hendes underbevidsthed for at påvirke hendes fremtidige livstider, og de ville blomstre i fremtiden. Hvert liv påvirker alle de andre.

Kapitel 13
Det Generelle Råd

JEG REGRESSEDE ET EMNE til en periode mellem livene og fandt hende siddende i et rådsmøde. Omgivelserne var eteriske, majestætisk smukke og åbenlyst beliggende på en højere plane.

S: Hvis du skulle se det med fysiske øjne, ville det se ud som om, hvor vi er samlet, svæver i luften, men det er det egentlig ikke. Det støttes af et energifelt, som du ikke kan opfatte med øjnene på dit niveau. Energifeltet er en smuk dyb violette farve, og det omkranser os alle. Der er ikke rigtig nogen bestemte vægge eller lofter; alt er bare denne dybe violet og guld. Og svævende i centrum af dette energifelt er et rådssal, tror jeg, du ville kalde det. Der er gyldne søjler hele vejen rundt. De tjener egentlig ikke noget formål udover som punkter af skønhed, selvom de også kan bruges til at fokusere kraft. Den måde, de er arrangeret på, er, at de er jævnt fordelt, så hele strukturen kan bruges som en kraftgenerator, men de er ikke essentielle for dette. Der er gyldne gardiner bag disse. Og det er meget smukt, guld mod violette. Møblerne, vi sidder på, er lavet af guld, men har en træagtig struktur. Det er som om et træ voksede, der var solidt guld, og møblerne blev lavet deraf. Det er meget smukt.

D: *Sidder du omkring et bord af en slags, eller hvad?*

S: Nej, vi sidder omkring kanten af denne rådssal. Der er cirka fire eller fem forskudte rækker af stole, der går opad, så folkene bag kan se over hovederne på dem foran. Det er ikke rigtig stole. Det er niveauer - glatte trin, der går rundt som et amfiteater. Og de omkranser dette tomme rum i midten. Hvis nogen ønsker at træde frem og tale eller præsentere noget, kan de gøre det der, hvor alle kan se. Det er som en oval retsal indrammet af gyldne søjler og gyldne gardiner, med niveauerne der går op omkring og efterlader et åbent rum, hvor der er et podium. Men det er fancier end bare et almindeligt podium. Det er som noget udsmykket lavet af træ, undtagen at det faktisk er lavet af guld. Det er der i tilfælde af, at

Mellem Død og Liv

man har brug for at præsentere noget. For eksempel kunne der fra podiummet projiceres noget, som du kunne kalde "hologrammer".

D: Hvad ville formålet med det være?
S: Det afhænger af, hvad der diskuteres, og hvad der skal præsenteres. Vi kommer generelt her for at diskutere den indflydelse, vi har haft på Jorden og den indflydelse, vi vil have i fremtiden, og hvordan det passer ind i den store plan. De ting, der præsenteres der i det klare rum, er ting, der demonstrerer det overordnede mønster i dette særlige univers. Og hvordan vores karmas har interageret med dette mønster og hvilken vej vi skal fortsætte med at følge for at opnå oplysning. Den form, vi er i, kan vi svæve, hvis vi vil. Vi behøver ikke at sidde ned, men de fleste af os gør det, bare fordi det skaber en mere behagelig atmosfære.

D: Hvilken form er du i?
S: Jeg ser åndelige enheder, der ligner hvide lys. Det ville være som miniature sole af forskellige former og farver, der lyser ud fra midten. Det er som at have en energikugle, der sender stråler af lys ud. Og som lyset går ud fra midten, har det antydninger af andre farver i det hvide. Det er som en nordlys eller en opal, undtagen at når du ser en opal, er det grundlæggende én farve. Med disse enheder ser du stråler af andre farver, der ser ud til at indikere, hvordan de føler, hvilket humør de er i, hvad de tænker, og hvor udviklede de er.

D: Jeg troede, lyset var i form af en person, men det er som en kugle!
S: Det er som at se på solen. Du ser ikke rigtig en bestemt kontur, fordi det er for lyst. Men du ved, at der er et center af energi der, og du ser al denne energi, der går ud i stråler.

D: Pulsende?
S: Det er en jævn strøm.

D: Radiating!
S: Det er et godt ord - stråler fra et fælles center. Og hver enkelt svæver i en bestemt position på disse niveauer. Alle er bevidste om sig selv eller selvbevidste, på den måde som du og jeg er selvbevidste. Det er bare, at de opfatter på et højere niveau end du kan opfatte. Og deres position på disse niveauer bestemmes af en slags energi. De svæver i luften, og det afhænger af, hvordan deres energi interagerer med energien i omgivelserne. Disse niveauer stråler energi i en eller anden form for mønster, og det er ækvivalent med

Mellem Død og Liv

at sidde ned i en stol. De støtter sig selv på dette energipude, mens de interagerer med disse niveauer.

D: Du sagde, at dette var på en højere plane!

S: Ja. Alle vi her er i mellem livene nu, og vi har stræbt efter at hæve vores karma, så at sige (se kapitel 12). Vi har nået dette niveau, hvor, når vi ikke er direkte involveret i et liv, kan vi gå til denne højere plane for at planlægge vores fremtidige vej. Og at planlægge måder at hjælpe andre, som ikke har avanceret så langt som vi endnu har - ligesom der er dem, der er mere avancerede, der hjælper os. Og vi hjælper alle hinanden. Alt er indbyrdes forbundet på den måde.

D: Du mener, at dette er et mere avanceret sted, end andre mennesker har nået, men der er stadig andre planer, der er højere end du!

S: Rigtigt. Den højeste plane af alle er, når du opnår total oplysning. Vi har ikke opnået det endnu. Men vi arbejder på det, og vi har fået forsikring om, at vi gør gode fremskridt. Det er derfor, vi er betroet med at hjælpe andre, der er mindre avancerede end os.

D: Er det som at være en guide?

S: Nå, når vi er i mellem livene som dette, gælder tiden ikke her, som den gør på den jordiske plane. Og folk, der er direkte involveret i et liv på den jordiske plane, har nogle gange brug for hjælp. Vi kan hjælpe dem fra denne plane uden et stort energiforbrug, fordi vi er på en højere plane. Jeg tror, du kunne sige, at det er noget som guider. Det er ret ligesom at have en storbror eller storesøster, der hjælper dig ind imellem. Også, andre der er i mellem livene lige nu, men ikke så avancerede som vi er, vil ofte have brug for hjælp til at planlægge fremtidige liv for at fortsætte med at udvikle deres karma. Vi giver dem råd og forslag fra vores erfaringer, og så kan de træffe deres egne beslutninger - ligesom dem, der er på højere planer, gør for os. De fortæller os, hvad de har gjort for at nå deres karma-niveau, og om disse ting ville gælde for vores egen karma, mens vi stræber efter at nå højere mål.

D: Så hvis du havde spørgsmål, du ikke kunne besvare, ville du spørge dem på det højere niveau. Kan du se de andre mennesker på de andre niveauer?

S: Ikke lige nu. Vi er i et råd på dette niveau, og vi håndterer ting indtil videre. Men hvis det skulle komme til et punkt, hvor vi er stumpet, så at sige, kan vi kontakte dem på højere niveauer fra

Mellem Død og Liv

podiummet med søjlerne af magt, og de kan komme og kommunikere med os.

D: *Du kunne ikke gå til deres niveau for at kontakte dem! De ville skulle komme til dit niveau?*

S: Vi kan kontakte dem gennem en metode til fjernkommunikation, ligesom en radio på dit niveau. Men de skulle komme til vores niveau for at kunne kontakte os direkte, fordi vi kun har nået et bestemt niveau af oplysning. Vi kan ikke gå til de højere niveauer, fordi vores energiniveau ikke er kompatibelt med dem endnu. Men vi kan besøge de lavere niveauer, fordi vi allerede har været igennem disse niveauer, og vi ved, hvordan vi skal justere vores energi for at være kompatible med dem. Så vi kan gå der og hjælpe dem, der er der. Når du forbedrer din karma gennem dine liv på Jorden, og du kommer tilbage, rådgiver dem på højere niveauer dig om, hvad du har opnået. Og du finder, at din energi er kompatibel med det niveau, som du lige har opnået. Du husker, hvordan det var på de andre niveauer, så du stadig kan gå til dem for at hjælpe folk der.

D: *Du sagde, at du kan hjælpe folk fra dit niveau uden et stort energiforbrug. Tager det mere energi på andre niveauer, eller hvad?*

S: Det afhænger af omstændighederne. Man kan hjælpe folk på den jordiske plane uden et stort energiforbrug, fordi vi altid er i gentagen kontakt med den plane. Når vi er på denne side, kan vi se, hvordan den underliggende struktur af energi eller oplysning forbinder alle ting sammen. Så vi kan, så at sige, give det et skub her og der for at hjælpe nogen i en bestemt retning. Det behøver ikke at være noget stort, men det får begivenheder til at falde i en anden retning end den retning, de oprindeligt var udviklet mod.

D: *Hvor tager det mest energi?*

S: Det tager mere energi at kontakte de højere niveauer, fordi vores energi ikke er kompatibel med dem. Det er et spørgsmål om at koncentrere vores energi og raffinere den, så den kan finde en sympatisk vibration i det højere niveau. En anden ting, der tager meget energi, er når du skal besøge og hjælpe folk, der har gjort mange negative ting mod deres karma. Jo mere negativ en persons karma er, jo mere inkompatibilitet er der, og det gør det sværere at kommunikere med dem og forsøge at hjælpe dem. Det er som

Mellem Død og Liv

at forsøge at presse de samme poler fra to forskellige magneter sammen. Du ved, hvordan de afviser hinanden. Det er meget ligesom at arbejde i den type situation. De opretter energibarrierer uden at mene det, tror vi. De indser ikke, hvad de gør mod deres karma. De synes at komme ind i en endeløs cirkel med at gøre dette mod deres karma. Vi skal som regel holde meget nøje øje med dem og forsøge at fange dem på et sårbart punkt, så vi kan bryde igennem og give dem et glimt af håb. Bare et glimt af en besked for at hjælpe dem med at bryde ud af deres cyklus og begynde at gøre positive fremskridt med deres karma.

D: *Det er meget sværere end at arbejde med folk, der er mere åbne for din side.*

S: Rigtigt. De, der arbejder på negativ karma, ville det være som at have en hul donut. De løber rundt og rundt på indersiden af denne donut, og de forbliver bare i den samme rille. Eller hvis det er et virkelig dårligt tilfælde, er det som at gå nedad i en spiral, og nogen forsøger at fange dem og starte dem op igen. Mens det i tilfælde af folk, der arbejder med deres karma i en positiv retning, er som at klatre op ad en trappe. Det er en meget mere åben situation, og det er meget lettere at kontakte dem. Folk, der arbejder på negativ karma - det er som regel en lukket type situation, hvor det er sværere at bryde igennem.

D: *De indser sandsynligvis ikke engang, at du er der.*

S: Præcis. De har bygget mentale vægge og energivægge omkring dem for at blokere for alt det, de ikke ønsker at håndtere.

D: *Er nogen af jer specifikt tildelt nogen af disse mennesker, eller hjælper du bare dem, du ser?*

S: Det er ikke sådan, at vi er tildelt specifikke mennesker. Vi er snarere som monitorer. Vi får besked på at holde øje med en bestemt del af det overordnede billede, og når vi ser en del, der har brug for et lille skub eller en smule hjælp, går vi videre og handler på vores egen initiativ. Det er ikke den samme person hver gang, vi hjælper. Når vi gør et skub for at hjælpe dem på vej for at hjælpe det overordnede billede af positiv karma, kan det nogle gange være en bestemt person, der drager fordel af det. Men oftere er det som regel en handling, der gavner mange mennesker.

D: *Har disse mennesker guider, der er tildelt dem?*

Mellem Død og Liv

S: Ja, det har de. Men hvor jeg er, arbejder vi med generelle begivenheder snarere end med specifikke mennesker.

D: *Ville det være korrekt at sige, at du er højere end de almindelige guider! Eller er der en hierarki på den måde?*

S: Jeg tror ikke rigtigt, at det er sådan. Jeg tror, det handler om, hvor du er i din karma, hvad slags opgave de giver dig. Opgave er det forkerte ord. Når du er på den jordiske plane, arbejder du på din karma, men det er ikke det eneste sted, hvor du arbejder på det. Når du er i mellem livene og på de andre planer som denne plane, arbejder du også på din karma, men på en anden måde. Det er svært at sige - jordiske sprog mangler nuancer. Dem, der guider bestemte mennesker, er på et andet sted i deres karmiske udvikling. De har måske brug for at vokse på en bestemt måde for at se tingene i et bredere perspektiv, som inkluderer behovet for at guide individuelle mennesker. De har måske allerede gjort, hvad jeg gør nu; der er ikke nogen bestemt rækkefølge. Det afhænger bare af, hvordan du vokser individuelt. I mit tilfælde har jeg gjort en smule individuel guidning i fortiden. Og dem, der er over mig, mente, at min karma ville have størst gavn af at være i dette generelle råd denne gang. De kan også godt lide, at alle får en chance for at være i det generelle råd, så de kan få et indtryk af det overordnede syn på tingene. På den måde kan de have en ret god idé om, hvordan de udvikler sig, og dermed fortsætte med at udvikle sig i den rigtige retning. Normalt, efter at folk har været i dette generelle råd, gør de ret gode fremskridt med deres karma, fordi de har et bedre overblik over tingene.

D: *Du sagde, at du for det meste var involveret i begivenheder, men at du også arbejdede med visse personer for at få noget igennem til dem. Ville du være i stand til at kontakte deres guider og give dem forslag også?*

S: Ja. Vi arbejder meget tæt sammen med de ånder, der fungerer som individuelle guider. Vi arbejder i samarbejde med hinanden. For de tager sig af at hjælpe en individuel person, og de arbejder også med os. De ønsker at sikre sig, at de er helt opmærksomme på begivenhederne, så de kan hjælpe disse individuelle mennesker med at udnytte dem fuldt ud til gavn for deres karma. Nogle gange vil de fortælle os, at en bestemt person er bundet og besluttet på at gøre en bestemt ting. De spørger os, hvordan det vil påvirke de

Mellem Død og Liv

generelle begivenheder, og om vi skal ændre noget, for at få den mest positive effekt på de fleste mennesker. Så vi arbejder meget tæt sammen, alt er indbyrdes forbundet.

D: *Så hvor du er, kan du se de mulige effekter af, hvad de laver! Du kan se fremtiden, med andre ord?*

S: Nå, vi kan se de generelle mønstre af, hvad der sandsynligvis vil finde sted, og de kommer generelt til at finde sted. Normalt er detaljerne forskellige på grund af andre individuelle beslutninger, der træffes undervejs. Nogle gange kan en individuel person på et afgørende tidspunkt træffe en helt anden beslutning end det, deres guide opfordrer dem til at gøre, og det ændrer billedet lidt på det tidspunkt. Og længere nede ad linjen skal vi måske give andre begivenheder et skub. Men sådan har det altid været, og det er det, der holder universet i live og fluktuerende.

D: *Du giver dem et skub for at komme tilbage til den oprindelige sti!*

S: Ikke nødvendigvis dem selv, individuelt, men hvis de træffer en beslutning, der påvirker en begivenhed, kan vi senere have brug for at give en anden begivenhed et skub for at minimere negative effekter, der måtte være opstået.

D: *På den måde har de stadig fri vilje til at gøre, hvad de vil.*

S: Åh ja.

D: *Du forsøger at holde det fra at påvirke det overordnede resultat, er det det?*

S: Rigtigt. Alle har deres egen fri vilje til at gøre, hvad de ønsker. Men hvis de træffer en beslutning, der vil påvirke mange andre mennesker negativt, så valgte de andre mennesker ikke at blive påvirket på den måde. Og det, i virkeligheden, tager en lille smule af deres fri vilje. For eksempel, hvis en individuel person træffer en beslutning, der har en drastisk negativ effekt på andre mennesker, forsøger vi at holde begivenhederne inde, så de vil have en mindre drastisk effekt på de andre ånder.

D: *Det lyder som om, det ville være svært at gøre.*

S: Det er kompliceret, men det er en del af vores vækst, og vi kan lide at gøre det.

D: *Det ville være meget langtrækkende, hvis det påvirkede mange mennesker.*

S: Det handler bare om at holde tingene inden for mønsteret. Det er svært at beskrive for dig på din plane, men her kan mønsteret ses

Mellem Død og Liv

meget klart. Vi ser ikke nødvendigvis tingene i visioner af individuelle mennesker og individuelle begivenheder, i det mindste ikke i dette generelle råd. Hvad vi ser, er det overordnede mønster, ligesom glitrende spidser af energi. Og hvis der er en forvikling i energiens væv, arbejder vi på det med anden energi, og dette helbreder det, fordi vævet er helt igen. På denne måde påvirker det begivenhederne på Jorden, fordi det er det overordnede mønster af energi, der gør, at alt er og kommer til at finde sted.

D: Men du har ikke absolut magt, vel? Gør I også fejl?

S: Vi har ikke absolut magt, nej, men vi laver generelt ikke fejl heller, fordi de højere niveauer sikrer, at vi ikke får mere, end vi kan håndtere.

D: Det lyder som om, det hele interagerer, og det er så kompliceret, at du kunne lave en fejl engang imellem, så at sige.

S: Nå, hvis det ser ud til, at vi er på vej til at lave en fejl, vil nogen fra de højere niveauer rådgive os, ligesom vi rådgiver folk på lavere niveauer.

D: Der har været massive negative begivenheder i historien, der synes at have været helt ude af kontrol. Jeg tænker på krige og sådanne ting.

S: Ja. Og dem, der er i dette råd, har gjort deres bedste for at forsøge at inddæmme disse massive negative beslutninger. Mange gange kan disse ting spores ned til et enkelt personligt håndfuld mennesker, der er så fastlåste i deres negative karma, at intet kan komme igennem til dem. Det handler om at forsøge at indeholde resultaterne af deres beslutninger, på en måde så vi kan hjælpe med at holde skaden under kontrol.

D: Men du sagde, at du overvåger det hele. Kan du se ting, der sker på Jorden fra hvor du er?

Jeg håbede at få nogle oplysninger om begivenheder i vores fremtid.

S: Ikke lige nu. Vi er i et rådsmøde, hvor vi diskuterer noget andet, der påvirker en anden plane og ikke den jordiske plane. Normalt, når vi håndterer ting på Jorden, er vi bekymrede for det overordnede mønster af ting. Vi koncentrerer os om udseendet af karmisk

Mellem Død og Liv

energi snarere end den individuelle fremtræden af mennesker og ting. Vi arbejder tæt sammen med dem, der guider individuelle mennesker. Disse guider er dem, der ser tingene, som de fremtræder på den fysiske plane, så de kan hjælpe individuelle.

D: *Kan den individuelle guide se, hvad der vil ske, hvis en bestemt person gør en bestemt type handling?*

S: Ja. Vi skifter frem og tilbage mellem livene, alt efter om vi arbejder i et generelt råd som dette eller er en specifik guide. Vi gør begge dele flere gange, fordi der ikke findes noget som at få for meget erfaring i dette. Og folk, der er guider, har som regel enten været medlem af det generelle råd før, eller de har arbejdet tæt nok med det, så de er opmærksomme på, hvordan det fungerer. Når vi arbejder sammen om noget, vil de have muligheder for at se det overordnede mønster af tingene meget klart, ligesom vi vil have mulighed for at fokusere på individer og se, hvordan vores arbejde med det generelle mønster påvirker dem. Så der er meget udveksling af information. Det handler bare om forskellige perspektiver.

D: *Men du sagde, at det, I diskuterer nu i rådet, omhandler en anden plane?*

S: Ja. Der er nogle ånder, der for nylig er blevet overført til åndens side. De har for nylig forladt Jorden, og de er i gang med at lave deres justering nu. Hver ånd har brug for en periode med justering, når de går fra enten den fysiske plane til den åndelige plane eller omvendt. For at vænne sig til de nye situationer, før de kan begynde at arbejde på deres karma igen. Så mens disse ånder går igennem justeringsperioden, mødes rådet, og vi diskuterer deres situation og hvad de har brug for. Og hvordan vi bedst kan tjene dem til at hjælpe dem med at udvikle deres karma i dette nye stadium, de befinder sig i. Der er nogle ånder, der har været igennem denne justeringsperiode på en bestemt åndelig plane. Vi får de endelige detaljer på plads, så når de er klar, kan vi kontakte dem og guide dem og hjælpe dem, så de konstruktivt kan bruge denne periode mellem livene, før det er tid for dem at vende tilbage til den fysiske plane.

D: *Når de først er passeret over, får de en bestemt type omgivelser, der gør det lettere for dem at justere?*

Mellem Død og Liv

S: Ja, afhængig af deres åndelige udvikling. Deres personlige guider arbejder med os, og vi kan se på energivibrationerne og deres karmiske udvikling og vide, på hvilket niveau af åndelig udvikling de er. Når de passerer over til denne side, opfatter de først det, de er i stand til at håndtere. Og normalt, når det er muligt, hvis nogle andre åndelige enheder, der var forbundet med dem i deres seneste liv, stadig er på den åndelige plane, har vi dem der for at hjælpe dem over, så at sige. For at hjælpe dem med at lave den første justering, fordi den primære justering altid er den sværeste. Men efter de har accepteret faktum, at de er krydset over, og de er i en ny eksistensplan, er det så at give dem tid til at justere sig til denne nye situation. På det tidspunkt er oplevelserne på den fysiske plane ikke så friske i hukommelsen, så de kan begynde at tænke på tingene fra åndelige perspektiver. Så kan vi hjælpe dem med at fortsætte med at vokse, indtil de er klar til at gå ind i den fysiske perspektiv igen.

D: *På den måde er det ikke helt et chok for dem. Er det, hvad du mener?*

S: Rigtigt. Overgangen er et chok alligevel, men vi forsøger at mindske chokket så meget som muligt, så vi ikke giver den åndelige enhed et stort tilbageslag.

D: *Så disse omgivelser kunne være hvad som helst. Jeg har altid undret mig over det. Folk har nærdødsoplevelser, og de beskriver nogle gange de samme scener.*

S: Ja. Hvad de beskriver, er det, de ser op til tilgangen til barrieren mellem den fysiske og den åndelige. Tilgangen til denne barriere er normalt meget ens, fordi du skal gå gennem de samme typer energifelter for at krydse over til den åndelige side. Men når de kommer forbi det, der normalt beskrives som et klart lys i enden af en tunnel - dette klare lys er selve barrieren - så ser det, de oplever, forskelligt ud afhængigt af deres individuelle udvikling.

D: *De har beskrevet at se scener og mennesker, og nogle gange er det som at gå gennem en tunnel. Men alle disse ting fører op til barrieren?*

S: Rigtigt. Det er for at hjælpe dem med at forberede sig på den hurtigste måde til chokket, de gennemgår. Handlingen at forlade kroppen er en meget naturlig handling; det er som at trække vejret. Men handlingen at passere fra den fysiske side til den åndelige

Mellem Død og Liv

side kan være et chok for systemet. Og disse scener, de ser, hjælper med at imponere dem faktum, at de er ved at krydse over, og at hjælpe dem med at forberede sig, så at sige.

D: *Så når de først passerer det lys, kan de ikke komme tilbage til den fysiske krop på det tidspunkt?*

S: Det er korrekt. Når de krydser dette lys, vil det være for at træde ind i en ny krop.

D: *Jeg har fået at vide, at der er en snor, der skulle forbinde ånden til kroppen.*

S: Ja, og når du går gennem det klare lys, severer det snoren, fordi du går gennem et intenst energifelt. Snoren, der forbinder den astrale krop til den fysiske krop, er en type energi. Og når du passerer gennem energibarrieren, opløses den.

D: *Så de mennesker, der beskriver nærdødsoplevelser, går kun så langt. De siger, at de føler sig som om de bliver trukket mod lyset, og så kommer de tilbage. Tils synes de ikke at være gået langt nok.*

S: De var ikke endnu klar til at krydse over. Når de dør, vil de stadig føle den samme tiltrækning, men denne gang vil de fuldføre overgangen. Og det er en meget behagelig oplevelse. Det er bare en stor forandring, så det er et chok i den forstand.

D: *Så disse mennesker, der har haft disse oplevelser, var faktisk ved at dø, så at sige.*

S: Ja, de fuldførte bare ikke processen.

D: *Så ved at vende rundt og komme tilbage var de i stand til at gå tilbage til kroppen. De siger nogle gange, at deres liv ændrer sig efter en oplevelse som den.*

S: Ja, som det bør være. Når sådanne ting sker, er det normalt, fordi deres guide har besluttet, at de var på vej mod en blindgyde i deres karma. De ønskede ikke rigtigt at bryde ud af deres mønster. Noget sådant sker for virkelig at ryste op i deres tænkning, så de kan starte på nye mønstre og begynde at lede deres karma i nye retninger, forhåbentlig mere positive mønstre.

D: *Så dette er, hvad de mener med udtrykket "at krydse over" - de krydser gennem den energibarriere.*

S: Ja. Der er mange metaforer for det i de jordiske sprog. "Krydse over Jordan," "gå gennem sløret," eller "passere over" - nogen af disse metaforer refererer til denne del af oplevelsen. Jeg forsøger at bruge termer, jeg tror, du vil være bekendt med. Metaforen om "at

Mellem Død og Liv

smide dit gamle tøj for at tage nye klæder på" refererer til, at din energisnor opløses af barrieren, og du træder ind i et nyt eksistensniveau.

D: Så ser de omgivelser eller scener på det tidspunkt?

S: Når de passerer gennem barrieren, ser de kun klart lys. Og de føler, at de bliver renset, fordi energien justerer deres egne åndelige vibrationer for at være kompatible med det niveau, de har opnået. Dette svarer til metaforen om "at blive vasket ren af Jordan," når du krydser over. Når de kommer til den anden side, ser de i starten under deres justeringsperiode scener, der ligner ting, de husker eller forestiller sig på den fysiske plane, men disse er meget mere perfekte og smukke, end de kunne have forestillet sig. Derefter, når de bliver justeret, indser de, at disse faktisk er konstruktioner af deres eget sind, og de begynder at se niveauet, hvor de er, som det virkelig er. Men det er en meget glidende overgang, fordi det styres udelukkende af, hvad deres sind er klar til. Deres sind konstruerer disse visioner, de ser, indtil de er klar til at se tingene, som de virkelig er.

D: Hvordan er de, virkelig?

S: Det afhænger af, hvilket niveau du er på. Det er svært at beskrive, hvordan tingene virkelig er, fordi fysikkens love ikke gælder her, som de gør på den fysiske plane. For eksempel, når man normalt forestiller sig at være et sted, forestiller man sig at stå på en planet med et bestemt sæt omgivelser. Men på den åndelige plane er dette ikke nødvendigvis sandt. Du kan være i en bestemt type energifelt med forskellige egenskaber. Og forskellige begivenheder finder sted på grund af din interaktion med dette energifelt og med de andre, der også er i dette energifelt. Så det afhænger af, hvad planen er, og derfor er det svært at beskrive. Nogle gange vil du se visuelle analogier for at hjælpe dig med at lave forbindelser med det, du ser, sammenlignet med det, du allerede har oplevet.

D: Skal du tilbage til dit råd! Jeg afbryder dig ikke, gør jeg?

S: Nej, slet ikke. Fordi når vi fra rådet og fra denne plane kontaktes af forstående ånder på din plane, er det en del af vores karma at hjælpe ved at give så klare svar som vi kan. Og det er en del af din karma og dette, dit emnes karma, at hjælpe med at bringe mere viden om de højere planer til din plane for at hjælpe andre ånder

Mellem Død og Liv

generelt med at udvikle sig i deres karma. Det er alt sammen en del af mønsteret.

D: Det er derfor, jeg skal forsøge at sætte dette i ord, som folk kan forstå, fordi det er meget kompliceret. Det er meget vigtigt, at jeg præsenterer det på en måde, de kan begribe, og det er svært.

S: Det er en af grundene til, at jeg er blevet givet denne opgave at tegne metaforer. De højere ånder fortæller mig, at jeg er god til at tegne metaforer, der kan forstås af folk på den fysiske plane, for at hjælpe dem med at forestille sig ting, der ikke kan visualiseres.

D: Ja, jeg har brug for metaforer og analogier. De gør det lettere for mig at forstå dette. Ellers ville det bare gå over hovedet på mig. Jeg byder altid velkommen til enhver information, du kan give mig, fordi jeg aldrig ved, hvilken retning vi går. Alle oplysninger er vigtige.

S: Disse spørgsmål, som du mener, du kommer op med på egen hånd, er faktisk forslag fra din guide om ting, du skal spørge om. Fortsæt med at være i kontakt med din kreative del og forbliv åben over for disse spørgsmål, der pludselig dukker op i dit sind, og følg op på disse forskellige spørgsmål. Og fra denne side vil jeg og andre fortsætte med at forsøge at præsentere disse oplysninger til dig på en måde, som du og andre på den fysiske plane kan forstå.

D: Vi mener, det er tid til, at folk skal kende disse ting.

S: Ja, det er det. Din guide gav dig den tanke. Fordi vi er dem, der siger, hvornår folk er klar til at lære mere om disse ting.

Jeg har fået at vide, at ud over de generelle råd er der også adskillige niveauer af råd over dem. Jeg ved ikke, om der er nogen grænse, da jeg er blevet fortalt om universelle råd, der dækker hele universer og også råd på Skaber-niveauet. De, der er på det niveau, betragtes som medskabere med Gud og arbejder med at skabe nye universer eller hvad der ellers er nødvendigt, ad infinitum.

Jeg synes, det ville være umuligt at forvente, at vores dødelige sind kan forstå eller begribe selv en del af, hvad det virkelig handler om. Men det er fascinerende at indse, at der er mere til det, end vi nogensinde drømte om.

Kapitel 14
Prægning

DEN RADIKALE IDÉ om imprægnering blev bragt op helt ved et tilfælde, da jeg tilfældigt spurgte et mandligt emne et spørgsmål.

D: Har du haft mange liv på denne planet Jorden?
S: Dette er mit første fysiske liv, min første sande inkarnation på denne planet. Jeg har haft imprægneringer fra mange andre og har været assistent for andre. Dog er dette min første sande fysiske inkarnation på Jorden.

Hvad mente han? Dette var forvirrende, fordi da vi først begyndte at arbejde sammen, havde vi berørt omkring fire andre liv, der helt klart havde fundet sted på denne planet. Hvad skete der i de tidligere sessioner?

D: Så de andre, vi diskuterede, var ikke virkelige?
S: De var imprægneringer og assisteringer, de var ikke sande fysiske inkarnationer.

Jeg har haft mange overraskende åbenbaringer under min utraditionelle søgen efter viden, men dette kastede mig virkelig. Jeg havde aldrig hørt om en imprægnering. I mit arbejde med regressioner, enten levede du et liv, eller også gjorde du ikke. Den eneste anden mulighed er, at subjektet fantasere eller forestiller sig hele situationen. Jeg har altid været stolt af at kunne skelne forskellen. I alt, hvad jeg har læst om mulige forklaringer på minder fra andre liv, havde jeg aldrig hørt om noget kaldet "imprægnering." Jeg var forvirret. Hvis et liv ikke betragtes som en sand fysisk inkarnation, hvordan ville jeg nogensinde vide, hvad jeg havde med at gøre?

D: Mener du, at når nogle sjæle kommer ind i et liv, i stedet for at have levet disse nøjagtige tidligere livserfaringer, tager de ...

Mellem Død og Liv

S: De kan trække information fra de akashiske optegnelser og imprægnere denne information i deres sjæl, og det vil så blive deres erfaring.

Andre forskere har sagt, at de akashiske optegnelser ikke indeholder omtale af tid, kun optegnelsen af begivenheder, følelser og de lektioner, der er lært.

D: Nå... Kan du fortælle mig, hvordan jeg kan skelne forskellen, når jeg arbejder med sådan noget?

S: Nej, for selv jeg kan ikke skelne forskellen. Hvis jeg er i en imprægnering, er den imprægnering så virkelig, som hvis jeg faktisk havde oplevet det. Alle følelserne, minderne, følelserne, stort set alt om det liv er i den imprægnering. Så fra mit synspunkt ville jeg ikke være i stand til at fortælle, fordi jeg ville være helt optaget af oplevelsen. Dette er hele ideen med imprægnering. Dette er evnen til at leve tusinder, hundrede tusinder af år på en planet og faktisk aldrig have været der før.

D: Hvad ville grunden være?

S: Hvis man aldrig har oplevet et liv på Jorden før, eller hvis det måske har været lang tid siden den sidste inkarnation, ville der ikke være nogen referencepunkt, intet at falde tilbage på eller relatere til. Hvis man kom til denne planet uden hjælp fra imprægneringer, ville man være totalt fortabt. Man ville ikke forstå skikke, religioner, politik eller hvordan man skulle opføre sig i et socialt miljø. Dette er nødvendigheden for imprægnering, hvis der ikke er nogen tidligere jordisk erfaring med menneskelig eksistens i deres underbevidsthed. For at denne person kan føle sig komfortabel og tilpas, må der være noget, som de kan trække på og sammenligne med de daglige oplevelser, som man møder. For hvis dette ikke var tilfældet, ville følelsen af total disharmoni være til stede hver eneste dag, indtil det blev tid til at se tilbage og se en form for historie. Det vil sige, i den senere del af livet. Dog ville forvirringen og disharmoni fra at skulle opleve dette negere enhver læring, for der ville altid være den disharmoni, som al læring skulle filtreres igennem. Al læring ville blive farvet af denne disharmoni og ville i realiteten ikke være nogen læring overhovedet. Så der må være denne imprægnering for at tillade

Mellem Død og Liv

den fysiske krop at føle sig komfortabel i sine nye omgivelser og i de oplevelser, der ville være helt fremmede. Selv så enkle ting som et skænderi ville blive så skræmmende for den fysiske krop, at det ville gøre den helt tom. Disse uskyldige har ingen erfaring med vrede eller frygt, som du kender det. Det ville invalide dem. Det ville lamme dem. De ville være helt traumatiserede.

Mange mennesker tror, at alt dette alligevel er betinget af miljøet. At et barns sind er helt frisk, og al information læres og absorberes, mens det vokser og lever sit liv. Tilsyneladende stoler vi mere på vores underbevidste minder, end vi indser. Det ser ud til at være som en computerbank, som vi konstant trækker sammenligninger fra i vores dagligdag. Ifølge denne nye idé må en sjæl, der kommer for første gang ind i en jordisk krop og står over for en mærkelig ny kultur, have noget i sine tidligere minder til at orientere sig og give dem noget at relatere til. Denne idé var overraskende for mig og åbnede op for en helt ny måde at tænke på. Det kunne ændre hele mit syn på reinkarnation.

D: Men er der nogen måde, når jeg arbejder med folk, at jeg kan fortælle, om de husker og genlever et faktisk liv eller en imprægnering?

S: Vi spørger, hvorfor du ønsker at vide det?

D: Nå, det er sandsynligvis for at hjælpe med at bevise, hvad end jeg prøver at bevise.

Jeg grinede indvendig, for det kom ned til: Hvad prøver jeg egentlig at bevise? Han syntes at kunne læse mine tanker.

S: Og hvad prøver du at bevise?

Jeg rystede på hovedet og grinede forundret. "Det er et godt spørgsmål."

S: Vi vil snart vise, at du vil svare på dit eget spørgsmål.

D: Nå, jeg prøver at bevise reinkarnationens realitet, fordi mange mennesker ikke tror på konceptet. Ved at få nogen til at gennemgå et liv og kunne bevise, at den person eksisterede i den tidsperiode,

Mellem Død og Liv

prøver jeg at verificere disse ting. Men hvis nogen huskede en imprægnering, ville vi så også kunne verificere det?

S: Det er korrekt, for oplevelsen blev faktisk levet, selvom det ikke blev levet af den krop, du taler med nu. Men al information ville være den samme, som hvis du faktisk havde talt med den sjæl, der var i den krop på det tidspunkt. Imprægneringer bliver i realiteten en del af den sjæl og bæres med den sjæl.

D: *Ville dette være en forklaring på teorien om, at nogle gange mere end én person ser ud til at have levet den samme tidligere liv! For eksempel, flere Cleopatraer, flere Napoleoner. Ville imprægnering tage dette i betragtning?*

Jeg har aldrig oplevet dette, men det er et af de argumenter, som skeptikere fremsætter.

S: Absolut. For der er ingen ... (han havde svært ved at finde det rette ord) ejerskab over disse imprægneringer. De er åbne for alle. Og så bliver det meningsløst at prøve at fastslå, hvem der faktisk var den person, for det er meningsløst.

D: *Dette er et af de argumenter, folk har imod reinkarnation. De siger, at hvis vi finder mange mennesker med de samme liv, så kan det ikke være sandt.*

S: De udfordres til at udvide deres videnshorisont. De får fakta, der modsiger deres kortsynede overbevisninger, og bliver så udfordret til at udvide deres bevidsthed.

D: *Så betyder det ikke noget, om nogen var den ægte Cleopatra eller hvem som helst. Vi har stadig adgang til informationen om deres liv.*

S: Det kan verificeres lige så let med den faktiske sjæl eller med en af mange hundrede andre, der oplever den samme imprægnering. Det gør ingen forskel.

D: *Men ville forskellige mennesker måske opfatte imprægneringen på en anden måde? Hvis én person blev spurgt, som havde livet som Cleopatra, og en anden havde det samme liv, ville deres opfattelse muligvis være forskellig?*

S: Et meget godt spørgsmål. Vi ville sige, at menneskelig erfaring er som et filter, der farver de opfattelser, der passerer igennem det. Så hvis en oplevelse i den Cleopatra-inkarnation blev fundet

Mellem Død og Liv

ubehagelig for den bevidsthed, der relaterer det, ville det enten blive slettet eller ændret for at præsentere det på en måde, så det ikke forårsager forstyrrelse af enheden.

Det lyder som selvredigering. Kunne dette så forklare fejl, der nogle gange opstår? Ville det ikke være ligesom den måde, folk forstår og bruger forskning til deres egne formål og til at bevise deres egne forskellige synspunkter?

D: *Det ville alligevel være sandt; det ville blot være forskellige måder at se på det.*

S: Det er korrekt. Det ville blive præsenteret i så præcis et portræt som muligt, men også på den mest behagelige måde.

D: *Ville dette også forklare spørgsmålet om parallelle liv, to liv, der tilsyneladende forekommer samtidig eller overlapper hinanden?*

S: Ja, dette er hvordan paradokset eller modstridigheden opstår omkring parallelle liv. Det er simpelthen et spørgsmål om at tilegne sig samfundserfaringer, love, regler og skikke for effektivt at kunne udføre ens inkarnation.

D: *Så betyder det ikke rigtig noget, om det kan bevises eller ej, gør det?*

S: Præcis. Hvad er pointen? Man kunne i årtusinder følge sine "tidligere liv," og i denne henseende ville det være helt ubrugeligt. Dog er der meget, der kan læres af disse erindringer. Ikke kun fra et personligt synspunkt for den, der gennemgår regressionen, men også for dem, der læser og hører om dette. Meget viden kan deles, så der er meget værdi for alle.

D: *Ved at genleve tidligere liv modtager nogle mennesker meget fordel i deres personlige liv, som at forstå deres personlige relationer til andre.*

S: Ja, det er sandt.

D: *Hvordan besluttes det, hvilke imprægneringer du vil have, eller hvad nogen anden vil have? Er visse imprægneringer valgt til bestemte individer?*

S: Imprægneringen bestemmes af, hvad inkarnationens mål skal være. Hvis man for eksempel skal blive en leder, en præsident, kan man have imprægneringer fra forskellige niveauer af ledere, fra stammeledere op til muligvis tidligere præsidenter, måske en

Mellem Død og Liv

borgmester, måske en leder af tyve. Hvis fokus er på lederskab, kan mange imprægneringer af en ledende karakter anvendes, så enheden er fortrolig med aspektet eller ideen om, hvad lederskabet indebærer. Der er også den sekundære og endda tertiære fordel ved at lære ydmyghed, tålmodighed, sjov og underholdning. Alle de mange erfaringer er i disse imprægneringer. Metoden til imprægnering er uden for min forståelse. Effekten er at opleve mange liv, måske samtidigt, måske serielt. Men effekten er at lære lektioner fra andres erfaringer. Lektionerne deles. De erfaringer, vi hver især har i dette liv nu, vil være tilgængelige ved slutningen af disse liv for at blive imprægneret til brug for alle, der måtte have brug for dem. Det er simpelthen som at låne bøger fra et bibliotek, hvis man betragter hvert liv som en bog og læser og forstår den med det samme.

D: *Mener du, at livets energi er som om den er opbevaret i en bog og placeret i et bibliotek og er tilgængelig for at blive imprægneret i andre menneskers liv, hvis de ønsker at bruge den information?*
S: Det er korrekt. Der er ingen begrænsning på, hvor mange der kan bruge et bestemt liv. Tusinder af mennesker kunne samtidig imprægnere den samme erfaring.

D: *Så det ville være muligt for mig at regressere mere end én person til et bestemt liv, hvis det lige så tilfældigvis skete, at imprægneringen var tilgængelig for begge individer?*
S: Dette er sandt. Imprægneringerne vælges før inkarnationen. Der er en metode, der er alt for kompleks til at forstå. Men man kan sige, at der er en computer, en mastercomputer, som har adgang til alle liv, hvert enkelt tidligere. Så informationen om, hvad der forventes af dette liv, indtastes, og de relevante imprægneringer vælges derefter og overlejres. Der er en hierarki af ånder, hvis job det er at gøre dette. Der er et råd, der fører tilsyn med dette. De assisterer sjælen. Denne computer eller råd får al information om missionen og de tidligere erfaringer fra de kroppe, der kan trækkes på. Og så er der valget mellem det tidligere liv, der er blevet indskrevet i optegnelserne, og et match mellem det, der vedrører, og den erfaring, der er ved at begynde. Alt hukommelse, alle tanker, alle sanser, alt hvad et reelt eksisterende liv ville have, er der intakt. Det er et hologram, en tredimensionel opsummering af det liv. Alle erfaringer, minder, følelser bliver imprægneret i den

204

Mellem Død og Liv

sjæl og bliver en del af den sjæl. Disse oplysninger bæres derefter efter inkarnationen er slut og er en gave fra at have levet i dette eksistensområde og bliver så en del af den sjæls permanente optegnelse.

D: *Ville det ikke være korrekt at sige, at imprægneringen er som et mønster? Ville det være et andet ord! At man vælger disse mønstre og bruger dem til at prøve at forme sit liv efter?*

S: Det kan bruges.

D: *Jeg fik lige en interessant idé. Det er lidt ligesom at lave forskning i et bibliotek, ikke?*

S: Ja. Du får bøger om mange emner, og med den viden i hånden går du videre.

D: *Men når en person virkelig lever et liv, får de meget ud af de daglige oplevelser ved at leve det liv. Ville de få den samme værdi, så at sige, fra imprægneringen?*

S: Du taler ud fra et karmisk synspunkt, og vi ville sige, at dette ikke er korrekt. For imprægneringen giver blot reference, som man kan trække på. Det hjælper ikke med at arbejde af nogen karma. Det er blot et ekstra værktøj, som man kan bruge til at arbejde af karma. Hvis alle skulle modtage imprægneringer, ville der være en stilstand, hvor ingen ville opleve sande liv. Og der ville ikke være noget, til sidst, at relatere til imprægnering fra. Så der skal være reelle faktiske liv, der leves, for at man kan tilføje til dette optegnelsesbibliotek.

D: *Ja, efter et stykke tid ville sjælen foretrække genveje frem for den faktiske oplevelse.*

S: For nogle sjæle er genveje passende; for andre er de ikke. For denne enhed lever nu et liv, der er passende. Det kunne siges, at han kunne have ventet på, at nogen andre oplevede en inkarnation på dette tidspunkt og derefter modtaget den imprægnering, kunne det ikke? Men den faktiske oplevelse ville ikke være lært. Sjælens frie vilje er her, idet imprægneringen foretages af sjælens frie vilje og ikke nogen andens frie vilje. Al relevant information gives til denne computer, og de passende inkarnationer gives derefter til imprægnering. Imprægneringerne er tilgængelige fra denne kilde, men individet træffer den endelige beslutning. Sjælen har magten til at afvise, hvis han finder en imprægnering, der ikke er acceptabel for ham, uanset årsag. Hvis han blot beslutter at bruge

Mellem Død og Liv

sin autoritet til at sige: "Jeg ønsker ikke at have den," så vær så god.

D: *Dette forvirrer mig lidt. Mener du så, at der ikke findes reinkarnation, som vi kender den?*

S: Lad mig sige, at der er progression fra krop til krop. Der er også imprægneringer. Nogen kan have levet fem liv, men alligevel have erfaringen fra fem hundrede. Det er en kombination af effekter.

D: *Med andre ord er det information, du har ved fødslen, og som du bruger gennem dit liv.*

S: Imprægneringerne er færdige på tidspunktet for fødslen. Men ekstra imprægneringer er også tilgængelige, når det er nødvendigt. Dette ville være ligesom at pakke bagage til en rejse og opdage under rejsen, at man har glemt noget. Og så er der butikker undervejs. Kender du til kortoverlejring? For eksempel, du kunne have de fysiske grænser for USA uden politiske grænser som stater eller amter. Men disse ville være på transparenter. Hver transparens bliver derefter lagt ned i rækkef følge, og et komplet billede gives. Dette kunne bruges som en analogi til imprægneringer. Imprægneringerne kan overlejres på mange forskellige måder, en måde kan være i en drøm eller en fysisk oplevelse af en slags. Det kan være en traumatisk oplevelse såsom et dødsfald i familien eller tabet af ens job eller enhver tid, hvor man åbner sig indefra gennem en oplevelse. Uanset om det er glædeligt, sørgeligt eller et sted imellem, er åbningen af sig selv nøglefaktoren her. Og den nødvendige imprægnering vil blive indsat uden, at enheden overhovedet bemærker det. Men faktum er, at man også kan leve mange liv uden nogensinde at have en imprægnering. Imprægneringer er blot hjælpemidler. De er ikke nødvendige for alle.

D: *Ideen dukkede lige op i mig, er Jesu liv tilgængeligt for at blive imprægneret af den gennemsnitlige person?*

S: Livet er tilgængeligt og er blevet brugt gennem historien. Dette er et ekstremt exceptionelt liv, der er blevet gjort tilgængeligt. Livet indkapsler alle de idealer, som menneskeheden stræber efter.

D: *Disse ville være principperne fra Jesu liv, er det det, du mener?*

S: Det er korrekt.

D: *Så ville det være meget beundringsværdigt at blive imprægneret med dem.*

Mellem Død og Liv

S: Det ville være meget nyttigt. Det ville korrelere som en ven til en ven i de indre planer i dette liv. Oplevelsen kunne også overlejres på en person. Mange, der er inkarnaterede, har denne imprægnering nu. Jesus kom som fundamentet for denne nuværende evolution for at imprægnere dette særlige liv for helingen af denne planet. Det kaldes "Kristusbevidsthed." Og hver person, der går ad denne vej som ven til ven eller som healer, som Jesus var, har denne imprægnering. Og de er i stand til at påkalde denne imprægnering, når de har nået en bestemt bevidsthedstilstand i deres egen udvikling.

D: *Jeg spekulerede på, ville denne oplevelse stemme overens med, hvad kristne betegner som at være "genfødt" og hele forvandlingen af personens liv? Ville det være, hvad der sker, hvis de påtager sig Kristus-imprægneringen?*

S: Det er en opvågnen til denne imprægnering og opfattes som at være "genfødt." Mange beskriver det som Kristus, der træder ind i deres liv, når det faktisk har været der hele tiden. Det ville være som at finde en juvel i skabet.

D: *På denne måde ændrer det deres liv, når de vågner op til dette?*

S: Dette er bestemt korrekt.

D: *Når der sker en reel ændring, finder der så en ændring i deres bevidsthedsniveau sted, så de derefter fungerer ud fra Kristusbevidstheden?*

S: De fungerer med Kristusbevidstheden gennem deres indre planer. Kristusånden bringes derefter ind i den evige flamme inden i hjertet og brænder som ubetinget kærlighed.

D: *Så dette er en reel oplevelse; en oplevelse delt af mange religiøse mennesker.*

S: Det er korrekt. Det er en meget dyb oplevelse, lige så sikker som at et lys bliver tændt i mørket.

D: *Jeg har altid troet, at der ville være en måde, jeg kunne korrelere det arbejde, jeg laver, med disse oplevelser, som kristne har haft, og vise, at der virkelig ikke er nogen konflikt overhovedet.*

S: Der er simpelthen terminologierne involveret. Meget konflikt skabes af diskussioner om, hvad man skal kalde disse oplevelser. Det er blot et spørgsmål om semantik eller mærkning, og den måde, folk er tiltrukket af deres egen religiøse orientering. Hver vil opleve og kalde det noget andet, og derved opstår konflikten.

Mellem Død og Liv

Hver person er knyttet til sit koncept eller sin opfattelse som den mere korrekte. Der skal gøres meget for at forsikre disse mennesker om, at deres overbevisninger er gyldige, selv uden deres mærkning. For mærkningen bliver krykken, så de kan holde fast i det, der er uset. Mærkningen bliver så vigtigere end det, der er mærket.

D: *Er disse oplevelser unikke for den kristne religion?*

S: Der er lignende oplevelser blandt hele menneskeheden fra begyndelsen, og de vil fortsætte så længe menneskeheden eksisterer. Det findes i alle religiøse aspekter og evolution gennem alle kulturer. Som jeg sagde, kunne tusinder af mennesker samtidig imprægnere den samme oplevelse. Jesu inkarnate legeme var ikke den eneste inkarnation på denne planet af Kristusbevidstheden. Denne planet har haft mange, der har legemliggjort disse begreber, såsom Gautama (Buddha), Mohammed, Moses, Elias osv.

D: *Jeg tror, det ender med at være "sandhed er sandhed," uanset hvad du kalder det.*

S: Det er korrekt.

D: *Dette ville hjælpe med at forklare, at der ikke virkelig er så meget forskel, som folk tror.*

S: Der er blot mærkning og kontroversen, der følger med sådan mærkning. Anstrengelserne må rettes mod at lade disse mennesker se, hvad der er under mærkaterne og acceptere mærkaterne for, hvad de er.

Kapitel 15
Walk-Ins

DENNE OPLEVELSE MED EN walk-in skete med helt uventet spontanitet. Det ville være umuligt at forudsige noget sådant. Når mine emner blev ført gennem fødselsoplevelsen, genoplevede de for det meste at komme ind i dette liv på den konventionelle måde. Således var jeg ikke forberedt på denne radikalt forskellige måde at komme ind i den fysiske krop.

Den unge pige, som var mit emne, havde fortalt mig historien om sin fødsel til dette nuværende liv. Hun sagde, at hun var blevet født død under en hjemmefødsel. Lægen prøvede, men kunne ikke gøre noget for hende, så han lagde hendes livløse krop til side for at tage sig af hendes mor. Det var kun ved hjælp af pigens tante, at hun overhovedet lever. Selvom lægen fortalte dem, at der ikke var nogen nytte i at prøve, havde hendes tante arbejdet med den livløse krop i flere lange minutter, indtil endelig et svagt skrig blev hørt. Denne unge kvinde havde fået fortalt denne historie hele sit liv. Familien troede fuldt og fast på, at hvis det ikke var for tantens udholdenhed, ville hun ikke være her i dag.

Jeg ønskede at tage hende gennem fødselsoplevelsen for at se, hvad der virkelig var sket. Emner har haft stor gavn af sådanne regressioner. De har især fået større indsigt i følelserne og holdningerne hos nære familiemedlemmer, fordi det er blevet bevist, at entiteten er fuldt ud klar over alt, hvad der sker under graviditeten og før deres fødsel.

Jeg har taget nok emner gennem deres fødselsoplevelser til at være sikker på, at denne unge kvinde ikke engang var i babyens krop på det tidspunkt, men havde forsinket indtræden af en eller anden grund. Måske havde hun stadig samtaler med sine lærere og mestre på den anden side, og hun var næsten ikke nået frem i tide. Måske havde hun haft betænkeligheder ved at træde ind i dette liv, og lærerne måtte bruge stærkere overtalelse. Ofte forsøger entiteten at påtage sig for meget karma, der skal arbejdes ud, mens de planlægger deres curriculum i denne jordiske klasse. De begynder at undre sig over, om de tager for meget på sig. Det er meget ligesom at tilmelde sig college. Der er ofte kurser, der kræves, som er mere vanskelige end de lettere valgfag. Ofte indser en studerende, at han tager mere på sig, end han komfortabelt kan håndtere. Dette er lignende med at komme ind i et liv. Det ser altid lettere ud i planlægningsstadiet. Men ofte er planerne gået for langt med karmiske forhold, der allerede er arrangeret osv., og det er for sent for entiteten at trække sig tilbage.

Jeg har opdaget med mit arbejde mindst to hovedmåder, hvorpå entiteten bliver født. De kan træde ind i kroppen, mens den stadig er i livmoderen og gå gennem den faktiske fødsel, hvis de ønsker at opleve dette. De kan også forblive uden for babyens krop, men i nærheden af moren og blot se på. De har frihed i denne tid til stadig at gå frem og tilbage til åndernes planer, da de ikke er helt bundet til babyen endnu. Hovedkravet, uanset hvilken måde de vælger at gøre det på, er, at de træder ind i babyens krop ved den første vejrtrækning. Manglende evne til at gøre det kan resultere i dødfødsler.

På grund af omstændighederne ved hendes fødsel, i stedet for at bede hende om at gå til det tidspunkt, hun blev født, bad jeg hende om at gå til det tidspunkt, hun først trådte ind i denne fysiske krop, som jeg talte til. Måske var det denne formulering, der udløste hændelsen. Jeg talte hende derhen og spurgte, hvad hun lavede.

S: Jeg ser på.

Jeg blev ikke overrasket, fordi jeg vidste, at hun ikke ville være i babyens krop.

D: Hvor er du?
S: Ved fodenden af sengen. (Et dybt åndedrag) Jeg forbereder mig på at træde ind i kroppen for sidste gang. Indtil dette tidspunkt har det kun været i... korte perioder.
D: Mener du babyens krop?
S: Nej. Det er ikke en babys krop. Det er en voksen krop.

Dette var et chok, og en jeg var helt uforberedt på. Hvad mente hun?

Mellem Død og Liv

D: Mener du, at du ikke kommer ind i en babys krop, der er blevet født?
S: Nej.
D: Dette er ikke en normal ting, er det?
S: Nej, men det bliver mere normalt, end mange mennesker ville blive ledt til at tro.
D: Du sagde, at du kun har været i denne krop i korte perioder indtil dette tidspunkt! Hvad mente du?
S: Der har været en udveksling af sjæle. En prøvningsperiode, så at sige, for at beslutte, om overgivelsen ville blive gjort. Om hun ville acceptere det, hun havde bedt om.
D: Hun bad om dette?
S: Ja. Det er noget, der har været ønsket, og den anden entitet følte, at hendes tid var forbi.

Jeg havde svært ved at acceptere dette. Det lød meget som det, der kaldes en "walk-in". Dette er et udtryk, der stammer fra Ruth Montgomerys skrifter og er blevet populært. Det betyder løst en ånd, der "går ind i" en levende krop i stedet for at blive født som en baby. Jeg havde kun været ude for dette fænomen én gang før i regressiv hypnose. Den oplevelse involverede en entitet, der trådte ind i kroppen på et lille barn, der var meget sygt. En udveksling af sjæle blev foretaget, da den besættende sjæl ønskede ud. Den oplevelse skete under en session, der blev gennemført i 1960'erne, længe før udtrykket "walk-in" overhovedet var blevet myntet. (Dette blev rapporteret i min bog Five Lives Remembered.)

D: Hvorfor? Skete der noget? Var der en grund til dette?
S: Beslutningerne, der påvirkede livet. Hun troede, at hun ville kunne håndtere de problemer, hun havde pålagt sig selv, og da hun fandt ud af, at de var for stærke, bad hun om at blive sendt hjem.
D: Vil du venligst forklare, hvad du mener?
S: (Et dybt åndedrag) Hun havde ikke den styrke, hun troede, hun havde; derfor beder hun om at blive fritaget for situationen.
D: Kunne dette ikke forekomme med kroppens død?
S: Ja, men hvorfor forårsage, at kroppen dør, når en anden kan tage dens plads og gøre meget godt. Det var sjælen, der besluttede, at hun ikke kunne håndtere den karma, hun havde valgt at håndtere,

Mellem Død og Liv

og besluttede at forlade kroppen. Denne krop... det er ikke tid til, at den skal dø. Den skal fortsætte. I disse tilfælde efterlades kroppen i drift, så en anden sjæl kan træde ind.

D: Og gør noget sådan ikke skam?
S: Det ville blive skammet, hvis hun tog livet af den fysiske krop.
D: Du mener som selvmord?
S: Ja. Men ved blot at overlade det til en anden, der ville gøre godt, er der ingen skade, og der er intet dårligt tænkt om denne entitet. Dette er en handel, der laves med begge parters samtykke.

Jeg tænkte, at en ting, der forvirrede mig, var, at dette lød meget som besættelse. Vi har haft så mange film på det seneste som "Exorcisten", at ideen var skræmmende.

S: Der er ingen lighed overhovedet. En besættelse er, når en forvredet ånd ville kontrollere en anden. I en walk-in-situation er der ingen kontrol. Der er kun én entitet i den krop. Den eneste måde, denne entitet kan træde ind i den krop, er, at den anden vil frivilligt overgive den. Der er total tilladelse. Med en besættelse er det præcis det - det er besiddelse uden ret.

D: Hvor er alt dette besluttet! Hvor arbejdes det ud?
S: På den åndelige side. Vi diskuterer dette med mestrene, og beslutningerne træffes.

Jeg undrede mig over, om den fysiske personlighed havde noget at sige om det. Denne pige var bestemt ikke bevidst om en beslutning af denne størrelse.

D: Går hun et andet sted hen på forskellige tidspunkter for at diskutere det?
S: Ja, når hun er i en tilstand, der fremstår som søvn for andre, ville hun rejse.

Dette var en foruroligende tanke for mig. At tænke, at vi som bevidste mennesker har så lidt at sige om, hvad der foregår i vores egne liv. Det er som om, at vores bevidsthed kun er et tyndt lag, der dækker et ekstremt kompliceret indre.

Mellem Død og Liv

D: Har diskussionen pågået i lang tid?
S: I cirka to måneder.
D: Hvor gammel er denne fysiske krop, som du vil træde ind i?
S: Enogtyve.

Enogtyve? Dette var endnu et chok. Jeg havde mødt denne pige kort efter hendes toogtyvende fødselsdag. Det betyder, at denne udveksling fandt sted lige før jeg mødte hende. Alligevel syntes hun ikke anderledes end nogen anden, jeg havde daglig kontakt med.

D: Hun har været sammen med denne krop i lang tid.
S: Ja. Der var mange ting, der blev ryddet op. Der var bare for meget karma, der var accepteret, som ikke kunne blive udført.

Var dette grunden til hendes forsinkelse i oprindeligt at træde ind i den fysiske krop ved fødslen? Havde hun haft betænkeligheder ved sin evne til at udføre alle de opgaver, hun havde givet sig selv? Hun havde allerede haft mange problemer i sit unge liv, og ved al ydre fremtræden havde hun konfronteret og løst dem beundringsværdigt. Havde hun virkelig levet sit liv med modvilje og kun nået en alder af 21 gennem udholdenhed?

Betyder dette, at vi aldrig virkelig kan kende et menneske? Betyder det, at vi aldrig virkelig kan kende os selv? Denne situation gjorde mig stærkt opmærksom på for første gang adskillelsen mellem de forskellige dele af et menneske og hvor lidt kontrol vi virkelig har over disse andre dele.

D: Hvem tog beslutningen om, hvem der skulle træde ind i kroppen?
S: Mestrene besluttede, at der var tilstrækkelig lighed mellem jegerne, så ændringen ikke ville være særlig mærkbar.
D: Kendte du den anden entitet?
S: Højere? Ja. Vi har også delt andre liv sammen.
D: Du sagde, at denne hændelse bliver mere hyppig. Hvorfor? Bliver presset ved at leve på Jorden for stort?
S: Ja. Plus det faktum, at dem, der går ind, ikke har gennemgået barndommens traumer eller fødsel, og de er mere åbne for indflydelsen fra denne side. I øjeblikket og i fremtiden er der et stort behov for denne åbenhed. Disse er mennesker, der skal guide

Mellem Død og Liv

andre ind i de kommende tider. En af grundene til, at walking-in finder sted, er, at der er en tidsmangel og en mangel på køretøjer. Der skal være dem, der har et åbent øre, så at sige, til den anden side. Og hvad bedre måde end hvis de ikke skulle gå gennem fødsel og barndom og glemme alle de minder fra før? Derfor kan der gøres meget godt gennem dem. Den energi, vi bringer med os, når vi går ind, påvirker også dem omkring os - på mange måder, der ikke altid er mærkbare på overfladen. Meget vigtigt arbejde udføres.

Fra det arbejde, jeg har udført med regressioner, har jeg udviklet en teori om børn og minder fra tidligere liv. Når sjælen træder ind i kroppen, er minderne stadig meget tæt på overfladen. Det må være meget frustrerende pludselig at finde sig selv fanget i en babys krop uden evne til at kommunikere. Ikke underligt, at de græder så meget. De forsøger at få tanken igennem til folk, at de virkelig er en intelligent gammel sjæl, der ved mere, end vi overhovedet kan forestille os. I de første to år bliver ånden så involveret i at lære at få denne nye krop til at fungere og lære at kommunikere igen, at minderne bliver dæmpet og skubbet til baggrunden. De få børn, der stadig husker og forsøger at fortælle folk det, bliver som regel kritiseret eller latterliggjort, indtil de stopper med at forsøge og resignere sig til at være "normale." Jeg tror, at hvis sådanne børn blev opmuntret i stedet for at blive fået til at føle sig anderledes, ville de lære at bruge disse evner til deres fordel. Walk-in, derimod, træder ind i kroppen frisk uden traumerne fra fødsel og uden at bruge år på at få kroppen til at fungere. Derfor er de meget psykiske, fordi minderne og evnerne, der bæres over fra den anden side, er højt udviklede og meget friske og aktive.

D: *Vil den fysiske krop bemærke nogen forskel, når udvekslingen finder sted?*
S: Nej, hjerterytmen og vejrtrækningen vil fortsætte. I mange tilfælde bliver denne udveksling gjort ved dødsøjeblikket - hvor en person ville synes at dø og derefter begynde igen. Men dette er ikke altid tilfældet. Mange gange er der bare en søvn. Og når de vågner op, er du den person, og den anden er gået. Men alle minderne er blevet absorberet, så du er den person.

Mellem Død og Liv

D: Hvad med den anden enheds karma? Fortsætter du dette for dem?
S: Ja. I de aftaler, der blev lavet, skal jeg færdiggøre bestemte ting, som den anden person har pålagt, skal afsluttes.
D: Arbejder du med den anden persons karma?
S: Ikke så meget karma som, der er bestemte ting, som den oprindelige sjæl påtager sig, når et liv begynder. Der er så meget interaktion med andre sjæle, at hvis visse forpligtelser ikke blev opfyldt, ville det påvirke for mange liv. Derfor skal aftalerne laves, så disse forpligtelser kan opfyldes.
D: Mener du, at sjælen, der kommer ind, kender alle de forpligtelser, den tidligere occupant af kroppen havde? Og er helt klar over, hvad de skal gøre?
S: (Afbrudt) Hvad de skal gøre, ja.
D: Så du har dine egne minder, og du absorberer også hendes minder?
S: Jeg har hendes minder fra dette liv, men ingen fortid.
D: Så bærer du ikke optegnelserne fra hendes andre inkarnationer?
S: Nej. Kun mine egne.

Dette åbnede en anden fascinerende idé. Betyder det, at hvis jeg havde regresset hende for et par år siden, ville jeg have fået minder om helt forskellige liv, end hun havde givet mig i det år, jeg arbejdede med hende? Dette er sket for andre forskere, og det er et punkt, der ofte gribes af psykiatere og skeptikere for at afvise reinkarnation.

D: Hvorfor ved personen, den fysiske enhed, ikke, at noget sådant er sket?
S: Nogle gange ville det være for traumatisk at vide på det tidspunkt. Nogle walk-ins går gennem resten af deres eksistens uden nogensinde at vide. Men de lever bedre og lykkeligere liv end før, gør meget godt for andre og for sig selv. Erindringen er ikke altid vigtig. Det gode, de gør, er.
D: Jeg tænkte, hvis den fysiske krop nogle gange ikke engang ved, at noget er sket, betyder det, at den fysiske krop er en separat enhed?
S: Er den ikke sådan? Hvis du bliver født ind i en krop, ville kroppen fortsætte i nogen tid uden sjælen i den. Derfor har den en adskilthed.
D: Mener du, når ånden går frem og tilbage, når kroppen er en lille baby?

Mellem Død og Liv

S: Ja.

Dette var et punkt, der er blevet bragt op i mange regressioner, at sjælen forlader babyens krop kontinuerligt i lange perioder, når babyen er lille. Dette sker oftest, mens babyen sover, og alle ved, at babyer so ver meget. Det fortsætter, indtil barnet når omkring to år gammel. Sjælen er normalt i dialog med mestrene i skolen i denne periode og træffer sidste øjebliks beslutninger. Dette er også en mulig forklaring på krybbedød. Sjælen blev væk for længe eller besluttede at trække sig tilbage fra sin kontrakt. Så på denne måde kan kroppen være adskilt og fortsætte med at eksistere i perioder uden livskraften inden i den. Jeg mener, at dette også er, hvad der sker med folk i koma. Kroppen fortsætter med at leve, men sjælen er gået videre et andet sted. Dette er grunden til, at jeg mener, det er forkert at holde en klinisk død krop i live. Når kroppen har været forladt for længe, er der ringe sandsynlighed for, at sjælen vil vælge at genindtræde. Kroppen kan også være beskadiget til det punkt, at genindtræden af den oprindelige occupant eller en anden sjæl er umulig. I sådanne tilfælde kan kroppen være ude af stand til at blive genaktiveret.

Da hun talte, lød hendes stemme træt, og hendes svar begyndte at blive sløret. Hun havde ikke længere interesse i at svare eller kunne ikke huske svarene på spørgsmålene. Jeg har været vidne til dette før, nogle gange når entiteten trådte ind i en babys krop. Når de blev afskåret fra den anden side, blev også viden afskåret. De tænkte ikke længere i spirituelle termer, men blev involveret i det fysiske.

D: Jeg ved, du bliver træt, fordi når du træder ind i kroppen, begynder du at absorbere. Er du nu trådt ind i kroppen?
S: Ja.
D: Og den fysiske krop sover om natten, når det sker?
S: Ja.
D: Og den anden entitet er gået?
S: Ja.

Hendes svar blev langsommere og langsommere, som om hun var ved at falde i søvn.

S: (Blidt) Det er underligt at føle hjertet igen. At føle kroppen.

D: Havde du til hensigt at komme tilbage så hurtigt, eller ville du blive på den anden side?
S: Det skulle være snart. Jeg foretrækker meget denne måde. Jeg har ikke så mange problemer at håndtere som at vokse op. Der er meget arbejde, der skal gøres nu. Det er meget lettere på denne måde.
D: Nå, jeg lader dig så hvile, fordi det må være en stor prøvelse at gøre noget sådan.

Ikke at nævne den prøvelse, hun lige havde udsat mig for.

Da denne unge kvinde blev fortalt ved opvågning, hvad hun havde sagt i trance, blev hun chokeret, for at sige det mildt. Hun sagde, nej! Hun kunne ikke tro det. Hun følte sig ikke anderledes; hun vidste, hun stadig var den samme person. Hendes bevidste sind gjorde oprør mod ideen, og hun havde samme vanskelighed som jeg havde med at absorbere noget af denne størrelse. Jeg fortalte hende, at hvis hun ikke ønskede at acceptere ideen, behøvede hun ikke. Hun kunne bare betragte informationen som en interessant kuriositet. Hun sagde dog, at hendes forældre havde bemærket, at hun syntes anderledes, at hun var ændret i det sidste år eller deromkring. Men det kunne have været blot en del af den naturlige modningsproces. Ingen af os forbliver den samme; vi vokser konstant.

Da historien om hendes fødsel var et velkendt faktum og var blevet genfortalt mange gange i hendes familie, var det åbenbart, at denne information om at være en walk-in var det sidste, hun forventede ville komme frem under regressionen.

Senere modtog jeg meget lignende information om dette emne fra andre emner.

D: Har du nogensinde hørt udtrykket "walk-ins"?
S: Det er korrekt.
D: Kan du forklare det for mig?
S: Som vi nævnte tidligere, er der flere sjæle, der venter på at inkarnere, end der er kroppe til at huse dem. Nogle gange kommer der et tidspunkt i en individs liv, hvor han finder ud af, at han virkelig ikke længere ønsker at være i det fysiske. Han har nået et punkt, hvor de fysiske vægte og bekymringer har draget sjælen til et niveau, som den ikke kan opretholde. Og derfor får individet

Mellem Død og Liv

mulighed for at passere over til den anden side. Der gøres dernæst en mulighed tilgængelig for en individuel sjæl på den åndelige side at komme og bebo den krop. Så der ville være en gensidig udveksling af steder, så at sige. Dette er meget gavnligt for begge parter. For du kan se, at den oprindelige sjæl bliver frigivet til sit sande hjem. Og den individuelle på den åndelige side får derefter et køretøj, som de kan arbejde med karma.

D: *Hvis sjælen ville tilbage, hvorfor kunne kroppen så bare dø?*

S: Der ville være tab af køretøjet, den fysiske krop. Og der er ofte en tidsramme, der skal tages højde for. For eksempel, antag at den oprindelige vært entitet eller sjæl havde et forhold, der skulle arbejdes igennem med sin kone. Situationen udviklede sig således, at manden fandt ud af, at han ikke længere kunne fortsætte i den tilstand, og så blev han frigivet til den åndelige side. Den entitet, der træder ind i kroppen, ville så være ansvarlig for at arbejde gennem den karma med konen. Så efter at have afsluttet forskellige opgaver, der var aftalt på forhånd, får den indtrædende entitet lov til at begynde at arbejde på sine egne opgaver og karma.

D: *Så skal den indtrædende entitet gå med til at afslutte, hvad køretøjet startede?*

S: Det er korrekt. Der er ingen udveksling uden samtykke fra begge sider. Det vil sige, at den ene skal give slip på karmaen, og den anden skal påtage sig karmaen.

D: *Hvordan beslutter man, hvem der skal træde ind i denne krop, der stadig skal holdes i live?*

S: Det besluttes på samme måde, som beslutningen træffes om, hvem der skal træde ind i første omgang. Det afhænger af, hvem der har karma at arbejde med disse mennesker. Om det vurderes, at de kan håndtere, hvad der skal gøres. Og om den person er avanceret nok til ikke at have brug for barndommens og fødsels lærdomme og kan træde ind i en entitet med fuld hukommelse.

D: *Det gør det mere vanskeligt, ikke at miste de minder ved fødslen!*

S: (Bestemt) Man mister ikke minderne ved fødslen. Børn har stadig dem. De kan ses i nogle af de lege, de leger, som forældre og voksne kalder "fantasi." Vi, som voksne, kvæler dem på mange måder, uanset om det er intentionelt eller ej. Men minderne bliver stille, efterhånden som man bliver ældre, på grund af disse ydre påvirkninger, mere end noget andet i entiteten.

D: Jeg tænkte måske, at traumerne ved fødslen og at vokse op, lære at bruge kroppen, kunne skubbe minderne tilbage.

S: Nogle af dem, ja, men ikke alle.

D: Så jeg formoder, at når de bliver ældre, hvis denne hukommelse ikke bliver brugt, glemmer de. Jeg begynder at forstå dette bedre, men jeg tror, at grunden til, at det altid har generet mig, er, at det lød så meget som besættelse af en ånd.

S: Som vi sagde, er der ingen udveksling uden det udtrykkelige samtykke mellem begge sjæle. Det er aftalt på forhånd, og ofte laves der en tidsplan mellem de to. En ordnet tidsplan, hvor proceduren skal udføres. Så det er ikke en uvillig og ukendt handling overhovedet. Det er en partnerskabsaftale.

D: Men hvad med den bevidste enhed! Er personen klar over, at der er sket ændringer?

S: Oftest ved køretøjet ikke, at ejerskabet er blevet udvekslet, så at sige. For med indtræden af den nye ånd følger ejerskabet af alle tidligere erindringer fra det pågældende køretøjs liv. Og derfor er der ikke nogen åbenbar ændring i ejerskabet eller forvaltningen.

D: Så den bevidste enhed har ikke noget at sige om det. Den bliver ikke konsulteret, med andre ord.

S: Bevidstheden bliver aldrig afbrudt. Det er underbevidstheden, der skifter hænder, så at sige. Der er ingen ubehag og ingen indblanding. Nogle gange, når det er nødvendigt eller ønskes, vil der være en erkendelse og erindring om den faktiske overførsel. Og ofte med tiden er der den gradvise erkendelse og muligvis erindring om det præcise tidspunkt for overførslen.

D: Jeg tror, det er det, der generer mig. Det virker, som om du har så lidt at sige om det.

S: Det er ikke sådan, at vi ikke har noget at sige. Vi har simpelthen mere at sige, end der kan modtages.

Han forstod åbenbart ikke min bemærkning. Jeg henviste til, at den fysiske person ikke havde noget at sige om det. Han troede, jeg mente, han som kommunikator ikke gav nok information. Dette demonstrerer, hvordan underbevidstheden tolker bemærkninger, der fremsættes, mens man er i trance.

Mellem Død og Liv

S: Vi ved simpelthen ikke, hvad jeres spørgsmål er, før I stiller dem.
D: Det er korrekt. Spørgsmålene skal være lige så vigtige som svarene.
S: Det er rigtigt. Der må være et tomrum, før der kan fyldes op i tomrummet.
D: Så dette bliver ikke skammet, når en sjæl vil ud, så at sige, eller de ønsker at trække sig tilbage fra aftalen?
S: Det er ikke en tilbagetrækning; det er simpelthen en situation, hvor en sjæl finder sig selv. For det er godt observeret og velkendt på denne side, at ikke alt går som planlagt. Og derfor er det simpelthen en situation, der har en ideel løsning. Vi finder gunst i denne overførsel, for den er ganske beundringsværdig og ædel. Det er meget mere nyttigt og effektivt end at lade køretøjet dø, hvor der ikke kan opnås mere brug eller godt eller arbejde fra kroppen.
D: Jeg forsøgte at finde forskellen mellem en walk-in og et selvmord. Er det fordi selvmordet ødelægger kroppen?
S: Det er korrekt.
D: Det er det, der bliver skammet?
S: Det er korrekt. Ikke blot fordi kroppen er død uden nogen til at fylde den. Der er forstyrrelsen af sjæleharmonien på grund af dette. Det er en handling, som ikke kan retfærdiggøres.
D: Så denne krop havde ting at udføre, og den forstyrrede rækkefølgen af flere ting?
S: Det er korrekt.
D: Under normale omstændigheder, kan du fortælle mig, på hvilket tidspunkt eller hvornår i den menneskelige fysiske udviklings progression sjælen eller ånden bebor kroppen?
S: Det er på det punkt, hvor ånden vælger at bebo. Det kunne være på det præcise øjeblik for befrugtning eller undfangelse, eller måske et stykke tid fjernet fra fødselsoplevelsen, så de ikke skulle opleve fødselens traume. Det afhænger helt af den individuelle ånds valg. Det bestemmes også af, hvilken lektion ånden skal lære.
D: Så det, du siger, er, at en person kunne have liv i en periode uden at have en ånd eller sjæl?
S: Ikke sådan, for der ville være behov for livskraft. Men residensen er ikke en forudsætning for livskraftkonceptet, idet livskraften måske udspringer fra moderen. Men åndens residens i den form

220

Mellem Død og Liv

ville være valgfri eller op til den individuelle ånd at beslutte, hvornår den ånd ville påtage sig forvaltningen af den livsform og derefter integrere den i sin egen virkelighed og begynde at nære den med sin egen livskraft.

D: *Så det, du siger, er, at vi ikke ville være i stand til at definere, hvornår livet virkelig begynder.*

S: Det er korrekt. Og derfor bør abort ikke kritiseres i den forstand at dræbe en sjæl, fordi det ikke er muligt at vurdere, hvornår den fysiske livsform faktisk har taget en sjæl.

D: *Hvis jeg forstår, hvad du siger, ville en abort sandsynligvis ikke faktisk tage et liv. Er det sandt?*

S: Det ville måske være bedst forstået ved at vide, at beslutningen om at gennemføre en abort deles af ikke blot moderen, men også af den livskraft, der ville bebo det køretøj, som aborteres. Det foregår på et niveau af bevidsthed, der er dybere end underbevidst, men ikke helt i de indre områder. Der er en vis bevidst kommunikation, som er iboende i denne beslutningsproces. Det er på et niveau, der er lidt indre og dog lidt ydre på samme tid eller samtidig.

Vi har allerede talt om, at den indkommende sjæl har valgt sine forældre og omgivelser under planlægningsfasen, inden den træder ind i fostret. Ånden bryder sig ikke om at være begrænset i den voksende baby, fordi den er vant til at være fri, og derfor forbliver den ikke i barnets krop under hele graviditeten. Den kan stadig bevæge sig frem og tilbage mellem åndeverdenerne, hvis den ønsker det. I denne periode holdes barnet i live af moderens livskraft, så den indkommende sjæl behøver ikke at være konstant til stede. Hvis graviditeten afbrydes gennem abort eller spontan abort, skader det ikke sjælen, fordi den del er evig og ikke kan blive såret. Hvis sjælen stadig ønsker at være forbundet med den familie, vil den blot vente på den næste mulighed. Måske vil moderen ved næste graviditet være bedre rustet til at tage ansvar for barnet. I mellemtiden er mange livslektioner blevet præsenteret, som skal læres. Så i tilfælde af en abort siger den indkommende sjæl bare: "Det er i orden. Jeg prøver igen næste gang." I tilfælde af en spontan abort var barnets krop ikke ved at udvikle sig korrekt og ville ikke have været et passende fartøj til at udføre den plan, sjælen havde til hensigt. Derfor sker det samme

– sjælen venter blot på næste passende mulighed for at komme ind i den samme familie.

Jeg havde en klient, der sagde: "Jeg ville ønske, du kunne have fortalt det til min mor. Hun mistede et barn før mig og sørgede over det hele sit liv. Jeg sagde til hende, at der ikke var nogen grund til sorg, for moderen havde ikke mistet noget. Den første baby var vendt tilbage som min klient – det andet barn. Vi har endda oplevet det i min egen familie. En af mine døtre fødte en lille dreng, som blev født død, og næsten på dagen et år senere fødte hun en anden dreng. Vi har aldrig sørget over den første, for vi ved, at han vendte tilbage som den anden. Tilsyneladende var han ikke helt klar til at tage springet ind i denne kaotiske verden første gang. Han måtte overbevises: "Du har underskrevet en kontrakt. Du har indgået en aftale, og nu er det tid til at gennemføre den."

D: *Et andet spørgsmål langs den samme linje. I den anden ende af livet, er vi berettigede til at forsøge at opretholde livet i en krop, der har mistet sin evne til at fungere?*

S: Igen ville denne beslutning være delt. De, der er involveret i beslutningsprocessen, bør gå indad, i deres egen bevidsthed, og ved at gøre det stemme sig, ikke kun til sig selv, men til den individuelle, der ville træffe denne beslutning for sig selv. Denne beslutningsproces, som er den indre vending, er en stemning til den livsenergi, der ville være involveret i denne beslutning.

D: *Tilbage til ånden, der overtager livsformen: Er det tænkeligt, at en ånd af en eller anden grund kunne afvise denne bestemte livsform?*

S: Det er korrekt.

D: *Hvad ville der ske med det køretøj eller den krop?*

S: Det kunne i dine termer beskrives som krybbedød. Det vil sige, livskraften forlod simpelthen køretøjet og tog livsenergien med sig.

D: *Ville dette være den primære årsag til krybbedød?*

S: Det er korrekt. Der var en omvendt beslutning eller behov for tilbagetrækning. Måske nødvendiggjorde en hændelse fra det fysiske plan eller fra et åndeligt plan denne energitilbagetrækning. Måske blev et karmisk bånd for den spæde brudt. Måske en, som denne spæde havde indgået kontrakt med for at mødes på et tidspunkt i fremtiden, enten var blevet dræbt, måske gennem en ulykke eller sygdom, eller havde besluttet ikke at inkarnere. Så måske ville livskraften vælge ikke at inkarnere, fordi kontrakten, så at sige, ikke kunne blive gennemført.

D: *Er der også tilfælde, hvor ånder blot ændrer mening?*

S: Det er korrekt.

D: *Hvis den planlagte ånd ikke overtager køretøjet...*

S: (Afbrudt) Ja, ville køretøjet så være tilgængeligt for en anden at bebo den form. Det er muligt for en anden ånd at bytte pladser. I sådanne tilfælde ville babyen genvinde sig ved tilsyneladende mirakuløse midler. Det afhænger helt af alle de involverede individer. Det kan ofte inkludere meget kompliceret karma, som er ud over din nuværende evne til at forstå.

Tilsyneladende er vi, som bevidste mennesker, de mindst informerede deltagere i hele det jordiske scenarie.

Kapitel 16
Tilbage-rejsen

FØR MAN BEGYNDER RETURTUREN til det fysiske liv, går ånden ikke kun igennem planlægningssessioner med mestere og lærere og konsulterer de andre mennesker, de skal arbejde karma med, men de tjekker også familien, de overvejer at blive født ind i. En kvinde, jeg fortalte om dette til, syntes, at idéen var meget uhyggelig. "Mener du, at min baby har set mig hele tiden, jeg var gravid?" spurgte hun, hendes øjne var vidt åbne af forbløffelse. Ideen er en smule creepy, men tilsyneladende er det alt sammen en del af planen, og viser, at ånden har fuld kontrol over sine fødselsforhold. Nedenfor er nogle eksempler på en ånd, der tjekker tingene ud, før den bliver født ind i en familie igen.

D: *Hvad laver du!*
S: Jeg ser på den familie, jeg vil blive født ind i.
D: *Du er ikke kommet tilbage til Jorden endnu?*
S: Nej. Jeg studerer og lærer om dem, så jeg ved, hvordan jeg skal håndtere dem.
D: *Hvor ser du dem fra?*
S: Jeg er her.

Hun beskrev stedet, hvor familien boede. Hun var ved at blive født ind i et bondeliv i Kina.

D: *Ved du, hvorfor du har valgt denne familie?*
S: Vi har kendt hinanden før, og jeg har ting, jeg skal opnå. De er mennesker, som jeg har ting at arbejde ud med, og på den måde vil de hjælpe mig med at opnå meget.
D: *Hvad gør du? Bare venter her, indtil det er tid til at blive født?*
S: Nej. Vi ser og lærer og nogle gange går vi tilbage med mestere, og de lærer os ting.
D: *Så du behøver ikke at være lige ved familien. Nå, hvornår træder du ind i den nye krop?*

Mellem Død og Liv

S: Nogle gange før fødslen, nogle gange ved fødslen, nogle gange lidt efter.

D: *Så du behøver ikke at være i babyens krop, før den bliver født?*

S: Nej. Nogle træder ikke ind, før dage efter, at babyen er blevet født. Det afhænger af lektionen, der skal læres. Denne gang vil jeg sandsynligvis vælge at træde ind før fødslen.

D: *Mener du, at ånden bare hænger omkring babyen?*

S: Ja. Eller nogle af dem, der er trådt ind, vil forlade i kort tid. Måske ønsker de ikke at blive; de argumenterer. I de fleste tilfælde er der altid et valg for den første korte periode om, hvorvidt man skal blive, eller om man beslutter, at af en eller anden grund er det ikke rigtigt og beslutter at forlade.

D: *Ville der være grunde til, at de ændrer mening?*

S: Ja. Der kan være visse ting, der er ændret, siden de besluttede at træde ind i den krop. Måske besluttede de, at forældrene ikke var klar til dem, eller ikke var klar til at give det, de ville have brug for. Eller at de selv ikke var klar.

D: *Så det er ikke rigtig et idiotsikkert system. Der er måder at trække sig tilbage på. Du sagde, at de nogle gange kan forlade et stykke tid og gå frem og tilbage. Er dette sikkert for kroppen?*

S: Som regel gøres det, når kroppen sover, og der er ikke stor skade, medmindre man forbliver væk for længe. Dette kan forårsage skade; kroppen kan dø.

D: *Men det meste af tiden kan de forlade og komme tilbage?*

S: Det er en ny oplevelse. Ikke ny i den forstand, at de aldrig har gjort dette før, men det er måske længe glemt. Især hvis de har været i åndelig eksistens i længere tid. De føler nu, at de er fanget.

D: *Jeg kan se, hvorfor de ville. Så de må gerne forlade et stykke tid, når babyen er meget ung, og der gøres ikke skade på den måde. Er der en bestemt alder, hvor de skal stoppe dette og bare blive i babyen? Er der nogle regler omkring det?*

S: Det foretrækkes, at det stopper omkring et år. Men der har været tilfælde, hvor folk har gjort det indtil tre og endda fem år gamle. Der er dem, der husker længere end andre, hvad det var at være på denne side.

D: *Men kroppen ved ikke, hvad der sker, gør den?*

S: Nej. Den fortsætter med sin egen eksistens i den periode.

D: *Ved du, hvad du skal lære i dette liv, du er ved at komme ind i?*

Mellem Død og Liv

S: Jeg skal lære betydningen af... ikke at ville så meget. Lære hvordan man omgås folk på et personligt niveau og ikke begære, som det siges i en bog.

D: *En bog? Hvad mener du?*

S: En af de ting, vi lærer af, det er en vejledning. Forhåbentlig vil jeg være i stand til at mestre disse ting.

D: *I fortiden har du ønsket for meget?*

S: Af og til, ja. Det er en af de ting, der måske er lidt sværere at lære end andre. Fordi hvis du ikke har noget, og du ser, at dem omkring dig har ting, længes du efter det. Fordi du siger, "Hvorfor er denne person bedre end jeg, og de har så meget mere." Dette er noget, der skal læres og håndteres.

D: *Det er meget menneskeligt. Du har ikke brug for det, men du vil have det.*

S: Du må lære forskellen mellem behov og ønsker, og finde en lykkelig mellemvej mellem.

D: *Det er en af de ting, som du forhåbentlig vil lære i dette liv?*

S: Jeg vil stræbe efter det.

D: *Og du tror, at denne familie kan hjælpe dig.*

S: Det kan man håbe.

D: *Okay, men lige nu ser du bare på dem, gør dig klar til den tid, hvor du vil komme tilbage. Er du mere eller mindre tildelt denne familie?*

S: Ja, valget er blevet truffet.

D: *Det må tage et stykke tid at få alle disse ting sammen og alle disse forskellige faktorer til at fungere rigtigt.*

S: Ja, og også tidspunktet for fødslen skal være rigtigt.

D: *Det lyder alt sammen kompliceret. For mig i hvert fald. Jeg gætte, at det ikke er for dem, der er ansvarlige.*

S: I det mindste ser det ud til at fungere.

Det var ironisk, at dette liv ikke udfoldede sig, som enheden havde programmeret det, før den trådte ind i kroppen. Hans hovedlektion skulle være ikke at begære, men mens han levede livet, var tiltrækningen fra kødet for stærk, og naturligvis havde han ingen hukommelse om det nøje lagte mønster, hans sjæl havde udarbejdet på den anden side. Han blev en meget snu kinesisk handelsmand. Jeg betragtede ham som en tyv, eller i det mindste en "kontraman" med et

Mellem Død og Liv

livligt gavesprog. Han betragtede blot sig selv som en smart forretningsmand. Hans undergang kom, da han begærede en sort perle og lykkedes med at få fat i den. Men det førte til hans arrestation og død ved piskeslag. Som en anden enhed sagde, ser tingene så simple ud på den åndelige plan, men når du er i den fysiske krop, bliver tingene mere komplicerede, og du mister synet af dit mål.

Et andet eksempel på førfødsel:

S: Jeg ser på kvinden, der skal være min mor. På denne måde vil jeg vide, hvad jeg kan forvente.

Hun beskrev familien og huset.

D: *Hvad synes du om familien!*
S: Jeg er meget usikker. De er meget krævende. De har bestemte ideer om, hvad de ønsker at gøre. Den endelige beslutning er ikke blevet truffet.

D: *Hvornår vil det blive truffet?*
S: Snart. Jeg har et valg. Jeg må beslutte, om de lektioner, jeg føler, jeg har brug for at lære, kan undervises i denne specifikke eksistens.

D: *Hvor længe ser du på dem, før beslutningen træffes?*
S: Nogle gange et par dage, nogle gange længere.

D: *Hvis du besluttede, at du ikke ville fødes der, ville en anden ånd komme?*
S: Ja. Men der er et behov for mig i denne situation. Jeg kunne lære meget af dette.

D: *Hvad håber du at lære i dette liv?*
S: Ydmyghed. Og at omgås mennesker på daglig basis, lære toleranse over for andre. Jeg må lære at give mere frit af mig selv. Ikke holde tilbage, arbejde og have gode bånd til andre i stedet for at være for selvforsynende.

D: *Er det, hvad du har gjort i fortiden?*
S: Ja, og jeg må lære at rette denne fejl i mig.

D: *Er der mennesker i dette liv, som du skal have karma med?*
S: Ja. Der var problemer i mit forhold til sjælen, der skal være min mor. Vi må arbejde disse ud og lære at elske på trods af fejl.

Mellem Død og Liv

D: *Er der andre mennesker i dette liv, som du allerede har lavet aftaler med?*

S: Ja, der er dem, der vil være der sammen med mig. Jeg ser nogen, der vil se til mig for vejledning, som jeg skal stræbe efter at give. Der var fiasko, og der er et behov for at betale dette.

D: *Ved du, hvad du skal være i dette liv?*

S: Jeg vil være en præst. Det er nødvendigt for mig at følge den vej for at betale de gæld, jeg havde.

D: *Jeg formoder, at det er gæld, du har pådraget dig i tidligere liv. Er livet allerede blevet planlagt?*

S: I den grad, at tingene er planlagt, er det blevet ordineret. Der er stadig fri vilje, der skal være involveret.

D: *Jeg har hørt, at der er nogle ting, der skal ske. At der ikke er nogen måde, de kan ændres på?*

S: Hvis du har brug for det for at fremhæve din vækst, vil dette finde sted uanset hvilket ønske.

D: *Men de siger, at de bedst lagte planer ofte går skævt. Sker det? Ved du, hvad jeg mener?*

S: Om mus og mennesker? Nogen vil sige det... Men dette er ikke en menneskeskabt plan; derfor kan ikke alt, der er planlagt, ændres. Hvis det er blevet vist, at det er nødvendigt, vil det finde sted.

D: *Du kunne ikke lave tingene så idiotsikre, at der ikke ville være nogen udvej. Det ville ikke give dig nogen fri vilje. Så selvom du planlægger ting meget omhyggeligt, kan de ikke altid udfolde sig, som du ønsker, kan de?*

S: Nogle gange ikke.

D: *Men du kan håbe, formoder jeg.*

S: Du må ikke håbe, du må tro. Håb har ingen magt eller styrke, men tro gør. Med tro kan vi arbejde hen imod vores ultimative skæbne.

Det er igen ironisk, at planerne for dette liv blev mere komplicerede i praksis end i teori. Han blev faktisk en præst, men det var ikke hans eget valg. I den periode, han levede i, blev en søn ofte givet til klosteret for at blive præst, hvis en familie havde mange børn, for i stedet for at have endnu en mund at forsørge. Dette var skæbnen for mange i kirken på det tidspunkt, og da de ikke var trådt ind i religionen på grund af et ønske om at hjælpe menneskeheden, var overordnede ofte bitre og udøvede en magt over munke, der svarede til grusomhed. Således blev enheden en præst, men ikke i en hjælpsom kapacitet. Han levede et fattigt, ensomt og ulykkeligt liv, indtil han slap væk ved at få et tidligt hjerteanfald. Igen var de bedst lagte planer for mus og mennesker gået skævt.

JEG HAR TAGET mange regressionsunderlagte gennem fødselserfaringen. Det bekræfter, hvad der allerede er blevet forklaret, at ånden til tider vil vælge at observere fødslen og træde ind i babyens krop efter den er blevet født. Eller de kan beslutte at træde ind i babyen, mens den er inden i moderens krop og opleve den fysiske fødsel. De kan ikke lide at være i den udviklende foster; det er en trang, ubehagelig følelse. De har fornemmelsen af at føle sig varme, men være i mørket. De kan også beskrive alle de følelser, som den kommende mor oplever. Jeg har haft nogle triste regressioner, hvor moderen ikke ønskede babyen, og ånden var meget opmærksom på dette. Men de følte, at der ikke var nogen mulighed for at trække sig tilbage, og måske ville de kunne rette situationen, når de blev født. De følte stadig behovet for at blive født ind i den familie af en eller anden grund, sandsynligvis karmisk.

Det er meget mærkeligt at se nogen gennemgå selve fødselsprocessen. De oplever ofte et stærkt pres omkring hoved og skuldre. Nogle gange gisper de, som om de har svært ved at trække vejret. Det er på disse tidspunkter, jeg må forsøge at minimere deres fysiske ubehag. De ser ingenting, før de kommer ud i det skarpe lys. Derefter føler de sig meget kolde og fuldstændig forvirrede. En person så menneskene iført hvidt, men sagde, at de var klædt anderledes end dem "hjemme", som også bar hvidt. De er bevidste om alles tanker og bryder sig ikke om at blive adskilt fra moderen. Deres første gråd er udtryk for frustration over ikke at kunne kommunikere med disse mærkelige væsener i dette nye miljø. Så, blidt, virker det som om en bølge af glemsel skyller ind over dem, efterhånden som deres reaktioner dæmpes, og minderne om de andre planer og eksistenser langsomt forsvinder.

MANGE MENNESKER har spekuleret på, hvad der kaldes "befolkningsspørgsmålet." De siger, at der er flere mennesker på Jorden nu end den samlede befolkning, der nogensinde har levet på Jorden, og alligevel fortsætter det bare med at stige. Hvis disse kun er

Mellem Død og Liv

de samme sjæle, der kommer tilbage igen og igen, hvordan forklarer du så stigningen i befolkningen? De mennesker, der stiller disse spørgsmål, er åbenbart hæmmet af et snævert syn. De tror, at de sjæle, der har inkarnere siden historiske tider, som vi kender dem, er alle de sjæle, der findes.

S: Vi forstår dit spørgsmål. Hvor kommer alle disse nye sjæle fra? Vi vil spørge dig om at forstå, at der er mange flere sjæle, end der er køretøjer til rådighed. For hvis det var omvendt, kan du forestille dig kroppe, der går rundt uden sjæle? Det ville være en interessant situation. Men som vi sagde, er der flere sjæle, der er tilgængelige til at inkarnere, end der er kroppe at inkarnere i. Og derfor er der ventetid for det korrekte køretøj til at komme forbi.

D: Jeg tror, deres argument er, at vi har flere i befolkningen nu, end vi nogensinde har haft. Og hvis dette er alle de mennesker, der nogensinde har levet...

S: Det er ikke korrekt. For hvis alle skulle inkarnere, ville der ikke være nogen tilbage i åndeverdenen til at tage sig af butikken, så at sige. Der må altid være dem på denne side til at assistere, vejlede og lede. For der er arbejde, der skal udføres her i en bureaukratisk forstand eller regeringsmæssig forstand, ligesom på din planet.

D: Det er, hvad jeg har forsøgt at fortælle dem. At ikke alle sjæle, der er skabt, har inkarnere.

S: Det er korrekt. For der har aldrig været en total tilstrømning af alle sjæle på denne planet. Hvis det skulle ske, ville du helt sikkert stå flere meter dybt i mennesker, skulder ved skulder over hele Jorden.

D: Det ønsker vi ikke.

S: Det ønsker vi heller ikke. Så vi siger blot, at sjælene inkarnere nu i et tempo, der er kompatibelt med antallet af tilgængelige køretøjer.

DER ER MANGE lektioner at lære på Jorden. Hvis visse er lært, gør det de andre lettere.

S: Vi vil nu tale om betingelsesløs kærlighed. Vi vil sige, at for at opleve dette koncept skal man nødvendigvis opleve en mangel på den samme energi, som vi kalder betingelsesløs kærlighed. Så i

Mellem Død og Liv

den store plan, i den overordnede design, finder man sig selv tilbage fra mørket og manglen på kærlighed og forståelse. Og derefter ind i lyset igen på denne side og omgivet af dem, der giver denne betingelsesløse kærlighed. Så kan man let huske manglen på det og relatere på en meget harmonisk måde til en overflod af det. Dette er en lektion, som denne planet som helhed nu lærer. Forvirringen og disharmoni, der er til stede på planeten, har overskygget og forvrænget denne kærlighed til sådan en grad, at den næsten er ugenkendelig. Denne overgang fra betinget kærlighed til betingelsesløs kærlighed er nu i sine senere faser.

D: Kan du definere betingelsesløs kærlighed for mig?

S: Det ville være noget umuligt at definere præcist i dit system af begreber og ord, da der ikke er begreber tilgængelige for at gøre retfærdighed til dette. Det kan dog beskrives; men det kan ikke defineres.

D: Så kan du beskrive det eller give mig en analogi?

S: Vi vil sige, at den mest nøjagtige skildring eller eksempel på dette på din planet ville være en mors kærlighed til sit barn, fordi hun elsker dette barn uanset dets afvigelser fra social konformitet. Når man finder ud af, at ens barn har overtrådt samfundets love og må betale sin straf, så gives der endnu mere kærlighed, endnu mere forståelse. Og dette er præcis, som det bør være, da der fra barnets synspunkt er et meget større behov for denne kærlighed og forståelse. Så denne kærlighed gives betingelsesløst uanset omstændighederne for overtrædelserne. Denne kærlighed gives simpelthen på grund af den båndende natur mellem de to. Dette er et eksempel på betingelsesløs kærlighed.

D: Dette er, hvad vi skal lære fra hinanden?

S: Det er korrekt.

D: Men du ved, hvordan folk er. Kærlighed er meget vanskelig for nogle mennesker, for ikke at tale om betingelsesløs kærlighed. Det er et meget svært koncept for nogle mennesker at forstå.

S: Det er korrekt. Det er visdommen vist i at bruge dette som en lektion, fordi dette er en så vanskelig lektion at lære.

D: Var dette ikke, hvad Jesus virkelig forsøgte at lære, da Han kom til Jorden?

S: Det er et ubestrideligt faktum! Hans inkarnation var personificeringen af betingelsesløs kærlighed. Mange er nu i gang

Mellem Død og Liv

med at indstille sig på dette faktum og er blevet opmærksomme på nuancerne i Kristi lære. Der er mange flere lektioner på et finere plan, end der nogensinde kan håbes på i det bogstavelige.

D: Er der en anden lektion, du gerne vil præsentere?

S: Vi vil sige, at tolerance og tålmodighed er som tvillinger, idet hver er en kompliment til den anden. For uden den ene kan den anden ikke eksistere.

D: Er disse nogle af de lektioner, vi skal prøve at lære, når vi kommer til Jorden?

S: Det er korrekt. En velafbalanceret og sund personlighed ville ikke mangle disse kvaliteter.

S: Vi vil tale til dem, der føler, at der måske skulle være mere i livet end hvad de har oplevet. Du ønsker mere, men du synes måske ikke at finde døren, måske, at gå igennem for at opleve det. Din dør, hvis du vælger at bruge den analogi, er dit eget sind og simpelthen ikke mere. Det ultimative mål på den fysiske plan er at kende dig selv. Du vil blive tilbudt mange lektioner, som vil udfordre dig til at kende dig selv. Og ofte vil disse være smertefulde. Vi vil bede dig om at undersøge rosen og se, at der i sådan skønhed altid er et element af smerte. For at nyde rosen virkelig, må den plukkes fra stilken. Og så er der faren ved at stikke fingeren på rose tornene. Dette kunne bruges som en analogi for livet på den fysiske plan. Men i de tider med nød og pres, vil vi bede dig om altid at huske, at dine oplevelser gives dig af dig selv. Du vælger selv, hvad der skal opleves, så du kan lære de lektioner, du har brug for. Så gennem disse smertefulde oplevelser vil du virkelig begynde at kende dig selv. Og hvis du lærer noget fra disse oplevelser, så vil de ikke have været forgæves. Du er virkelig mester over din egen skæbne og bestemmelse. Du er selv i fuld kontrol over, hvad du kalder dit liv. Du er den, der træffer beslutninger om hvornår, hvor og hvordan. Vi kan fra vores perspektiv se alle mulighederne spredt ud foran dig. Men det er dig, der må træffe de endelige beslutninger. Du kan heller ikke undgå at påvirke andre individer, mens du lever på denne plan. Du påvirker individer kontinuerligt.

D: Jeg troede, vi ikke måtte påvirke andre individer.

Mellem Død og Liv

S: Det er én ting at dominere, men noget helt andet at påvirke. For ville det være muligt for dig at undervise, hvis du ikke kunne påvirke? Påvirkning er ikke dårligt. For hver person har evnen til at skelne mellem det, der er godt, og det, der ikke er. Du placerer blot dine brikker på brættet og lader andre beslutte, hvilke de vælger. Der synes altid at være så meget tumult på Jorden. Dette er ganske naturligt i den cykliske natur af begivenheder, der er bestemt til at ske på denne planet. Men fra dit perspektiv virker dette ganske unaturligt, for du ville synes at foretrække den periode, hvor alt er, som det bør være, så at sige. Men hvis alt forbliver, som det bør være, vil intet nogensinde ændre sig. Det ville være, som det skulle være for evigt. Det er ikke formålet med Jorden. For Jorden er et teststed, en slagmark, en legeplads og mange flere koncepter. Så for at imødekomme disse mange forskellige oplevelsesmæssige manifestationer - for mangel på en bedre terminologi - er det nødvendigt at skifte realiteter fra tid til anden, så fokus er mindre på den ene og mere på den anden. Måske vil det være mindre en legeplads og mere en slagmark, og så videre. Prioriteterne flyttes simpelthen rundt, når det er nødvendigt. Og det, som du opfatter som oprør, er faktisk blot den fysiske manifestation af omrokeringen af prioriteter. Vi vil sige, at du bør følge din egen intuitive vejledning, mens du er på Jorden. Dette ville være meget passende. For det, der er meget uønskeligt for den ene, kan faktisk være meget ønskeligt for en anden. Der er ingen fast eller fast realitet. Ingen reel sandhed, for alt er faktisk relativt. Så man må være forsigtig med at tildele sandheder og realiteter, for at se, at de realiteter og sandheder ikke påvirker en andens. Så når man skaber realiteter, er det vigtigt altid at huske at inkludere forbeholdet, at kun det, der er mest passende, vil blive manifesteret. Vi vil sige, at det, der er nødvendigt, er det, der vil blive manifesteret.

D: *Det er meget svært for os her på Jorden at se andres nød, hjertesorg og smerte og genkende, at det er evolution.*

S: Det er sandt givet perspektivet af den dødelige oplevelse. Vi føler, at dette måske er et område, som ikke helt er forstået af mange, der arbejder nu på din plan. Det ville ikke være gavnligt at beskrive det punkt, hvor du nu står i denne evolution. For hvis vi skulle sige, at det er begyndelsen, så ville der være en stor tunghed

Mellem Død og Liv

af hjerte, som der ikke skulle være. Og hvis vi skulle sige, at det er slutningen, ville der være en ivrig forventning om det, der måske ikke vil komme i nogen tid. Så det ville være mest passende simpelthen at acceptere, at vi er i denne omvæltning og tumult på hvilken som helst måde, vi er i. Og at arbejde i denne periode, vi nu er i, og lade cyklussen fortsætte af sig selv. Den vigtigste periode at arbejde på er nutiden. Og hvis din realitet nu kun er i vaskeprogrammet eller centrifugeringsprogrammet, er det ligegyldigt. For vasketøjet vil helt sikkert blive færdigt.

D: *(Griner) Men vi ved jo ikke, hvilken cyklus vi er i.*

S: Sjælene, der beslutter at gå ned og have endnu en livscyklus i din tid, er enten dumdristige eller modige, afhængigt af deres synspunkt. Nogle af dem gør det blot af pligt, fordi de ved, at de skal gennemgå et bestemt antal liv for at kunne udvikle sig til et bestemt punkt. De fleste af disse er dem, der er temmelig kedelige og plodding og konventionelle i din verden. Andre sjæle, der er mere avancerede, gør det med begge øjne åbne, idet de ved fuldt ud, at det vil være vanskeligt. Men de ved, at det vil fremme deres karma, da de går ind i dette liv allerede avancerede, og de ved, at de vil være i stand til at gøre to eller tre livs værd af fremskridt på et liv. Dette er muligt ved at gå ned på dette særlige tidspunkt, hvor det er vanskeligt at avancere åndeligt i materialismen i din verden. Disse mere avancerede sjæle kan holde kontakten og forblive i harmoni, og de gør meget åndelig fremgang på grund af det arbejde, de skal lægge i det. På grund af modstanden fra den generelle verdenstrend, gør dette dem stærkere, så de når det svarer til to eller tre livs vækst. Når de krydser tilbage til denne side, er de ekstremt avancerede, og de bliver som regel bedt om at blive på denne side i et stykke tid for at hjælpe med at forberede dem, der ønsker at vende tilbage. Så efter et stykke tid siger de: "Nå, jeg ville også gerne vende tilbage og lave lidt mere fremskridt," og så gør de det. Og det er sådan, det går i mønsteret. Vi vil sige til dig nu, der er samlet i dette rum, at hver af jer kan, på jeres egen måde, nu se en rejse, der ligger foran jer i en eller anden form. Vi vil sige, at faktisk, i meget simple termer, har alle på denne planet den samme rejse. Dog er mange mere bevidste om det end andre.

D: *Vi er alle på den samme vej, bare i forskellige retninger.*

Mellem Død og Liv

S: Det er korrekt. Men alle veje vil til sidst konvergere og mødes på ét sted.

D: Det gør bare mange flere drejninger og vendinger undervejs.

S: Det er korrekt.

DET ER FANTASTISK, at al informationen i denne bog er indhentet fra mange forskellige mennesker, der ikke kendte hinanden. De var fra forskellige religioner og erhverv. Alligevel, på trods af deres forskelle, modsiger den information, de gav, mens de var i dyb trance, ikke, men supplerer hinanden. Mange steder passer det så godt sammen, når det kombineres, at det næsten lyder som om, det kom fra én person i stedet for flere. Dette er et fantastisk fænomen i sig selv, at når det sættes sammen, skaber det en solid bog med sammenhængende information. For mig er dette bevis på, at de så og rapporterede lignende scener, når de blev regresset til den såkaldte "døde" tilstand. Hvis de alle ser de samme ting, så mener jeg, at livet efter døden må være et meget reelt, identificerbart sted med bestemte regler og reguleringer og en hierarki, der holder det hele i orden.

Jeg påstår ikke at have alle svarene – spørgsmålene om et emne som livet efter døden er alt for dybe og komplekse. Læseren vil sandsynligvis kunne tænke på mange spørgsmål, de gerne ville have stillet, som jeg ikke engang har tænkt på. Men sådan er det, når du åbner døren for at søge viden og lede efter svar på spørgsmål, som de fleste mennesker nægter at anerkende overhovedet eksisterer. Den information, jeg har modtaget i mit arbejde, er sandsynligvis kun den mindste skimming af overfladen. Det giver os dog et glimt af, hvad der ligger i den anden verden, som vi alle må besøge en dag. Der kan ikke være nogen tilfældighed i, at lignende information kom fra mange emner, mens de var i dyb trance. For at deres beskrivelser skal ligne så tæt, hvad de andre har sagt, må de virkelig forestille sig de samme steder og omstændigheder. Det er ikke altid let at acceptere en anden måde at tænke på, der delvist eller fuldstændigt forstyrrer det mønster, der er lagt for os siden barndommen. Men hvis det indeholder ring af sandhed, så er det værd at overveje og udforske. Igen, denne information er blot rygte, og vi vil aldrig vide, før vi rent faktisk foretager rejsen selv. Men hvis vi kan finde ud af så meget viden fra dem, der allerede har taget turen og bærer erfaringen inden for deres sjæles minder, så er vi i det mindste et skridt tættere på at forstå det

Mellem Død og Liv

skræmmende rige af det ukendte. Jeg mener, at vi alle bærer disse minder, og måske vil de blive vakt til live, når vi har mest brug for dem.

Jeg tror, mit forskning ligner meget at læse i en geografi-bog om et mærkeligt og eksotisk land, der ligger langt over havene. Det er et reelt sted, som vi ved eksisterer, fordi bogen beskriver det og viser os billeder af det og fortæller om de aktiviteter, som indbyggerne deltager i. Men indtil vi rent faktisk kommer dertil og ser det med egne øjne, forbliver informationen kun ord og billeder i en bog. Måske har forfatteren overdrevet, måske har forfatteren minimeret, måske har han kun rapporteret fra sin egen synsvinkel, mens en anden geografi-bog ville have rapporteret fakta anderledes. Hver gang vi rejser til et fremmed land, ser vi det gennem vores egne øjne, og vi bemærker måske noget, der helt undslap opmærksomheden på nogen anden. Alt, hvad der sker for os, er farvet af vores egne tanker og erfaringer.

Så vi vil aldrig faktisk vide, før vi forlader vores krop for sidste gang og rejser mod det strålende lys, der markerer grænsen mellem denne verden og den næste. Selv med den viden, jeg har fået gennem mit arbejde, er jeg ikke ivrig efter at tage den rejse. I det mindste ikke endnu. Jeg føler, at jeg har meget at opnå her på dette plan. For i min undersøgelse af døden har jeg fundet fejring af livet.

Men jeg tror, at når tiden kommer, vil rejsen ikke bære så meget frygt, som den engang ville have gjort. For jeg ved, at jeg ikke går ind i et fremmed, mørkt, skræmmende ukendt. Jeg er blot på vej hjem, og der vil være lige så mange velkendte mennesker og steder på de planer, som der er på dette. Måske har den information, jeg har fundet, tilladt os at løfte sløret lidt og kigge forbi, og givet os mulighed for at skimte gennem glasset ind i skyggerne, og hvad vi ser er ikke så mørkt, som det var før. Det er væksten af minder, der har været længe begravet. Og minderne er virkelig vidunderlige, fordi det, vi ser, er et smukt syn at skue.

Jeg er taknemmelig for, at jeg blev givet mulighed for at have disse samtaler med ånderne. Hvad de har fortalt mig opmuntrer til at kaste frygt og tvivl af sig og bringer erkendelsen om, at det, der ligger bag barrieren, kun er en glædelig "hjemkomst."

"Om Forfatteren"

Dolores Cannon, en regressionshypnoterapeut og psykisk forsker, der optager "tabt" viden, blev født i 1931 i St. Louis, Missouri. Hun blev uddannet og boede i St. Louis indtil sit ægteskab i 1951 med en flådemand. Hun tilbragte de næste 20 år med at rejse verden rundt som en typisk flådekone og opfostre sin familie. I 1970 blev hendes mand udskrevet som en invalideret veteran, og de trak sig tilbage til bakkerne i Arkansas. Derefter begyndte hun sin forfatterkarriere og solgte sine artikler til forskellige magasiner og aviser.

Hun har været involveret i hypnose siden 1968 og udelukkende arbejdet med tidligere livsterapi og regressionsarbejde siden 1979. Hun har studeret forskellige hypnoseteknikker og udviklet sin egen unikke metode, der gjorde det muligt for hende at få den mest effektive frigivelse af information fra sine klienter. Dolores underviser nu i sin unikke hypnoseteknik over hele verden.

Mellem Død og Liv

I 1986 udvidede hun sine undersøgelser til UFO-området. Hun har udført feltstudier af formodede UFO-landinger og undersøgt korncirkler i England. Størstedelen af hendes arbejde på dette felt har været indsamling af beviser fra formodede bortførte personer gennem hypnose.

Dolores var en international taler, der har holdt foredrag på alle verdens kontinenter. Hendes sytten bøger er oversat til tyve sprog. Hun har talt til radio- og tv-publikum verden over, og artikler om/af Dolores er blevet bragt i flere amerikanske og internationale magasiner og aviser. Dolores var den første amerikaner og den første udlænding, der modtog "Orpheus-prisen" i Bulgarien for de højeste fremskridt inden for forskningen i psykiske fænomener. Hun modtog også priser for fremragende bidrag og livslang præstation fra flere hypnoseorganisationer.

Dolores havde en stor familie, der holdt hende solidt forankret mellem den "virkelige" verden af hendes familie og den "usynlige" verden af hendes arbejde.

Hvis du ønsker at korrespondere med Ozark Mountain Publishing om Dolores' arbejde eller hendes undervisningsklasser, kan du skrive til følgende adresse:

(Du bedes vedlægge en selvadresseret frankeret kuvert for svar).
Dolores Cannon, P.O. Box 754, Huntsville, AR, 72740, USA
Eller send en e-mail til kontoret på decannon@msn.com eller via vores hjemmeside: www.ozarkmt.com.

Dolores Cannon, som forlod denne verden den 18. oktober 2014, efterlod sig utrolige præstationer inden for alternativ helbredelse, hypnose, metafysik og tidligere livsregression. Men mest imponerende var hendes medfødte forståelse af, at det vigtigste, hun kunne gøre, var at dele information. At afsløre skjult eller uudforsket viden, der er afgørende for menneskehedens oplysning og vores lærdomme her på Jorden. At dele information og viden var det, der betød mest for Dolores. Det er grunden til, at hendes bøger, foredrag og unikke QHHT®-metode stadig forbløffer, vejleder og informerer så mange mennesker rundt om i verden. Dolores udforskede alle disse muligheder og mere, mens hun tog os med på livets rejse. Hun ønskede, at medrejsende skulle dele hendes rejser ind i det ukendte.

Other Books by Ozark Mountain Publishing, Inc.

Dolores Cannon
A Soul Remembers Hiroshima
Between Death and Life
Conversations with Nostradamus, Volume I, II, III
The Convoluted Universe -Book One, Two, Three, Four, Five
The Custodians
Five Lives Remembered
Horns of the Goddess
Jesus and the Essenes
Keepers of the Garden
Legacy from the Stars
The Legend of Starcrash
The Search for Hidden Sacred Knowledge
They Walked with Jesus
The Three Waves of Volunteers and the New Earth
A Very Special Friend
Aron Abrahamsen
Holiday in Heaven
James Ream Adams
Little Steps
Justine Alessi & M. E. McMillan
Rebirth of the Oracle
Kathryn Andries
Time: The Second Secret
Will Alexander
Call Me Jonah
Cat Baldwin
Divine Gifts of Healing
The Forgiveness Workshop
Penny Barron
The Oracle of UR
The Oracle of UR, Book 2
P.E. Berg & Amanda Hemmingsen
The Birthmark Scar
The Birthmark Scar, Book 2
Dan Bird
Finding Your Way in the Spiritual Age
Waking Up in the Spiritual Age
Julia Cannon
Soul Speak – The Language of Your Body
Jack Cauley
Journey for Life
Ronald Chapman
Seeing True
Jack Churchward
Lifting the Veil on the Lost Continent of Mu
The Stone Tablets of Mu

Carolyn Greer Daly
Opening to Fullness of Spirit
Patrick De Haan
The Alien Handbook
Paulinne Delcour-Min
Cosmic Crystals!
Divine Fire
Holly Ice
Spiritual Gold
Anthony DeNino
The Power of Giving and Gratitude
Joanne DiMaggio
Edgar Cayce and the Unfulfilled Destiny of Thomas Jefferson
Reborn
Paul Fisher
Like a River to the Sea
Anita Holmes
Twidders
Aaron Hoopes
Reconnecting to the Earth
Edin Huskovic
God is a Woman
Patricia Irvine
In Light and In Shade
Kevin Killen
Ghosts and Me
Susan Linville
Blessings from Agnes
Donna Lynn
From Fear to Love
Curt Melliger
Heaven Here on Earth
Where the Weeds Grow
Henry Michaelson
And Jesus Said – A Conversation
Andy Myers
Not Your Average Angel Book
Holly Nadler
The Hobo Diaries
Guy Needler
The Anne Dialogues
Avoiding Karma
Beyond the Origin
Beyond the Source – Book 1, Book 2
The Curators
The History of God
The OM
The Origin Speaks
Kelly Nicholson
Ethel Marie

For more information about any of the above titles, soon to be released titles, or other items in our catalog, write, phone or visit our website:
PO Box 754, Huntsville, AR 72740|479-738-2348/800-935-0045|www.ozarkmt.com

Other Books by Ozark Mountain Publishing, Inc.

Psycho Spiritual Healing
James Nussbaumer
And Then I Knew My Abundance
Each of You
Living Your Dram, Not Someone Else's
The Master of Everything
Mastering Your Own Spiritual Freedom
Sherry O'Brian
Peaks and Valley's
Gabrielle Orr
Akashic Records: One True Love
Let Miracles Happen
Nick Osborne
A Ronin's Tale
Nikki Pattillo
Children of the Stars
A Golden Compass
Victoria Pendragon
Being In A Body
Sleep Magic
The Sleeping Phoenix
Alexander Quinn
Starseeds What's It All About
Debra Rayburn
Let's Get Natural with Herbs
Charmian Redwood
A New Earth Rising
Coming Home to Lemuria
David Rousseau
Beyond Our World, Book 1
Beyond Our World, Book 2
Richard Rowe
Exploring the Divine Library
Imagining the Unimaginable
Garnet Schulhauser
Dance of Eternal Rapture
Dance of Heavenly Bliss
Dancing Forever with Spirit
Dancing on a Stamp
Dancing with Angels in Heaven
Annie Stillwater Gray
The Dawn Book
Education of a Guardian Angel
Joys of a Guardian Angel

Work of a Guardian Angel
Manuella Stoerzer
Headless Chicken
Blair Styra
Don't Change the Channel
Who Catharted
Natalie Sudman
Application of Impossible Things
L.R. Sumpter
Judy's Story
The Old is New
We Are the Creators
Artur Tradevosyan
Croton
Croton II
Jim Thomas
Tales from the Trance
Jolene and Jason Tierney
A Quest of Transcendence
Paul Travers
Dancing with the Mountains
Nicholas Vesey
Living the Life-Force
Dennis Wheatley/ Maria Wheatley
The Essential Dowsing Guide
Maria Wheatley
Druidic Soul Star Astrology
Sherry Wilde
The Forgotten Promise
Lyn Willmott
A Small Book of Comfort
Beyond all Boundaries Book 1
Beyond all Boundaries Book 2
Beyond all Boundaries Book 3
D. Arthur Wilson
You Selfish Bastard
Stuart Wilson & Joanna Prentis
Atlantis and the New Consciousness
Beyond Limitations
The Essenes -Children of the Light
The Magdalene Version
Power of the Magdalene
Sally Wolf
Life of a Military Psychologist

For more information about any of the above titles, soon to be released titles,
or other items in our catalog, write, phone or visit our website:
PO Box 754, Huntsville, AR 72740|479-738-2348/800-935-0045|www.ozarkmt.com

www.ingramcontent.com/pod-product-compliance
Lightning Source LLC
Chambersburg PA
CBHW060654100426
42734CB00047B/1741